Lyrics

The Song of my Moment

FSC
www.fsc.org
MIX
Papier aus verantwortungsvollen Quellen
Paper from responsible sources
FSC® C105338

Mia Rosé

Lyrics

The Song of my Moment

Roman

Bibliografische Information der Deutschen Nationalbibliothek: Die Deutsche Nationalbibliothek verzeichnet diese Publikation in der Deutschen Nationalbibliografie; detaillierte bibliografische Daten sind im Internet über dnb.dnb.de abrufbar.
„Herstellung und Verlag: BoD – Books on Demand, Norderstedt".

Pastors Kamp 16
49565 Bramsche
kontakt.miarose@gmail.com
Instagram: mia_rose_autor
Cover: buchcoverdesign.online (Instagram: buchcover_design)
Korrektur: Sara Landvogt
Bilder: Deposith Fotos
Illustrationen: Mia Rosé
Songtexte: Mia Rosé
ISBN: 9783759720993

Widmung

Für River.
Weil du Musik so bunt siehst, wie ich sie sehe.
Und für jeden, der auch eine Farbskala hat,
wie schlimm es gerade ist.

Triggerwarnung

Liebe Leser:innen, eine Trigger- und Contentwarnung findet ihr auf den letzten Seiten dieses Buches.
Diese enthält Spoiler für das gesamte Buch.
Einige Leser:innen könnten die im folgenden aufgeführten Themen beunruhigend finden oder sich dadurch möglicherweise unwohl fühlen.
Bitte achtet auf euch und eure Gesundheit und lest es nur, wenn ihr euch dazu in der Lage fühlt.

Playlist

WHAT THE HELL – jxdn

ANGELS & DEMONS – jxdn

Darkness – EMINEM

Young Dumb & Broke – Khalid

Life is Beautiful – Lil Peep

Sie will nur Love – JONA

Lieb oder hass mich – JONA

Meer – LEX

Lass mich lieber allein – Kontra K

Not that Cool – LEX, T-Low

lost boys – mgk, Trippie Redd

don't let me go – mgk

Du vermisst mich – Julius Faehndrich

Maybe your mother is in a dangerous
form of prison.
She is the greatest enemy that you can
never defeat.

Mia Rosé

Schlagzeile:

Russel Hogan
Las Vegas Times

**River Lost prügelt sich mit Flamingo.
Ist er jetzt vollkommen übergeschnappt?**

Dass der ehemalige Frontsänger der *White Falls* ein Problem mit Alkohol und Drogen hat, zeichnete sich bereits in den letzten Jahren deutlich ab. Mehrere Klinikaufenthalte und Abstürze sind nur ein Teil dessen, was *River Lost* sich bereits geleistet hat.
Vor einem halben Jahr trennte sich schließlich seine Band von ihm und auch sein ehemaliger Manager kündigte die Zusammenarbeit.
Mittlerweile hat er zwar einen neuen Manager, aber keine Band hinter sich.
Allerdings ist *River Lost* auch als Solokünstler noch bis Ende des Jahres bei Las Vegas' größtem Label *MusicIn* unter Vertrag.
Zudem hat das Label kürzlich bekannt gegeben, einen Dokumentarfilm über den ehemaligen Frontsänger der *White Falls* zu veröffentlichen. Wie erfolgreich dieser sein wird und ob das der langersehnte Anstoß zu einer Karriere als Schauspieler und DJ sein könnte, wird sich zeigen.
Sein jüngster Fehltritt ereignete sich erst am letzten Wochenende. Gemeinsam mit einer Partybekanntschaft brach er in das Flamingo Gehege des Las Vegas Zoos ein. Dort lieferte er sich erst einen Kampf mit einem der Flamingos,

bevor er im Drogenrausch in dem kleinen Wasserbecken einschlief und erst am nächsten Morgen von Mitarbeitern gefunden wurde.
Der Flamingo ist laut Aussagen des Tierarztes unversehrt, allerdings soll *River Lost* einige Kratzer abbekommen haben.

(65784 Kommentare)

@gigi574 River :‘(was passiert nur mit ihm?

@4evawhitefalls Niemand wird ihn je ersetzen können. Ohne River ist die Band einfach nicht mehr dieselbe.

@joesyxxx Es wird immer schlimmer! Warum hilft ihm denn nicht endlich jemand? Ich höre seine Musik und kann mir kein Leben ohne seine Texte vorstellen.

@fourtyformusik Der Kerl kackt echt immer weiter ab. Nicht mehr lang und er ist weg vom Fenster.

@tni684 @fourtyformusik hast du deine Empathie verloren, als du früher vom Wickeltisch gefallen bist? Da geht es um einen Menschen!

@liasmith mit jedem neuen Drama höre ich mehr seine Musik. Ich habe so Angst um ihn.

@kxkx000 @liasmith ja ich auch! Ich kann gar nicht mehr ohne seine Stimme im Ohr :(

Weitere Kommentare laden ...

Prolog River

Let me see your Color, bevor I die.

Ich hasse Menschen.

Aber am meisten mich selbst.

Bunte Farben blitzten mit jedem neuen Ton vor meinen Augen auf. Der schwere Beat dröhnte mir in den Ohren und der Bass vibrierte in meiner Brust.

Ich atmete Selbstmitleid, welches sich mit dem Nikotin- und Schweißgestank der anderen Gäste mischte.

Völlig zugedröhnt lehnte ich an der Wand, während irgendein Kerl vor mir auf dem Boden kniete und meinen Schwanz lutschte.

Selbst in diesem schmalen Gang war die Musik ohrenbetäubend laut. Noch einmal zog ich an meinem Joint und sah nach unten.

«Tiefer und mehr saugen», lallte ich heiser. Der Druck in meiner Brust würde etwas besser werden, sobald ich gekommen war.

So war es immer.

Ich empfand nicht viel dabei, wenn jemand meinen Schwanz blies oder mich wichste. Zumindest nicht das, was man eigentlich dabei empfinden sollte.

In mir drin blieb es weiterhin leer. Bis auf die Farben, die waren immer da.

Mal etwas weniger, mal etwas mehr.

Die Drogen schwächten sie ab. Sie waren nicht mehr so grell, die Aura des Typen nicht mehr so hell.

Aber es reichte nicht. Zumindest was die Farben anging.

Mein Schwanz war da anderer Meinung. Ich wollte kommen und den Druck loswerden, aber die Drogen verlängerten es.

Den Kerl schien das nicht zu stören, denn er lächelte betrunken zu mir hoch, während er meinen Schwanz leckte und wichste, als wäre er ein Lolli und er musste unbedingt an den Kaugummi in der Mitte.

Ich warf mir eine der bunten Pillen ein und spülte alles mit der brennenden Flüssigkeit herunter.

Was es war? Keine Ahnung, das Glas gehörte dem Kerl und nicht mir.

Während der Typ da unten alles gab, fischte ich mein Handy aus der Tasche und rief Oakley an.

Oakley.

Mein bester und einziger Freund.

Eine Zeitlang waren wir mal zusammen gewesen, bevor wir beide merkten, dass ich zu kaputt für diese Scheiße war und wir als Freunde besser funktionieren.

«Hey Riv», begrüßte er mich und allein seine Stimme zu hören reichte aus, damit ich mich nicht heute noch vom *Plaza Hotel* stürzte.

«Hey Oaky», murmelte ich und schloss meine Augen.

«Was machst du?», wollte er wissen und automatisch sah ich wieder nach unten. Er leistete ganze Arbeit, das musste ich ihm lassen.

«Mir geht's nicht gut, Oaky.» Nein, heute ging es mir definitiv nicht gut.

«Wie schlimm?», fragte er sofort und ich nahm einen weiteren Tiefen und letzten Zug von meinem Joint.

Wir hatten eine Skala dafür, wie beschissen es mir ging. Und da ich alles in Farben sah, gab es auch dort Farben statt Zahlen.

Eins ist Türkis.

Zwei ist violett.

Drei ist grau.

Vier ist gelb.

Fünf ist grün.

Sechs ist blau.

Sieben ist orange.

Acht ist rot.

Neun ist beige.

Zehn ist braun.

«Irgendwas zwischen blau und orange.»

«Was ist passiert?», fragte er und ich hörte den Anflug von Angst in seiner Stimme.

Mom ist passiert. Was sonst?

«Ich wollt' nur kurz anrufen. Ich muss wieder auflegen.» In meinem Kopf fing plötzlich alles an sich zu drehen. Und meine Brust fühlte sich seltsam eng an.

«Was? Warum?»

«Ich komme gleich.» Er wusste, was ich meinte. Es war nicht das erste Mal, dass ich ihn dabei anrief.

Und es würde auch nicht das letzte Mal gewesen sein.

Um es trotz der Drogen mit den bunten Farben zu ertragen.

«Verdammt, Riv. Pass auf dich auf und ruf mich an, wenn du was brauchst.»

Auch wenn er es nicht sehen konnte, nickte ich und legte schließlich auf.

Endlich spürte ich das Ziehen in meinen Eiern, das kurze Krampfen in meinem Bauch, bevor ich mich aus ihm zurückzog und auf den dreckigen Boden kam.

Er war keiner von denen, in dessen Mund ich es zu Ende bringen wollte.

Wenn ich darüber nachdachte, gab es noch nie jemanden, bei dem ich das hätte tun wollen.

Nicht ohne Kondom.

Mit einem betrunkenen Lächeln stand er auf und griff nach seinem Glas.

«Wo is mein Zeug?», fragte er undeutlich.

Ich schloss meine Hose und zuckte mit den Schultern. «Du hast so lange gebraucht, da ... da ... ich ...» Was war mit meiner Zunge?

«Viel Spaß auf deinem Trip», nuschelte er, klopfte mir auf die Schulter und verschwand.

«Warte ... was ... ist ... mit ... mir?»

Der Boden fing an zu wanken und in meinem Kopf wurde alles dumpf.

Mit einer Hand stützte ich mich an der Wand ab und schleppte mich zurück, raus aus diesem schmalen Gang und dorthin, wo Menschen waren.

Die andere presste ich auf meine Brust, in der mein Herz sich zusammenzog und mir den Atem raubte.

Fuck, was ist in seinem Drink gewesen? Was war in den Pillen?

Ich schleppte mich weiter und prallte gegen eine harte Brust. Ich wollte mich noch an ihm festhalten, doch meine Beine gaben plötzlich unter mir nach.

«Shit», murmelte der Kerl und fing mich auf, bevor ich mit dem Kopf auf den Boden schlug.

Meine Hände wurden taub, das Pochen hinter meinen Schläfen nahm ab und die Farben verblassten.

Und für einen kurzen Moment war ich sie endlich los.

Es war nur ein Wimpernschlag lang, doch unglaublich befreiend.

So lange, bis mein Herz erst anfing zu rasen und dann plötzlich immer langsamer schlug.

Kalter Schweiß rann mir über die Stirn und in dem Augenblick wusste ich, dass dies mein Ende sein würde.

Aber es war okay, denn ich war müde.

So unglaublich müde.

«Fuck. River? Zur Hölle, was hast du genommen?»

Ich hatte keine verdammte Ahnung.

Blinzelnd versuchte ich, etwas zu erkennen, doch ich sah nur ein paar eisblaue Haare.

Irgendwo im Hintergrund erklangen Stimmen, ich spürte die Unruhe und dann schlief ich ein.

Prolog Canyon

You´re fucking killing me. Not softly.
Hard.

Heute. Ausgerechnet heute, musste mir dieser Kerl in die Arme laufen? Genau dann, wenn ich mit dem reichsten Kunden unterwegs war, der mich je gebucht hatte? *Fuck*.

«Er braucht einen verdammten Krankenwagen!», rief ich, als River *zur Hölle* Lost vor meinen Augen zusammenbrach.

«Wenn du hier krepierst, suche ich dich und töte dich nochmal», zischte ich und drehte ihn auf die Seite, als sich Schaum vor seinem Mund bildete.

Sein Shirt fühlte sich nass geschwitzt an, obwohl seine Haut eiskalt war.

Er fing an zu husten und kotzte mir auf die Hose, gerade, als ich mich neben ihn kniete, um seinen Kopf zu halten.

«Was hast du genommen, zur Hölle?»

Anstatt zu antworten, kotzte er noch einmal und als seine Atmung immer langsamer wurde, bekam auch ich allmählich Schiss.

Nicht, weil er verrecken könnte, das war mir ehrlich gesagt ziemlich egal. Ich konnte diesen Typen nicht ausstehen. Alles an ihm verlangte danach, eins auf die Fresse zu bekommen.

Aber ich wusste, dass er der beste Kumpel von Oakley Hall, dem Partner meines einzigen Freundes Blake Shaw war. Deswegen hatte ich ihn auch schon mal gesehen. Zwei Mal, um genau zu sein. Beide Male hatten wir uns weitestgehend ignoriert, was wahrscheinlich nur daran gelegen hatte, dass River mit dem Rauswurf aus seiner Band und dem Krankenhausaufenthalt seines Kumpels beschäftigt gewesen war. Ansonsten hatte dieser Kerl nämlich eine verdammt große Klappe und allein dafür hasste ich ihn schon.

Warum musste Blake sich auch ausgerechnet Oakley Hall für eine Beziehung aussuchen? Hätte er nicht wen anders nehmen können, der normale Freunde hatte? Welche, die ich nicht retten musste, weil sie an einer Überdosis verreckten?

Plötzlich griff er nach meinem Unterarm und riss die Augen auf. Auch seine Hand war eiskalt und schweißnass. In seinen Augen stand Angst, als er sich an meinem Arm festhielt und sich erneut keuchend erbrach.

Wehe du stirbst mir hier weg, dachte ich und drehte seinen Kopf noch weiter.

Endlich kamen die Sanitäter, doch als ich zur Seite gehen wollte, hielt er meinen Arm noch fester.

«Ghost?», fragte mein Kunde und trat neben mich. Er trug einen edlen grauen Anzug mit einem weißen Hemd. Sein Haar war bereits grau meliert und er sah mit seinen Anfang vierzig wirklich gut aus.

Trainiert, gepflegt, höflich.

Ein verdammt reicher Kerl, der mein Stammkunde hätte werden sollen. Und River Lost war mit dieser Nummer gerade dabei, es mir komplett zu versauen.

«Kennst du den jungen Mann?»

Noch einmal sah ich zu River und schüttelte den Kopf. Es war keine Lüge, ich kannte ihn nicht. Und er kannte mich nicht.

«Wollen wir dann gehen? Für heute hatten wir genug Aufregung, würde ich sagen.»

Ja, das dachte ich auch. Außerdem bezahlte er mir eine Nacht im Plaza, was ziemlich perfekt war.

Die Sanitäter waren bereits dabei, Nadeln in Rivers Arme zu stecken und eine Infusion anzuhängen.

«Was hat er genommen?», fragte die Sanitäterin und sah mich an.

«Keine Ahnung, er ist mir hier in die Arme gelaufen und zusammengebrochen.»

«Wissen Sie, ob er sonst irgendwelche Drogen konsumiert? Es ist wichtig, dass wir alles wissen.»

Ich sah noch einmal zu meinem Kunden und seufzte schließlich. Blake hatte mir von River erzählt, als wir telefoniert hatten. River war da gerade bei ihnen und Blake hatte sich über ihn aufgeregt.

«Er kifft», sagte ich leise. «Und er nimmt dieses Zeug, Purple Drank. Keine Ahnung was noch.»

«Dieser verfluchte Hustensaft», murmelte der Sanitäter und seine Kollegin nickte. «Können Sie mit ins Krankenhaus fahren? Falls die Ärzte noch Fragen haben?»

«Ich weiß sonst nichts, aber ich kann Ihnen eine Nummer geben. Von seinem Kumpel, der kann helfen.»

Mein Kunde musterte mich und ich sah es in seinem Blick. Wie er erkannte, dass ich nicht immer dieser Typ im Anzug war und tatsächlich irgendeine Verbindung zu River hatte.

Fuck, das war´s.

«Das wäre hilfreich», sagte der Sanitäter.

«Ich gebe Ihnen seine Nummer.»

Die Frau nickte und zusammen mit ihrem Kollegen luden sie River auf eine Trage.

Ich stand ebenfalls auf und ging zu meinem Kunden. «Ich bin hier sofort fertig, dann können wir gehen. Ich ...»

«Du kennst diesen Mann, oder?»

«Nicht wirklich. Wir sind uns zwei Mal ...»

Er hob die Hand und strich den Kragen seines Sakkos glatt. «Schon gut, du musst dich nicht erklären. Es tut mir leid, aber ich kann mich mit niemandem sehen lassen, der in diesen Kreisen verkehrt.»

«Ich verkehre nicht ...»

«Du bekommst dein Geld trotzdem und auch das Hotel. Aber ich werde mich mit der Agentur in Verbindung setzen und mich weiter umsehen. Auf Wiedersehen, Ghost. Es ist wirklich schade.»

Ja, das fand ich auch. Er hätte der Jackpot sein können. Er wollte mich nur als Begleitung, langfristig. Nur für Events, nicht fürs Bett. Was ich eh nicht tat, obwohl ich für ihn vielleicht eine Ausnahme gemacht hätte. Er war nett, sah gut aus und mit ihm wäre es bestimmt besser geworden.

Stattdessen ging er jetzt und die Sanitäterin fragte noch einmal, ob ich sie nicht begleiten könnte.

«Ich werde nicht bleiben», meinte ich und nahm die Papiertücher entgegen, welche sie mir reichte. Damit reinigte ich, so gut es ging, meine Hose, bevor ich in den verfluchten Krankenwagen stieg.

Schlagzeile:

Russel Hogan
Las Vegas Times

River Lost in Lebensgefahr

River Lost, der ehemalige Frontsänger der *White Falls*, wurde mit einer Überdosis direkt von einer Party ins Krankenhaus eingeliefert. Was genau auf der Party passiert war, ist bis jetzt noch unklar. Mehrere Gäste bestätigten allerdings, dass *Lost* den ganzen Abend über „völlig betrunken und kaum noch ansprechbar" gewesen sein soll.
Bilder zeigen den Musiker auf dem Boden liegend. Ein bisher unbekannter junger Mann hockte neben ihm und begleitete den Musiker sogar ins Krankenhaus. Um wen genau es sich handelt, ist bisher noch nicht bekannt. Fans hoffen darauf, dass sich *River Lost* wieder in einer festen Beziehung befindet und damit vielleicht endlich seine Drogensucht überwindet.
Oder hängt er noch immer an seinem Ex-Freund *Oakley Hall*, dem Sänger der erfolgreichen Band *Colliding Angels*?

(14678 Kommentare)

@daisy454 Safe ist das sein Neuer!

@girlyxsunshine Ich habe echt gedacht, diesmal ist er zu weit gegangen, als ich die Bilder gesehen habe:'(

@tylerhead Wenigstens war er nicht allein. Wer war der Kerl?

@riverinlove Hat er endlich jemanden gefunden? Das wäre so toll.

@comebackriv Ich muss wissen, wer der Typ ist!

@hatetheworld Der Kerl ist so durch. Wenn er so weitermacht, erlebt er nicht einmal seinen nächsten Geburtstag.

@bigd @hatetheworld Hoffentlich! Es gibt zu viele Typen wie ihn!

Weitere Kommentare laden...

1.
River

Born into a world of endless night,
Loneliness and fear, no end in sight.

3 Monate später …

Mein neuer Manager Colson hörte nicht auf zu reden, während ich mir das Telefon zwischen Schulter und Ohr einklemmte, und trotz Tüten in der Hand, die Haustür aufschloss.

Nicht meine Haustür, nicht mehr.

Und dennoch war ich einmal in der Woche hier, um sicherzustellen, dass Mom noch lebte und nicht tot in irgendeiner Seitengasse lag.

«Ich muss jetzt auflegen», murmelte ich und ging direkt in die heruntergekommene Küche. Mom war nicht da, also arbeitete sie wahrscheinlich in dem dreckigen Imbiss oder fickte einen ihrer Freier hinten im Schlafzimmer.

«Hast du überhaupt ein Wort von dem, was ich gesagt habe, gehört?», fragte Colson müde.

«Natürlich nicht. Du bist mein Manager, regle es.»

Er lachte auf und kurz wünschte ich mir, dass ich auch darüber lachen könnte.

Konnte ich aber nicht. Kein bisschen.

«Es regeln? Und wie genau stellst du dir das vor? Gosh, River! Du hattest eine verdammte Überdosis!»

Hatte ich. Und die letzten drei Monate waren beschissen, aber ich war noch hier. Was wollte er denn noch?

«Weil ich nicht wusste, dass der Kerl sich was in den Drink gemischt hat! Außerdem hab' ich fast alles ausgekotzt.»

«Irgendein fremder Kerl hat bei Oakley als deinen Notfallkontakt angerufen, um ihm zu sagen, dass du im Krankenhaus liegst!»

Das war kein fremder Kerl. Es war der Wichser, der mit Blake befreundet ist. Aber das sagte ich ihm nicht, sonst würde er ihn auch noch nerven.

«Ich weiß, reg dich ab. Ist drei Monate her und jetzt haben die genug Stoff für ihren beschissenen Film.»

Einen Film ... ich konnte immer noch nicht fassen, dass *MusicIn* mich verkauft hatte und es nun wagte, einen Film über mein Leben drehen zu lassen.

«Du verdienst damit eine Menge Kohle. Geld, das du dringend gebrauchen kannst!»

Da hatte er recht. Nicht, dass ich arm war. Mit meiner ehemaligen Band waren wir zumindest so erfolgreich gewesen, dass wir gutes Geld verdient hatten. Nicht so gut wie Oakley mit den *Colliding Angels* oder Kit *scheiß auf ihn* Bellamy mit seinen *Last Acts*, aber dennoch.

Es reichte.

Erst einmal.

«Ich will aber mit Musik Geld verdienen, Col! Ich bin Musiker, keine verfluchte Vorlage für irgendeinen Film! Ich will Musik machen, oder DJ sein. Irgendwas, Hauptsache Musik! Aber so, wie ich es will und nicht so, wie die es wollen!»

Er seufzte, während ich anfing, die Tüten auszuräumen. Es waren genug Lebensmittel und Getränke für eine Woche. Ich kaufte nicht für einen längere Zeitraum ein, falls sie mal wieder auf dem Revier pennen musste. Dann wurde in der stickigen Bude hier alles schlecht.

«Du machst Musik», warf Colson ein, «und nicht mehr lange, dann bist du frei. Zieh die letzten Monate durch, dann können wir weitersehen.»

Weiter sehen ... Meine eigene Band hatte mich rausgeworfen, weil ich ihnen zu kaputt war.

Weil sie sich weiterentwickelt hatten und ich auf der Stelle stand.

Mein ehemaliger Manager managte jetzt meine ehemalige Band.

Ficker.

Alle miteinander.

Ich hasste sie.

Außer Colson, der war okay.

Oakley hatte ihn mir vermittelt, nachdem meine *Freunde* und der, der eigentlich mein Vertrauter sein sollte, mich abgeschossen hatten. Colson war ein Freund von Oakleys Manager und tatsächlich passten wir gut zusammen. Er war auf meiner Seite, stand hinter mir und versuchte zumindest, den Schaden, den ich nun abbekam, so gering wie möglich zu halten.

Leider war ich damals so dumm gewesen, den Vertrag bei *MusicIn* nicht richtig zu lesen. Dann hätte ich nämlich gewusst, dass sie für die Band und mich unterschiedliche Klauseln hatten.

Die Band.

Scheiße, ich hatte uns gegründet und sie wagten es, mich rauszuwerfen? Ohne mich gäbe es die *White Falls* gar nicht!

«Sind wir jetzt fertig?», fragte ich müde und sah aus dem schmutzigen Fenster. Draußen brannte die Sonne und legte einen Schleier über die staubigen Straßen.

Ich hasste es hier und dennoch packte ich die Tüten zusammen und verstaute sie im Schrank, bevor ich nach hinten zu meinem ehemaligen Zimmer ging.

«Erst einmal. Ich habe morgen einen Termin mit *MusicIn* und rufe dich danach an. Dein Anwalt sagt, die suchen nach einer Möglichkeit, damit du bleiben musst. Aber es gibt keine.»

«Es darf keine geben», sagte ich und ignorierte mein Herz, das allein bei der Vorstellung daran anfing, hart gegen meine Rippen zu schlagen.

«Ich kann nicht mehr, Col.»

Ich hatte ihnen vorgestern mein letztes Album geschickt. Auch vorher schon hatte ich trotz der Band immer wieder Solo-Alben herausgebracht. Durch die Trennung der Band vor ein paar Monaten waren unsere Verkäufe stark angestiegen und durch den Skandal mit dem Flamingo und der Fahrt ins Krankenhaus, noch einmal mehr.

Natürlich gab es von allem Videoaufnahmen, was *MusicIn* und diese Aasgeier von Filmemachern erst auf die Idee gebracht hatte, mich zum Objekt eines Filmes zu machen.

Breakdown - Das turbulente Leben und der Absturz des River Lost.

Fuck, das klang als wäre ich bereits tot.

«Ich weiß das, Riv. Wir tun alles dafür, um dich da so schnell es geht raus zu holen. Bis dahin versuch' wenigstens, keine Skandale mehr auszulösen.»

«Alles klar», sagte ich bloß und legte auf.

Das Album war gut, vielleicht sogar mein bestes.

Es triefte vor Wut, Hass und Schmerz und ich wusste, dass sie das Ding ganz oben sehen wollten.

Anfangs waren die *White Falls* nur eine kleine Vorband von großen Stars gewesen, ich zusätzlich ein mittelmäßiger Solokünstler. Im letzten Jahr hatten wir vor den zwei größten Bands des Landes gespielt und waren damit schlagartig berühmter geworden. Dann kam mein Rauswurf und ich musste mich allein durchschlagen. Die Leute hörten meine Musik und ich konnte mich nicht beschweren, aber da war noch mehr und das Label würde jeden Funken davon aus mir herausquetschen.

Kohle, mehr wollten die nicht. Wie es mir damit ging interessierte niemanden.

Ich stieß die Tür zu meinem alten Zimmer auf und schob die Hände in die Taschen. Jedesmal wenn ich hier war, starrte ich auf die jämmerlichen vier Wände und auf das, was diese für mich gewesen waren.

Kein Schutz, kein Safe Place. Bloß ein Raum voller Erinnerungen, die ich am liebsten vergessen wollte.

Hier drinnen hatte ich so viel Angst gehabt, so viel mit anhören müssen. Es war ein Gefängnis gewesen, aus dem ich früher nicht hatte ausbrechen können.

Mit der Hand fuhr ich über das raue Holz der Zimmertür und schloss für einen Moment die Augen.

Diese verdammte Tür, die niemals auf sein durfte und die ich doch nie schließen konnte.

Wegen ihr. Wegen mir. Wegen all dem, was in meinem Kopf passierte.

Hinter mir ging die Haustür auf und nach einem letzten Blick auf mein altes Bett und die abblätternde Farbe an den Wänden, schloss ich die Tür wieder.

Mom zog sich gerade ihre hohen Schuhe aus, als ich zurück ins Wohnzimmer kam, das gleichzeitig auch Küche und Flur war.

«Hey Baby», begrüßte sie mich und kam auf mich zu. Automatisch wich ich vor ihr zurück und schüttelte den Kopf.

«Geh erst duschen. Ich will nichts von den Kerlen an mir haben, mit denen du heute zusammen warst.»

Sie schnaubte. «Du hast doch selbst alles mögliche von irgendwelchen Kerlen an dir.»

Vielleicht, aber ich tat es freiwillig und ohne dafür bezahlt zu werden.

«Essen wir zusammen?», fragte sie jetzt und zog sich noch auf dem Weg ins Bad ihr kurzes Kleid aus.

«Ich muss weg.»

«Komm schon, Baby. Iss mit deiner Mom zusammen. Wenigstens einmal pro Woche.»

Öfter kam ich nicht her. Einmal in der Woche, um ihr Lebensmittel und Geld zu bringen. Damit sie nicht in diesem ranzigen Haus verhungerte, in dem es viel zu warm und stickig war.

«Was ist mit der Klimaanlage?»

Sie streckte den Kopf aus dem Bad und wedelte etwas benommen mit der Hand in Richtung der Anlage. «Sie geht nicht mehr an. Kannst du danach sehen?»

Ich wollte nicht, aber was sollte ich tun? Nur vom hier stehen schwitzte ich und durchnässte mein Shirt. Die Sommer in Vegas waren mies, wenn man keine Klimaanlage hatte. Dann heizten sich die gammeligen Häuser schnell mal auf über dreißig Grad auf.

«Bleiben wir allein?!», rief ich in Richtung Bad, während ich mir den Werkzeugkasten suchte und die Abdeckung der Klimaanlage abnahm.

Ich wollte nicht hier sein, wenn sie einen Kerl da hatte. Weder ihren Zuhälter, wenn es gerade einen gab, und auch keinen ihrer Typen, von denen sie jedes Mal dachte, er wäre es. Bis auch dieser sie dann ausnutzte, schlug oder den nächsten Shit ins Haus brachte.

«Sind wir. Für heute habe ich von Männern genug.»

Würg.

Es tat weh.

Ein kleines bisschen.

Ein großes bisschen.

Eine verflucht große Menge.

Auch wenn sie eine Hure war, niemand wollte und sollte so etwas von seiner Mom hören. Niemand sollte seine Mom high sehen.

Unser Verhältnis war nicht gut, aber auch nicht völlig scheiße.

Toxisch traf es wohl am ehesten.

Sie sah es nicht, was sie mir in den ganzen Jahren bis heute mit ihrem Verhalten antat. Andererseits hatte sie mir mit ihrem Job ein Dach über dem Kopf und Essen ermöglicht. Ich konnte zur Schule gehen, auch wenn ich es jeden Tag gehasst hatte. Und dennoch trug sie die Schuld daran, dass ich heute so kaputt war.

Es ist einfach zu viel passiert …

Ich wischte mir den Schweiß von der Stirn, der mir unaufhörlich über das Gesicht rann.

Während Mom sich die Reste der Typen abwusch, von denen sie sich heute hinter irgendeiner Ecke oder in deren

Wagen hat ficken lassen, sorgte ich dafür, dass sie hier drin nicht einging.

Ich verurteilte nicht den Job an sich, aber sie.

Für jeden Kerl, den ich als Kind hören musste.

Für jeden, der ihren Sohn lieber angesehen hatte als sie.

Für dieses Leben und das, was es mit mir machte.

Und für das, was ich nie wieder würde vergessen können.

Endlich sprang die Klimaanlage mit einem lauten Summen an und einen Moment blieb ich einfach davor sitzen und genoss den kühlen Luftzug auf meiner verschwitzten Haut.

Irgendwann kam Mom aus dem Bad, nur in Unterwäsche. Aber ich war froh, dass sie wenigstens diese trug.

Die noch nassen Haare band sie zu einem unordentlichen Knoten und so ohne die ganze Farbe im Gesicht, sah sie wieder viel jünger aus. Oder eben so jung, wie sie war. Sie hatte mich früh bekommen, mit gerade mal sechzehn Jahren. Jetzt war ich zweiundzwanzig und sie achtunddreißig.

«Hast du was dabei?», fragte sie und nahm zwei Pizzen aus der Tiefkühltruhe.

«Mom», setzte ich an und stand auf. Doch sie kam zu mir und legte mir eine Hand an die Wange.

«Bitte, Baby. Mein Vorrat ist aufgebraucht und ich muss mich wirklich etwas entspannen.»

Wovon? Dich den ganzen Tag ficken zu lassen?

«Mach was du willst», murmelte ich und warf ein bisschen Gras und Pillen auf den Tisch.

Gerade, als sie sich danach umdrehte, klopfte es an der Tür.

Ich ging hin und stand einem aufgepumpten Kerl gegenüber.

«Bumsstunde ist vorbei, komm morgen wieder.» Ich warf die Tür zu und kurz darauf donnerte es erneut dagegen.

«Was machst du denn?» Mom klang vorwurfsvoll. «Du kannst Hektor nicht die Tür vor der Nase zuknallen!»

«Hektor? Wo hat der den Namen denn her? Aus *Klischees und Wissenswertes für Zuhälter*?»

«Baby sei nett. Hektor ist einer von den Guten.»

Waren sie das nicht alle? Und am Ende war ich es, der Mom dann völlig zugedröhnt in ihrer eigenen Kotze fand.

Sie öffnete die Tür und der Typ zog sie an sich. Sofort landete seine schmierige Hand auf ihrem nur mit einem String bedeckten Arsch.

Ob es ihr wirklich gefiel, oder es an den Drogen lag, die sie sich im Bad noch eingeworfen hatte, wusste ich nicht. War mir auch egal.

Ich steckte mein eigenes Zeug wieder ein, denn ich teilte nicht mit Grabschern, und schob die Hände in die Taschen.

Bevor ich zur Tür ging, stellte ich noch die Pizza aus, denn ich war sicher, die zwei hatten jetzt anderes zu tun.

«Könntet ihr es woanders treiben? Ich muss da durch.»

Der Kerl sah bei meinen Worten auf und funkelte mich an.

«Wer ist dieser kleine Scheißer?»

Mom lächelte etwas schief und tätschelte meinen Arm.

«Das ist mein Baby.» Irgendwo, hinter all dem Suff und dem Shit in ihrem Blutkreislauf, schimmerte Zuneigung durch. Sie sagte zwar, dass ich ihr wichtig war, aber nicht so wichtig wie jetzt dieser Kerl.

«Ich hau ab. Das hier geb' ich mir nicht.»

«Du musst nicht gehen», widersprach Mom, während sie noch immer an Hektors Hals hing.

«Ach nein? Wird er gehen?»

Sie verzog das Gesicht und schüttelte den Kopf.

Natürlich nicht. Wie könnte ihr eigener Sohn auch wichtig genug sein …

Noch während ich an ihnen vorbei lief, fingen sie an, rumzumachen.

Ich wollte kotzen.

Oder schreien.

Vorzugsweise beides.

Aber ich würde nicht. Genauso wenig wie ich dem Brennen hinter meinen Lidern nachgeben würde oder dem stechenden Schmerz in meinem Herzmuskel.

Ich löste meine Probleme anders. Zumindest die mit dem ekligen Namen *Gefühle.*

Auf dem Strip gab es genug Clubs, in denen ich diese ertränken konnte.

Möglicherweise reichte es ja diesmal und ich musste nichts mehr fühlen. Nie wieder.

Und wenn nicht … Fallen würde ich sowieso, aber zugedröhnt fiel es sich leichter.

Dann tat der Aufprall nicht so weh, während ich doch nie unten aufschlug.

2.

Canyon

No laughter, just tears upon my face,
A troubled childhood, an endless chase.

Mit den Händen in den Taschen lehnte ich an der Wand und wartete darauf, dass meine Chefin kam. Miss Linda leitete *Couple Solutions* und hatte einen neuen Kunden für mich.

Als ich ihre Absätze auf dem schwarz polierten Marmorboden hörte, richtete ich mich auf.

«Ghost, schön, Sie wieder zu sehen.» Sie stolzierte in ihr Büro und ich folgte ihr schweigend.

«Abendveranstaltung. Zuerst ein Dinner und im Anschluss eine kleine Feier. Was danach passiert, ist wie immer Ihre Entscheidung.»

Couple Solutions war eine Escort Vermittlung. Ein gehobener Begleitservice für wohlhabende Kunden. Es gab Pakete, die gebucht werden konnten. Escorts, die mehr und welche, die weniger anboten.

Ich gehörte zu Letzterem.

Bei mir gab es keinen Sex im Angebot. Wenn ich es mit Kunden tat, dann nur, weil ich es auch wollte.

Und das war so gut wie nie der Fall.

Ich begleitete meistens Männer, hatte aber auch Frauen als Kundinnen. Mir war es egal, solange das Geld stimmte und sie sich benahmen.

Miss Linda reichte mir eine Mappe mit allen Infos und meiner Anzahlung.

Ich nahm meistens nur Bargeld. Einen Teil jetzt, den anderen, wenn mein Job erledigt war.

«Es ist ein Neukunde, also halten Sie sich diesmal mit etwaigen Rettungsaktionen zurück.»

«Ja, Ma'am.» Sie hatte mir die Sache, und den damit verlorenen Kunden, noch immer nicht verziehen.

Rückblickend betrachtet hätte ich River verrecken lassen sollen. Es hatte keinen Tag gedauert, bis ein Bild von ihm und mir durch die Presse gegangen war.

Keinen verfluchten Tag!

Zu meinem Glück hatten sie kein besonders gutes Bild von mir bekommen und dennoch hatte der Hype um den abgestürzten Sänger und dem fremden Typen die Runde gemacht.

Aber anstatt daraus zu lernen, bekam er dadurch einen zusätzlichen Push. Seine Songs stiegen mit jedem Tag weiter in den Charts nach oben und alle sprachen über River und seine Musik wurde auf Social Media und auch hier in den Clubs rauf und runter gespielt.

Jeder fragte sich, wie lange es noch dauern würde, bis er den Löffel abgab. Oder wann sein nächster Absturz vor der Tür stand.

Als ich gesehen hatte, dass es demnächst sogar einen Film über ihn geben soll, hätte ich beinahe laut aufgelacht.

Die Leute gaben sich mittlerweile auch echt mit allem zufrieden.

«Na schön», sagte sie und faltete die Hände auf der gläsernen Tischplatte. Mein Zeichen, dass wir hier fertig waren.

«Bis morgen», sagte ich nur, drehte mich um und verließ ihr Büro.

Draußen empfing mich, wie auch schon in den letzten Tagen, eine sengende Hitze.

Warum zur Hölle habe ich mich nochmal für Vegas entschieden?

Ach ja, weil ich hier so gutes Geld verdienen konnte.

Es waren nicht nur die Touristen, die sich für eine Nacht ein bisschen Spaß gönnen wollten. Auch viele Geschäftskunden heuerten uns an, wenn ihre Firma es für eine großartige Idee hielt, den firmeninternen Ausflug nach Vegas zu verlegen.

Ich hatte ein Hotelzimmer auf dem Strip, denn entgegen vieler Vermutungen, waren Hotels hier wirklich günstig.

Außerdem übernahm *Couple Solutions* einen Großteil der Unterkunft, wenn wir ausschließlich für sie und dauerhaft zur Verfügung standen.

Und das tat ich.

In manchen Wochen hatte ich jeden Tag einen anderen Kunden.

Ich wurde zu dem, was sie wollten.

Der anzugtragende Gentleman, der partywütige Bad Boy, oder der dauerhaft schleimige Komplimentemacher.

Mir war es egal, solange ich nicht sein musste, wer ich wirklich war.

Ein abgefuckter Typ, der mit seinem Leben genauso wenig klarkam, wie mit dem, was ich unbedingt verdrängen wollte.

So hatte ich eine feste Rolle, einen sicheren Rahmen, in dem ich mich bewegte und der mich davon abhielt, Mist zu bauen.

Meistens zumindest.

Die Sache mit River war eindeutig ein Fehltritt gewesen.

Mein Handy klingelte und ich sah, dass Blake anrief.

«Hey», meinte ich und betrat das Foyer des Hotels, in dem ich lebte.

«Hey. Wie geht's dir?»

Das fragte er mich immer und immer war meine Antwort die gleiche. «Keine Ahnung.»

«Bist du noch in Vegas?», wollte er wissen, als ich in den Fahrstuhl stieg.

«Noch, ja.» Ich wusste nicht, für wie lange. Normalerweise blieb ich nie für einen längeren Zeitraum an einem Ort. Aber hier verdiente ich so gut wie nirgends zuvor. Wenn ich noch ein paar Wochen oder Monate blieb, hätte ich genug zur Seite gelegt, um mir erst einmal keine Sorgen mehr machen zu müssen.

«Ist es im Sommer dort wirklich so heiß?», fragte er und lachte. Ich hörte seinen Kerl im Hintergrund Musik machen und freute mich für die beiden, dass sie immer noch zusammen waren.

«Du machst dir kein Bild davon, wie sehr. Ich hasse es. Vegas ist scheiße.»

Die Frau, die gerade zu mir in den Fahrstuhl stieg, musterte mich kurz, bevor sie sich nach vorn drehte. Aber sie konnte es ruhig hören.

Ich hasste diese Stadt.

Es war laut, grell und das Gesundheitssystem war miserabel. Überall liefen Cops herum, die nur darauf warteten, irgendjemanden mitzunehmen und alles in allem war es hier einfach nur beschissen.

«Komm nach New York, hier ist es …»

«Auch scheiße?»

Er fing an zu lachen. «Ja, aber nicht so sehr. Obwohl ich immer noch kein Fan dieser Stadt bin.»

War er noch nie gewesen, aber Oakley hatte ihn irgendwie dazu gebracht, bei ihm einzuziehen.

Vielleicht machte Liebe so etwas mit einem. Dass man seine Prinzipien über Bord warf oder es einfach auf sich nahm.

Keine Ahnung.

Ich konnte mir nicht vorstellen, dauerhaft in einer Stadt zu leben, die ich nicht mochte, nur weil irgendein Typ dort lebte, den ich wollte.

«Komm zu uns, Can. Ich mein's ernst, du kannst hier bleiben, oder wir helfen dir, eine Wohnung zu finden. Du … shit. Wäre cool, wenn du irgendwo hier wärst.»

Ja, wäre es.

Blake war der einzige, der mich wirklich verstand. Weil er alles, was ich erlebt hatte, auch kannte. Weil wir teilweise zusammen dort gewesen waren.

In diesen Camps, von denen unsere Eltern dachten, sie würden uns zu besseren Menschen und guten Cops machen. Dass ich nie ein Cop hatte werden wollen, interessierte natürlich niemanden.

«Mal sehen. Vielleicht irgendwann, für eine Weile. Nicht für immer. Ich muss jetzt arbeiten, Blake. Wir hören uns.»

«Okay, pass auf dich auf.»

Tat ich immer. Ich war vorsichtig und wusste, wie man sich verteidigte. Ansonsten würde ich diesen Job nicht machen. Auch, wenn ich wusste, dass ich wahrscheinlich keine Chance hätte, sollten mehrere gleichzeitig versuchen, an mich heranzukommen.

«Bis dann, Blake.»

«Ruf mich mal wieder an.»

«Mach ich», sagte ich noch und legte auf. Wir wussten beide, dass er derjenige sein würde, der mich anrief.

Am Abend stand ich im Bellagio und klopfte an die Tür mit der Nummer, die auf dem Zettel stand.

Ein Kerl, vielleicht zwanzig Jahre älter, öffnete die Tür und lächelte mich an.

Er hatte blondes Haar, war groß und durch seinen Smoking erkannte ich, dass er regelmäßig trainierte.

Seine Uhr zeigte, dass er Geld hatte. Seine Kleidung schrie danach, es jedem vor die Nase zu halten. Meiner Erfahrung nach gab es zwei Sorten von reichen Männern.

Einmal die, die sich benahmen und die bloß dankbar waren, diese Abende nicht allein überstehen zu müssen. Sie waren nett, höflich und stets zurückhaltend.

Und dann gab es die anderen. Die dachten, nur weil sie Geld hatten, konnten sie sich alles erlauben. Und alles kaufen.

Sex, Verschwiegenheit, Loyalität und Angst. Vor ihren Anwälten und jedem, den sie einem sonst so auf den Hals hetzen konnten, wenn man nicht sprang, wie sie es wollten.

Es würde sich herausstellen, zu welcher Sorte dieser Mann gehörte.

«Du musst Ghost sein», sagte er und trat einen Schritt zur Seite, um mich einzulassen. «Ich bin Jeffry. Wir haben noch ein paar Minuten, bis wir los müssen. Lass uns etwas trinken.»

Ich sollte nicht während der Arbeit trinken, aber manchmal waren diese Veranstaltungen nur so zu ertragen. Stundenlanges langweiliges Gelaber mit noch langweiligeren Anzugträgern. Da blieb mir fast nichts anderes übrig, als mir das irgendwie erträglich zu trinken.

«Wer bin ich heute Abend für Sie?», fragte ich, als er eine Flasche Wein öffnete und uns beiden einschenkte.

«Wer kannst du denn sein?»

«Ich kann sein, was Sie wollen, der ich bin. Aber allen voran, ihre Begleitung», gab ich zurück und sah dabei zu, wie er sein Glas in einem Zug leerte.

«Und mehr?»

Mehr? Nein. Ich konnte nicht mehr sein, als der Typ, der ihn davor bewahrte, heute Abend dort allein aufzukreuzen.

«Nein, nicht mehr.»

«Ich zahle eine Menge Kohle für dich. Das können die anderen ruhig wissen.» Er trat einen Schritt auf mich zu und sah mit einem schmierigen Grinsen an mir herunter. «Du bist mein kleiner, dreckiger Callboy, der heute Abend alles tut, was ich ihm sage.»

Beinahe hätte ich laut aufgelacht. Dachte er das wirklich?

«Ich bin kein Callboy, ich bin ein Begleitservice.»

Jetzt war er es, der lachte und ich hasste ihn dafür.

Grinsend nahm er mir mein Glas aus der Hand, trank es in einem Schluck und leckte sich anschließend lasziv über die Lippen.

Sollte ich ihm sagen, dass wirklich absolut gar nichts daran sexy war? Es hatte eher etwas von einem sabbernden Bernhardiner. Und wenn ich mich entscheiden müsste, wer von beiden mir die Zunge in den Hals stecken durfte, würde immer der Bernhardiner gewinnen.

«Wir sollten gehen.» Er drehte sich um und ich schluckte den Würgereiz herunter, der sich bei seiner Nähe in meinem Hals gebildet hatte.

Es war nur dieser Abend. Nur diese paar Stunden, dann war ich ihn wieder los. Ich hatte schon schlimmere Kunden gehabt,

auch wenn ich jetzt wusste, dass er definitiv zur Kategorie zwei zählte.

Das Essen war gut, machte aber auch den Rest dieser Veranstaltung nicht besser.

Wir hatten das Hotel nicht verlassen. Die Firma hatte sich einen Saal gemietet, in dem gegessen wurde und gleichzeitig eine völlig überdrehte Band spielte. Ich wartete nur darauf, dass jeden Moment ein Elvis Double auf der Bühne auftauchte. Und davon gab es in Vegas jede Menge.

«Wir verschwinden gleich alle», raunte Jeffry mir ins Ohr, während seine Finger sich auf meinen Oberschenkel legten.

Kurz zuckte mein Blick zu seiner Hand, woraufhin er zudrückte.

Nur dieser eine Abend. Ein paar Stunden noch, dann war er hoffentlich so betrunken, dass ich ihn in seinem Zimmer ablegen konnte.

Da ich hier immer noch am arbeiten war, pflasterte ich mir ein Lächeln ins Gesicht und nickte.

«Du kommst doch von hier», lallte einer seiner Kollegen und deutete auf mich. «Wo kann man hier gut einen drauf machen?»

«Kommt darauf an, was man will», erwiderte ich und lehnte mich zurück. «Casinos oder Party?»

Der Typ fing an zu lachen und legte mir seine Hand auf die Schulter. «Party natürlich. Und Frauen. Unser Jeffry hier hat ja dich und Harold nehmt ihr einfach dazu. Du bist doch nicht wählerisch, oder Callboy?»

Alle lachten, auch Jeffry, der sich mit diesem Harold abklatschte.

Ich wollte nur kotzen.

«Den Strip runter ist ein Club. Das *Yellow Light*, dort bekommt ihr alles», presste ich hervor und erhob mich, als die anderen aufstanden.

Jeffry griff nach meiner Hand, als wir das Bellagio durchquerten. Ich wollte kotzen oder ihm meine Hand entreißen, aber ein kleiner Anteil an Körperkontakt gehörte nun einmal dazu.

Riesige bunte Glasblumen zierten in allen möglichen Farben die Decke des Hotels. Als ich sie das erste Mal gesehen hatte, war ich fasziniert. Mittlerweile fand ich sie nicht mehr so spektakulär.

Es ist wie mit so vielen Dingen. Anfangs imponierten sie einem, bis selbst die schillerndsten Blumen ihren Glanz verloren.

Wir verließen das Hotel und liefen über die laute und hell erleuchtete Straße des Strips. Vorbei an den riesigen Wasserfontänen, die vor dem gelb erleuchteten Bellagio in die Höhe schossen und einen leichten Sprühnebel in der Luft hinterließen, der sich auf meinen Anzug und mein Gesicht legte.

Ich roch das Chlor des Wassers und den Gestank nach fettigem Essen. Er brannte in meiner Nase und das laute Piepen, was aus den Casinos kam, klingelte mir in den Ohren.

Die Männer, mit denen ich unterwegs sein musste, waren laut. Sie schrien herum, pfiffen Frauen hinterher und waren auf allen Ebenen widerlich.

Ich schämte mich für sie und hoffte, dass mich niemand meiner anderen Kunden mit ihnen sah.

«Da vorn ist es», meinte ich, als das gelbe Neonschild vor uns auftauchte.

Ich kannte den Türsteher, weil ich schon ein paar Mal hier gewesen war. Immer für den Job, nie privat.

Da bevorzugte ich andere Musik und andere Clubs.

«Wen schleppst du diesmal an?», fragte Dom, der Türsteher, leise. Ich verdrehte bloß die Augen und winkte ab.

«Frag lieber nicht», murmelte ich und folgte den Männern hinein.

Es dauerte nicht lange, bis sie jeder einen Drink in der Hand hielten und Jeffry mich auf die Tanzfläche schleifte.

«Komm näher, Callboy», lallte er und zog mich zu sich heran. Er bewegte sich zur Musik und verschüttete dabei immer mehr von seinem Drink auf meinem Anzug, als er die Arme um meinen Nacken legen wollte.

«Das ist zu nah», knurrte ich und trat einen Schritt zurück. Er fing an zu lachen und folgte mir.

«Wie viel muss ich zahlen, dass du dich heute Abend von mir ficken lässt?»

Fuck, dafür müsstest du mich schon umbringen.

«Unbezahlbar, weil ich nicht mit meinen Kunden ins Bett gehe.»

«Und wenn ich den Preis verdopple?», säuselte mir dieser Harold ins Ohr. «Wir drei könnten eine Menge Spaß haben.»

Könnten wir nicht. Niemals.

Eher würde ich mich mit dem Arsch voran auf den Eiffelturm setzen, als auch nur einen von ihnen in meine Nähe zu lassen.

«Komm schon, wie viel? Jeder Mensch ist käuflich.»

«Macht es doch miteinander, dann habt ihr es sogar umsonst», erwiderte ich und trat einen weiteren Schritt zurück. «Bin gleich wieder da.»

Bevor sie noch mehr Schwachsinn von sich geben konnten, zwängte ich mich an den tanzenden Leuten vorbei und zur Hintertür. Dom hatte sie mir einmal gezeigt, falls ich mal schnell weg musste. Seitdem nutzte ich sie ab und zu, um rauchen zu gehen. Viele Kunden mochten es nicht, wenn ich rauchte, weswegen ich so einen Toilettenbesuch vortäuschte und es dann heimlich tat.

Die Luft war immer noch warm und selbst hier draußen wurde es nicht leiser. In Vegas war es rund um die Uhr laut. Zumindest in diesem Teil.

Ich zog eine Kippe aus der Tasche und lehnte mich gegen die Wand. Nur fünf Minuten Ruhe, bevor ich Jeffry und die anderen noch weiter ertragen musste.

Ein Geräusch erregte meine Aufmerksamkeit und ließ mich aufblicken.

Jemand kam um die Ecke gewankt und ich hielt inne.

«Fuck, das gibt es doch nicht», murmelte ich wütend und sah River dabei zu, wie er seine Hose schloss und stockte, als er nun den Kopf hob und mich erkannte.

Hinter ihm kam ein weiterer Kerl hervor, der sich gerade die Hände an seinem Shirt abwischte.

«Kommst du mit rein?», fragte er River, doch dieser schnaubte nur.

«Wir sind hier fertig, na los hau ab.»

Der Kerl fluchte etwas Unverständliches, schob sich an mir vorbei und verschwand wieder im Club.

«Canyon *zum Fick nochmal* Escort. Dass ich jetzt schon das zweite Mal dein Gesicht sehen muss, kurz nachdem ich gekommen bin, ist zum Kotzen.»

«Du bist zum Kotzen.»

Er kam auf mich zu und blieb kurz vor mir stehen. Wir waren fast gleich groß, seine dunklen Haare fielen ihm wild in die Stirn und seine abartig weißen Zähne leuchteten mir entgegen, als er seine Hände nun neben meinem Kopf abstützte und mich angrinste.

«Solltest du bei deinem Job nicht netter sein?»

Grob griff ich an den Kragen seines Shirts und zog ihn bis direkt vor mein Gesicht. So nah, dass seine Nasenspitze die meine berührte.

«Ich arbeite nicht für dich, Lost. Also kann ich zu dir so scheiße sein, wie ich will.»

Ein abfälliges Grinsen legte sich auf seine Lippen.

«Wenn du mir nah sein willst, musst du es nur sagen», flüsterte er und wackelte vielsagend mit den Augenbrauen.

Ich wollte noch etwas erwidern, doch in dem Moment kreischte jemand neben uns auf und ein Blitzlicht blendete mich.

«River Lost?! Bist du es wirklich?»

«Na toll», fluchte er leise und ließ mit einem leisen Seufzen seinen Kopf nach vorn fallen. «Verschwindet einfach.»

Als ich mich umsah, entdeckte ich zwei junge Frauen, die mit einem Handy in der Hand dort standen und von denen die eine uns filmte, während die andere weitere Fotos schoss.

Sofort schubste ich River von mir weg, woraufhin er stolperte.

«Verdammt, lass den Mist.»

Schnaubend verzichtete ich auf eine Antwort und verschwand zurück nach drinnen. Ein Bild mit River in der Presse reichte mir.

«Da bist du ja», nuschelte Jeffry, griff nach meinem Arm und zog mich grob an sich.

Hart stieß ich gegen seine Brust und hielt die Luft an, um seinen Gestank nicht atmen zu müssen.

«Jetzt haben wir Spaß mit dir, Callboy.» Harold presste sich von hinten gegen meinen Rücken und klemmte mich zwischen ihnen ein.

«Haut ab», presste ich mit zusammengebissenen Zähnen hervor und schob ihre Hände weg, die sich über meinen Körper schoben.

Das waren diese Situationen, die mir irgendwann zum Verhängnis werden würden.

«Wir werden abhauen, aber erst, wenn ich etwas für mein Geld bekommen habe.»

Etwas für sein Geld bekommen? War es nicht genug, dass ich seine unerträgliche Gesellschaft aushalten musste?

Ich schob fremde Hände weg, doch die anderen beiden hatten es unter mein Hemd geschafft und schoben sich über meine Brust.

«Schluss damit», zischte ich und drückte Jeffry von mir weg.

Harold hinter mir lachte und griff nach meinen Armen, sodass Jeffry sich wieder gegen mich pressen konnte. Ich spürte seinen heißen Atem auf meinem Gesicht und seine Hände auf meiner Haut.

Sie waren zwar betrunken, aber zu zweit und beide einen Kopf größer als ich.

Ich suchte den Club nach Dom ab, weil ich allmählich Panik bekam und nur noch von hier weg wollte.

Es war nicht das erste Mal, dass Kunden aufdringlich wurden. Aber diesmal waren sie zu zweit und ich allein.

«Dom!», rief ich, als ich ihn endlich an der Bar entdeckte und zu meinem Glück hatte er mich trotz der Musik gehört.

Sofort war er bei mir, seine riesige Hand griff nach Harolds Kragen und zerrte ihn zurück.

Auch Jeffry riss er von mir weg und erleichtert atmete ich auf.

«Fuck, danke.»

Er nickte mir zu und fragte, ob er die beiden hinauswerfen sollte. Da ich dann aber meinen Job verlieren würde, schüttelte ich den Kopf.

Miss Linda war auf unserer Seite, aber ich hatte bereits einen Kunden verloren und konnte mir nicht noch einen Fehltritt erlauben.

Auch wenn das hier vielleicht irgendwann mein Untergang sein würde.

Heute hatte Dom mich gerettet. Aber irgendwann, da würde dieser Job mich in ernsthafte Schwierigkeiten bringen.

Jeffry war mittlerweile zum Glück so betrunken, dass selbst seine widerlichen Sprüche kaum zu verstehen waren und er den Rest der Nacht heulend am Tresen verbrachte. Irgendwann kotzte er und ließ sich dann widerstandslos von mir zurück zu seinem Hotel bringen. Aber mehr als ihn in sein Zimmer zu schubsen, war nicht drin.

Nicht nach heute Abend.

Ich hörte ihn stürzen und dann jammern. Es war mir egal.

So zog ich bloß die Tür hinter mir zu und haute ab. Zurück in mein eigenes Hotel und direkt unter die Dusche. Ich musste den Abend von mir abwaschen. Jeffry, Harold und River. Den Club und diese verfluchte Nacht.

3.
River

Yet in the silence, I found my voice,
A glimmer of hope within the noise.

Das Klingeln meines Handys riss mich aus einem viel zu kurzen Schlaf. Mit geschlossenen Augen tastete ich das Bett ab und stöhnte, als ich es nicht fand und nun doch meine Augen öffnen musste.

Fuck, wo bin ich?

«Stell das Ding ab», knurrte jemand hinter mir und blinzelnd sah ich mich um.

Scheiß drauf, wo ich bin. Wer ist der Typ da hinter mir?

«Wer zur Hölle bist du?»

Der Kerl sah aus rot geränderten Augen zu mir auf und fing an zu lachen. «Timothy.»

Mein Handy klingelte immer noch und jetzt sah ich, dass es Oakley war. Ich nahm ab und hielt es mir ans Ohr.

«Warte kurz, Oaky.»

Der Kerl drehte sich auf den Rücken und strich sich die blonden Haare aus dem Gesicht.

«Haben wir gefickt?», fragte ich und setzte mich auf. Mein Kopf pochte bei jeder Bewegung und es dauerte einen Moment, bis der Schwindel nachließ.

«Nein, du hast gekotzt und dann tausend Stunden geduscht. Irgendwann hat selbst mein Schwanz keinen Bock mehr.»

Verdammt, schon wieder?

Ach ja, dieser Hektor war bei Mom gewesen und dann musste ich ausgerechnet Canyon ohne Nachnamen begegnen, nachdem der Typ mir einen geblasen hatte.

«Willst du jetzt ficken?»

Er fing an zu lachen und schüttelte den Kopf.

«Du kannst mir aber einen runterholen», meinte er schulterzuckend.

Dafür müsste ich ja etwas tun. Meinen Arm bewegen und wer wusste schon, wie lange er brauchte.

«Vergiss es.»

«Ein anderes Mal?», fragte er grinsend. «Ich bin öfter im *Good Luck.*»

Ich war im *Good Luck* gewesen? *Verdammt, wann?*

«Ja, mal sehen», sagte ich bloß und stand auf. Auf dem Boden fand ich meine Klamotten und meine Schuhe, zog alles an und war froh, dass mein Schlüssel noch in meiner Tasche steckte.

Ohne den Kerl noch einmal anzusehen, stolperte ich aus dem Zimmer und schließlich aus der fremden Wohnung.

«Bist du noch dran, Oaky?»

«Ja und dankbar, dass ihr es nicht miteinander getrieben habt.»

«Stell dich nicht so an. Ist ja nicht so, als hätten wir es nicht auch schon getan.»

Ich zündete mir eine Kippe an und schirmte meine Augen gegen das grelle Sonnenlicht ab.

«Das ist was ganz anderes. Mit dir zu telefonieren, während du dabei bist … ich brauch' das nicht, Riv.»

Ich auch nicht, dachte ich und schluckte das miese Gefühl herunter, welches sich bei dem Gedanken, in meinem Magen ausbreitete.

Außer um Druck abzubauen, brachte es mir rein gar nichts. Jedes Mal hoffte ich, etwas dabei fühlen zu können. So wie bei Oakley damals.

Oder nein, mehr.

Oder weniger.

Fuck, oder überhaupt irgendetwas.

«Was ist los, Oaky? Warum rufst du mitten in der Nacht an?»

Er lachte leise. «Es ist Mittag, Riv. Auch bei dir in Vegas.»

Pffft, in Vegas war alles vor vier Uhr am Nachmittag noch mitten in der Nacht. Hier ging man erst am Morgen schlafen, da liefen die Uhren anders.

«Hier», sagte er und mein Handy vibrierte. «Sieh dir das an.»

Ich stellte auf Lautsprecher und öffnete unseren Chat. Er hatte mir einen Link geschickt und als ich ihn öffnete, stockte ich.

«Was ist das für ein Scheiß?», zischte ich und scrollte durch die Bilder, Videos und Kommentare.

«Das sind du und Canyon. Schon wieder. Was ist da los bei euch? Ich dachte, ihr könnt euch nicht leiden?»

«Tzzz, ich hasse den Kerl.»

«Woher kommt dann das Video?», wollte er wissen.

Es war nur eines. Von ihm und mir hinter dem *Yellow Light*. Wir standen so nah beieinander, dass es aussah, als ob wir rummachen würden. Fuck.

«Von so einer Bitch. Die kam angewackelt, hat ein Video gemacht und angefangen zu schreien. Soll sie doch, ist mir sowas von egal, was im Internet über mich rum geht.»

War es. Schließlich sollte bald ein ganzer verfickter Film über mich erscheinen, wie sollte mich da ein lächerliches Video stören. Außerdem gab es weitaus schlimmere Videos und Bilder von mir.

«Die shippen euch. Schreiben, er könnte deine Rettung sein und so. Deine Songs steigen gerade in Rekordgeschwindigkeit. Nur damit du Bescheid weißt.»

«Ist mir doch egal. Noch ein paar Monate, dann bin ich raus aus dem ganzen Scheiß.»

Aus dem Knebelvertrag mit meinem Label und deren Rechte an meiner Person. Dann konnte ich machen, was immer ich wollte. Ich hatte zwar keinen Plan, was das sein würde, aber das konnte ich dann immer noch herausfinden.

«Du kannst herkommen, wenn du mal eine Pause von der Hitze da bei euch brauchst.»

«Um dann dabei zuzusehen, wie ihr euch den ganzen Tag bespringt?»

Oakley fing an zu lachen. «Sagt derjenige, der mit mir telefoniert, während er einen Blowjob bekommt.»

«Touché, Oaky.»

«Überleg es dir einfach.»

«Ja, mal sehen.» Natürlich wollte ich ihn wiedersehen. Er war der einzige, den ich hatte.

«Wie läuft dein Album?», fragte ich stattdessen, um vom Thema abzulenken.

«Es wird. Ich schicke dir später ein paar Tapes.» Machten wir öfter so. Wenn wir neue Ideen oder Songs hatten, schickten wir sie uns. Er wollte wissen, welche Farben seine Lieder

hatten. Mittlerweile kannte er viele schon, weil ich ihm davon erzählte, während wir es uns zusammen anhörten.

Von den Farben, die ich sah, wenn ich Musik hörte.

Die auftauchten, wenn ich Klänge wahrnahm.

«Ich ruf dich an, wenn ich sie höre.»

«Okay. Ich muss jetzt los, bis später.»

«Bis dann», sagte ich noch, bevor ich auflegte.

An meiner Wohnung angekommen, schloss ich die Tür auf und zog mir als erstes mein stinkendes Shirt über den Kopf.

Ich ging direkt ins Bad, griff nach meiner Zahnbürste und stellte die Dusche an.

Meine Wohnung war okay. Ich hatte sie mir irgendwann gekauft, als die Immobilienpreise im Keller gewesen waren. Ich hatte einen Blick auf die Berge und konnte auf den nach Süden ausgerichteten Strip sehen.

In der Anzeige hatte gestanden, dass die Bude mehrere Zimmer haben sollte. Ich hatte die anderen Zimmer noch nicht gefunden. Dafür aber eine offene Küche, ein Bad mit Wanne und Dusche und einen begehbaren Kleiderschrank. Mein Wohnzimmer war gleichzeitig auch mein Schlafzimmer. Die Küche hatte ich in weiß gehalten, ebenso meine Wände. Nur hinter dem Bett gab es eine dunkelblaue Wand, die zum XXL-Sofa passte, welches direkt davor in der Mitte des Raumes stand.

Ich war allein, immer, da brauchte ich nicht mehr wie diese knapp fünfundsiebzig Quadratmeter.

Außerdem gab es einen kleinen Balkon und in der Anlage auch einen Trainingsbereich und einen Pool.

Es reichte. Und die Klimaanlage bewahrte mich davor, hier drin einzugehen.

Ich trat gerade aus der Dusche, als es klingelte.

Verdammt, es gab nur eine Person, die einfach so direkt an meiner Tür klingeln konnte und das war Colson.

«Was zur Hölle willst du hier?», fragte ich, als ich nur mit einem Handtuch die Tür öffnete.

«Ich komme gerade von *MusicIn*. Wir sollten uns unterhalten, River.»

Na toll. Das brauchte ich jetzt, wenn ich gefühlt immer noch nicht richtig wach war.

«Gib mir ein paar Minuten.» Ich lief zurück zum Bad und direkt in meinen begehbaren Kleiderschrank. Nur in einer kurzen Jogginghose kam ich zurück, stellte Kaffee an und drehte mir einen Joint.

Colson wartete, bis ich meinen Kaffee hatte, machte sich dann selbst einen, weil ich hier niemanden bediente, und trat auf den Balkon.

Die Sonne stand hoch am Himmel und ich war froh, dass meine Terrasse im Schatten lag. Dennoch war es extrem heiß draußen. Die ganzen letzten Tage war das Thermometer tagsüber nicht unter vierzig Grad gefallen. Die nächsten Tage sollte es sogar noch heißer werden und ich hatte nicht vor, meine Wohnung dann zu verlassen. Dort drin waren es nämlich angenehme zweiundzwanzig Grad und das sollte auch so bleiben, wenn Colson zum Fuck diese verdammte Terassentür schließen würde.

«Also, was willst du?», fragte ich, zündete mir einen Joint an und setzte mich auf einen der beiden Stühle.

«*MusicIn* hat das Video gesehen», setzte er an und ich stöhnte auf.

«Ich hatte meinen Schwanz in der Hose und keine Drogen in der Hand. Was haben die jetzt schon wieder zu heulen?»

Egal was ich tat, seit der Flamingo-Prügelei klebten mir die Paparazzi am Arsch.

Flamingo-Prügelei … dass ich jemals so etwas denken musste …

Ich kannte die ganzen Kommentare über mich. In denen darüber spekuliert wurde, wann ich endlich abkratzte. Was mit mir geschehen würde, wenn ich aus dem Vertrag rauskam und ob ich dann in der Versenkung verschwand.

Aber es waren nur irgendwelche Hater, die mich nicht leiden konnten.

«Sie wollen mehr davon.»

Mehr? Wovon?

«Hä?»

Colson stand auf und sah auf die Berge. «Raste nicht aus, ich habe bereits deinen Anwalt darauf angesetzt.»

Natürlich hatte er das. Colson war auf meiner Seite, das wusste ich. Er war erst knapp zwei Monate da und setzte sich mit allem, was er aufbringen konnte, für mich ein.

«Jetzt mach nicht so einen Film davon und sag es mir einfach. Soll ich dir einen Ankündigungscountdown erstellen, oder was?»

Als würde ich ausrasten.

River Lost rastete nicht aus.

Der stürzte ab.

Tief und manchmal noch tiefer.

«Mehr von dir und dem Typen. Es war das zweite Mal, dass ihr zusammen gesehen wurdet. Leugne es nicht», unterbrach er mich, gerade als ich etwas erwidern wollte. «*MusicIn* meint, das sei die perfekte Werbung für dich.»

Ich lachte auf. «Ein Kerl bei mir? Was soll das werden? So eine Imageaufbesserungsscheiße? Das glückliche Paar! Kauft sein Album, damit wir richtig abkassieren können!»

Fuck, ich hasste es. Dieses Label und dass ich zu arm war, um mich aus dem Vertrag herauskaufen zu können.

Früher hatte ich nur das Glück gesehen, dass ein Label sich für mich interessierte und meine Musik mit mir rausbringen wollte. Mittlerweile war ich schlauer und las Verträge richtig, bevor ich sie unterschrieb. Aber sie hatten mich gelockt. Mit großen Versprechen, dem Spielen mit meinen Träumen und meiner Zukunft.

«Die wollen dein Image nicht aufbessern, sondern dich ausnehmen. Das hier ist dein letztes Album bei *MusicIn* und die wollen dich auf Platz eins damit haben. Es sind nur noch ein paar Monate, River. Dein Album erscheint bald und jetzt ist denen alles egal. Wenn du daran zu Grunde gehst, ist es nicht mehr deren Problem. Die wollen dich ausnehmen wie einen verfluchten Truthahn.»

Wie einen Truthahn … mehr war ich nicht für mein Label. Ich brachte ihnen Geld und das war alles, was sie interessierte.

Colson drückte kurz meine Schulter und setzte sich mir gegenüber.

«Dein Film erscheint demnächst, River. Da braucht es Werbung für dich. Was für welche, ist nicht wichtig. Hauptsache der Film und dein Album gehen durch die verdammte Decke. Aber die Leute wollen euch zusammen sehen. Dich und diesen Kerl. Das wiederum lenkt noch mehr Aufmerksamkeit auf dich. Umso mehr du leidest, desto authentischer verkauft sich der verfluchte Film und deine Musik.»

Sie hatten doch schon alles von mir. Wie sollte ich denn noch mehr geben? Sahen die nicht, wie sehr ich am Ende war? Wie leer?

«Und was soll ich ihrer Meinung nach mit ihm tun? Wie stellen die sich das vor? Fuck, nein. Auf keinen Fall.»

Colson atmete tief durch und sah mich an. Mit diesem Mitleidsblick, den er sich sonst wohin stecken konnte.

«Du hast noch ein paar Termine, die du wahrnehmen musst. Er soll dich begleiten.»

Niemals. Eher würde ich meine eigene Mom verkaufen, als mit Canyon irgendwohin zu gehen.

«Ich hasse den Kerl.»

«Verstehst du es nicht? Das ist denen egal! Zerfetzt euch vor laufenden Kameras, das ist doch genau das, was das Label will. Darauf warten die Leute. Auf den nächsten Skandal von River Lost. Die wollen dich fallen sehen und du darfst ihnen das nicht geben. Die wollen deinen Schmerz, Riv. Dein Leben läuft demnächst auf Kinoleinwänden in ganz Amerika. Vom Schulabbrecher zum Rockstar und wieder zurück. Ich weiß, dass es anders ist. Du weißt das, aber für alle anderen bist du als Person gerade ganz unten. Je besser deine Musik läuft, je tiefer stürzt du ab. Und umso mehr Alben verkaufst du.»

So falsch lagen sie da nicht. Was hatte ich denn noch?

Keine Band, keine Auftritte, keine Tourneen. Wir standen so kurz davor, ganz groß zu werden. Es war nie das gewesen, was ich gewollt hatte. Und dann doch wieder schon. Zumindest auf eine Art. Auf der anderen Seite wollte ich meine eigene Musik machen und DJ sein. Ich wollte meine Musik in den Farben sehen, genau wie ich sie mir vorstellte.

Manchmal hasste ich meine Synästhesie. Aber dabei nicht. Nicht, wenn ich selbst bestimmen konnte, was ich sah.

«Ich mach das nicht. Und wie wollen die ihn überhaupt finden? Er ist bloß ein Kerl, der …»

«Er nennt sich Ghost. Außer dir kennt niemand hier seinen richtigen Namen. Er arbeitet seit vier Monaten für *Couple Solutions* als Escort. Kein Sex, nur Begleitservice. Laut Angaben ist er 26. Ich schätze ihn jünger ein. Zweiundzwanzig, vielleicht dreiundzwanzig. Das wäre ein großer Job für ihn und auch für seine Agentur.»

Mir war es gänzlich egal, wie groß der Job für ihn wäre. Es gab keinen Job, weil es keinen Kunden gab.

«Ich mach da nicht mit. Sag denen das. Und woher willst du wissen, dass ich seinen Namen kenne?»

«Also bitte. Ich kenne dich mittlerweile gut genug und wenn du es nicht machen willst, dann überlege dir schon mal, in welchem der Tunnel du leben willst, wenn du dann nichts mehr hast. Die nehmen dir alles weg, Riv. Im Vertrag steht, sollte einer von euch den Vertrag vorzeitig auflösen, ist eine Entschädigung fällig. Du kennst die Höhe und hast die Kohle nicht. Und ich im übrigen auch nicht.»

«Mir egal. Alles ist egal. Geh, na los! Geh schon, ich kann das nicht mehr!»

Colson seufze leise, nickte aber schließlich. Er drückte noch einmal meine Schulter, bevor er tatsächlich ging.

Ich blieb zurück, mit meinen Gedanken, die nie aufhören würden, meinen Kopf zu fluten.

MusicIn konnte alles von mir haben, aber meinen Schmerz, den bekamen sie nicht. Der gehörte nur mir allein.

Mir und meiner Musik.

4.
Canyon

Through storms and through the darkest night,
Here I stand, despite the fight.

Wieder betrat ich die große Eingangshalle und fuhr mit dem Fahrstuhl nach oben. Hier war es angenehm kühl und die Klimaanlage hielt die beinahe unerträgliche Hitze von draußen fern.

Miss Linda rief mich herein, als ich an ihre Tür klopfte. Doch anstatt mir wie sonst meinen Umschlag zu reichen, deutete sie auf den Stuhl vor ihrem breiten Schreibtisch.

Fuck, hat der Kerl sich etwa beschwert?

«Erzählen Sie mir von gestern Abend», forderte sie und faltete die Hände auf dem Tisch.

«Ich habe den Auftrag ordnungsgemäß erledigt und den Kunden zurück zu seinem Zimmer begleitet, bevor ich gegangen bin.»

Dass ich den besoffenen Wichser in sein Zimmer geschubst hatte und dann abgehauen war, ließ ich aus. Es war nicht wichtig und er hatte es nicht anders verdient.

Sie schob mir einen Umschlag über den Tisch, doch als ich danach greifen wollte, legte sie einen Finger darauf.

«Sie könnten noch viel mehr verdienen als das hier.»

Das war mir bewusst, aber dazu musste ich …

«Wenn Sie Ihr Angebot erweitern, könnte ich Sie für längere Aufträge einplanen. Sogar für ganze Wochen. Stellen Sie sich das vor, Ghost. Sie könnten zwanzigtausend Dollar in nur einer einzigen Woche verdienen. An einem Wochende, wenn Sie wirklich gut sind. Wir sind hier eine der exklusivsten Agenturen und das nicht nur in Nevada, sondern weit darüber hinaus. Sie sehen gut aus und ich bin mir sicher, die Anfragen würden sich verdreifachen.»

Wahrscheinlich, aber ich wollte nicht. Nicht, weil ich Sex nicht mochte. Aber ich entschied gern selbst, mit wem ich es tat. Und auch, mit wem nicht.

«Ich werde darüber nachdenken», sagte ich dennoch, damit sie mich in Ruhe ließ.

«Tun Sie das. Bis Sie sich entschieden haben, hätte ich da etwas anderes. Es wurde ausdrücklich nach Ihnen verlangt. Nehmen Sie sich in der nächsten Zeit also nicht so viel vor.»

In der nächsten Zeit?

«Worum geht es?»

Sie lächelte und drehte den Bildschirm ihres Computers in meine Richtung.

Scheißdreck. Woher hat Sie dieses Video?

«Es geht um ihn», sagte sie und deutete auf den Kerl, der mich gegen die Wand drückte. «River Lost.»

«Das muss ein Irrtum sein.»

«Ist es nicht. Ich habe heute mit jemandem aus seinem Team gesprochen und es wird ausdrücklich nach Ihnen verlangt. Es geht um seine nächsten Termine. Sie sollen ihn dorthin begleiten.»

«Nein.»

Für einen Moment verrutschte ihre perfekte Maske, doch sie fing sich schnell wieder und drehte den Bildschirm zurück.

«Dieser Auftrag ist sehr wichtig. Für Sie und auch für uns. Und bevor Sie ablehnen, sollten Sie sich das hier ansehen.» Sie schob mir einen Zettel über den Tisch und ich erstarrte.

Blinzelnd sah ich zu ihr auf und da wusste sie es.

Ich würde es tun.

Für diese fucking Summe, würde ich es tun.

«Und das ist der Lohn pro Event. Keine sexuellen Handlungen, es geht bloß um einen Begleitservice zu verschiedenen Veranstaltungen. Sollte der Auftrag sich erweitern, werden wir darüber sprechen. Aber bis auf weiteres bleibt es bei den Veranstaltungen.»

Erweitern? Dachte Sie wirklich, ich würde es auch nur in Betracht ziehen, Sex mit River Lost zu haben? Eher würde ich meinen Schwanz in eine Schraubzwinge klemmen und diese bis zum Anschlag zudrehen.

«Wie lange? Ich meine, über welchen Zeitraum sprechen wir?»

Sie sah auf einen Zettel und dann wieder zu mir. «Der letzte Termin wäre Ende des Jahres oder Anfang nächsten Jahres. Also etwas über drei Monate.»

Eigentlich hatte ich nicht vorgehabt, so lange in Vegas zu bleiben. Aber das Geld … Fuck. Dieses verdammte Geld.

«Ich will meine Kohle vor jedem Auftrag. Und zwar komplett. Und wenn das vorbei ist, bin ich weg.»

«Wir werden sehen. Diese Stadt hat etwas an sich, das die Menschen dazu bewegt, zu bleiben.»

Ja, andere vielleicht, aber mich nicht. Ich hasste es hier und das würde sich auch nicht ändern.

«Wann ist der erste Auftrag?»

Sie blätterte durch ihre Unterlagen und ich sah aus dem Fenster. War ich wirklich so am Arsch, dass ich einem Auftrag von River zustimmte? Was fiel ihm überhaupt ein, ausgerechnet mich dafür auszuwählen? War das seine Rache, weil ich ihm den versifften Arsch gerettet hatte?

Ich hätte ihn echt krepieren lassen sollen.

«Morgen. Eine Abendveranstaltung und Sie müssen um neunzehn Uhr bei ihm sein.»

Bei ihm zuhause? Scheiße, dann musste ich mir vorher einen Ganzkörper Schutzanzug kaufen, wer wusste schon, was ich mir da einfangen konnte.

«Okay», sagte ich trotz allem, nahm den Briefumschlag mit dem Geld und seiner Adresse entgegen und stand auf.

«Ich schicke Ihnen eine Liste mit allen weiteren vorläufigen Terminen. Kommen Sie immer morgens am jeweiligen Tag her, dann bekommen Sie Ihr Geld im Vorfeld. Sollte es mehr werden, werde ich ihnen einen Scheck ausstellen. Leider geht es dann nicht anders, in Ordnung?»

Ich nickte, drehte mich um und verschwand. Manche sagten ja, dass die Hölle existiert. Aber dass ich sie einmal persönlich sehen würde, damit hatte ich nicht gerechnet.

Ich stand vor dem Wohngebäude, in dem Rivers Wohnung lag und sah an der hellen Fassade hinauf. Irgendwie konnte ich nicht fassen, dass ich tatsächlich hier stand. Und dann wieder doch. Weil das hier mein beschissenes Leben war.

Seit Jahren.

Weil mir kaum etwas anderes übrig blieb und ich am Arsch war.

Es kam gerade jemand aus dem Haus und da ich seine Wohnungsnummer hatte, lief ich direkt nach oben. Ich schwitzte in dem Anzug und war froh, dass es wenigstens im Hausflur einigermaßen klimatisiert war. Seine Wohnung lag in einem Wohnungskomplex, der aus mehreren Gebäuden bestand. Ich hatte einen Pool gesehen und sogar einen kleinen Lebensmittelladen. Es schien auch ein Fitnessstudio und eine Bar zu geben.

Der Flur, über den ich nun lief, war mit dunklem Holz ausgelegt und es dauerte eine Weile, bis ich vor der ebenfalls dunklen Tür mit der Nummer 433 stand.

Es gab kein Klingelschild und nur die Fußmatte deutete darauf hin, dass River hier lebte.

*Fu*k you all!* stand in Großbuchstaben darauf und ein Mittelfinger vollendete diesen Ausruf der Abneigung gegen die Menschheit.

Obwohl ich es nicht wollte, hätte ich ihn dafür mögen können. Ich war auch kein großer Freund von Menschen.

Na schön, dann mal los.

Ich drückte auf die Klingel und trat einen Schritt zurück. Als nichts geschah, drückte ich noch einmal und hörte dann jemanden hinter der Tür fluchen.

«Scheiße, komm einfach rein!», rief er, woraufhin ich seufzte. Die Tür war tatsächlich offen und als ich seine Wohnung betrat, war ich überrascht, dass er nicht in einem heruntergekommenen Drecksloch hauste.

Die Wohnung war zwar nicht riesig und sein Schlafzimmer teilte sich den Raum mit dem Wohnzimmer, aber dennoch gefiel es mir. Dunkelblau und weiß mit ein bisschen Anthrazit. Bis auf ein paar Klamotten, die herumlagen, war es sogar ordentlicher als in meinem Hotelzimmer.

Ich hörte die Dusche laufen und setzte mich auf das große Sofa. Hier drin war es im Gegensatz zu draußen fast kalt. Oder es kam mir nur so vor, weil es draußen so verflucht heiß war.

Irgendwann verstummte die Dusche und als ich seine Schritte hörte, drehte ich mich um.

River rubbelte sich gerade seine Haare mit einem Handtuch trocken und stockte, als er es herunter nahm und mich entdeckte.

Verdammt, hatte der Kerl nichts zum anziehen?

«Fuck, was machst du denn hier?», fuhr er mich an.

Er stand splitterfasernackt neben seinem Bett und starrte mich an.

«Du hast mich herbestellt und hier bin ich. Stornierung ist nicht drin.»

«Dich herbestellt? Am Arsch, also was willst du hier?»

Was war das? Irgendein schlechter Scherz?

«Lass den Mist», knurrte ich und stand auf. «Ich meins ernst. Das hier ist mein Job. Wenn du das nur machst, um mir eins auszuwischen, weil ich gesehen habe, wie du fast verreckt bist, mach ich dich fertig.»

Er schnaubte, drehte sich um und kam kurz darauf in einer kurzen Jogginghose zurück.

«Solltest du nicht netter zu mir sein, wenn das hier dein Job ist? Ich mein, gehört das nicht irgendwie zum Paket dazu?»

Heiliger Casino-Gott, schenk mir die Kraft, den Kerl nicht auf der Stelle umzubringen.

Natürlich gehörte es dazu, dass ich nett war. Außer ein paar Ausnahmen wollte niemand einen unfreundlichen Begleiter und das auch noch gegen Bezahlung. Aber River … Scheiße. River Lost war so ein Arsch.

«Wann müssen wir da sein?», fragte ich so liebenswürdig, wie es mir in dieser Situation möglich war, und pflasterte mir das falscheste Lächeln ins Gesicht, das ich aufbringen konnte.

«Igitt, das ist ja noch schlimmer. Hör auf zu lächeln, du wirkst wie ein Psycho, der mir jeden Moment ein Messer zwischen die Rippen rammt.»

«Vielleicht habe ich das ja vor. Ich könnte es auch kurz und schmerzlos machen.» Er würde es kaum bemerken und dann wäre es vorbei.

C'est la vie, River Lost.

«Können wir es vorher wenigstens treiben? Damit sich das alles hier auch lohnt?»

«Das mache ich nicht.»

Er fing an zu lachen und kam auf mich zu. Kurz vor mir blieb er stehen.

Zu nah.

So nah, dass sein Schwanz, der durch den dünnen Stoff erkennbar war, beinahe mein Bein berührte.

«Ach nein?», fragte er herablassend und schnaubte.

«Nein. Ich bin kein Callboy, sondern ein Begleitservice.»

Grinsend musterte er mich, ließ seinen Blick erst über meinen Körper und anschließend über mein Gesicht gleiten, bevor er sich vorbeugte und seine Lippen an mein Ohr brachte.

«Du könntest mir eh nicht das geben, was ich brauche.»

Nein, er könnte mir nicht das geben, was ich brauchte. Dafür war er viel zu hinüber.

«Willst du dich nicht endlich anziehen? Wir müssen bald los.»

Bei meinen Worten verdrehte er die Augen, trat einen Schritt zurück und griff nach seinem Handy.

Während es klingelte, lief er in die offene Küche und holte zwei Flaschen Wasser aus dem Kühlschrank. Dass er mir überhaupt eine abgab, wunderte mich. So sehr, wie er mich hasste, müsste er sich doch freuen, wenn ich verdurstete.

«Colson», zischte er und sah kurz zu mir. «Was zur Hölle macht der Kerl hier? … Na Can- … der Escort.»

Er hörte zu, schnaubte zwischendurch oder lachte abfällig. «Das können die nicht machen! Ich habe dir gesagt, dass ich darauf keinen Bock habe! Verdammt, was sagt der Anwalt?»

Da ich nicht zum Spaß hier war und immer noch arbeitete, wandte ich mich ab und ging auf die Terrasse, um ihm etwas Privatsphäre zu geben. Wäre ich privat hier, wäre es mir bei ihm echt egal. Aber ob ich wollte oder nicht, zumindest in diesem Moment arbeitete ich für ihn.

Hier draußen war es immer noch heiß und wenn man aus der klimatisierten Wohnung trat, fühlte es sich noch wärmer an.

Ich zündete mir eine Zigarette an und setzte mich auf einen der beiden Stühle. Als nach ein paar Minuten die Tür erneut aufging, trat ein ziemlich genervt aussehender River hindurch.

«Sieht aus, als gehörst du für die nächsten Stunden mir. Ich habe Colson gesagt, die sollen wenigstens Sex raushandeln, wenn wir den Scheiß hier öfter machen müssen.»

Diesmal war ich es, der aufsprang und auf ihn zuging. Ich drängte ihn zurück, bis er mit dem Rücken an der Wand lehnte und mich abschätzig ansah.

«Merk dir eines», sagte ich warnend, «wir beide, das wird nie passieren. Niemals. Eher kastriere ich mich mit einer Nagelschere.»

Seine Mundwinkel hoben sich zu einem herablassenden Grinsen. «Das sagst du jetzt. Aber irgendwann, da wirst du es

wollen. Und dann zeige ich dir den Mittelfinger, bevor ich mir vor deinen Augen einen runterhole.»

Sollte ich es jemals wollen, stürze ich mich von der nächsten Brücke.

Er wich zurück, nahm mir die Kippe aus der Hand und zog ein paar Mal daran, bevor er sie in den Aschenbecher warf und nach drinnen verschwand.

Das würde ein toller Abend werden. Ganz toll.

5.
River

A troubled childhood, yet I am strong,
In my heart, a resilience lifelong.

Ich bin so am Arsch.

Die Kameras klickten, als wir aus dem Wagen stiegen und den verfluchten roten Teppich betraten.

Tatsächlich spielte Canyon seine Rolle besser, als ich erwartet hatte. Seit wir meine Wohnung verlassen hatten, sprach er kein Wort mehr mit mir. Aber dennoch war er der perfekte Gentleman. In seinem scheiß perfekten Anzug, der ihm so viel besser stand als meiner mir.

Dunkelblau, mit einem weißen Hemd, bei dem die oberen Knöpfe offen standen. Die Ärmel hatte er lässig nach oben geschoben und wie ich trug er Sneaker dazu. Die Farbe harmonierte mit seinen Eisblauen Haaren und ich wusste, morgen würden die Zeitungen voll von uns sein.

Ich hatte mich dazu zwingen müssen, überhaupt ein Hemd anzuziehen. Allerdings stand es zur Hälfte offen, die Ärmel waren unordentlich nach oben gekrempelt und es fiel mir locker über die weite Hose.

Canyon wartete auf mich, bis auch ich ausgestiegen war und hielt mir sogar die Tür nach drinnen auf.

Als bräuchte ich jemanden, der mir eine Tür aufhielt.

Wir blieben nicht stehen, um gute Fotos zu machen, auch wenn *MusicIn* das verlangte. Aber sie hatten mich schon genug in ihrem schmierigen Griff, da wollte ich wenigstens das selbst entscheiden können.

Ich sah zu Canyon, der immer noch dieses falsche Lächeln auf den Lippen trug und mir durch die Tür folgte.

Ob er wirklich nicht mit seinen Kunden schlief? Bei seinem Aussehen könnte er damit eine Menge Kohle machen. Oder er ließ sich eine Menge davon entgehen, je nachdem, wie man es sah.

«Ich würd´s tun», sagte ich, gerade als wir die Eingangshalle betraten. Eine Frau reichte uns beiden jeweils ein Glas Champagner und ich nahm es nur zu gern entgegen.

«Was?», fragte er und musterte mich skeptisch.

Grinsend drehte ich mich zu ihm um und zuckte mit den Schultern. «Mit meinen Kunden ins Bett gehen. Ich glaube, ich wäre ein hervorragender Escort.»

Canyon fing tatsächlich an zu lachen. «Du wärst miserabel. Das könnte auch *dein* Schwanz nicht mehr richten.»

Ich leerte mein Glas und stellte es auf einen der runden Stehtische. «Du hast hingesehen. Mein Schwanz ist perfekt, der kann alles richten.»

War er. Gerade, groß, aber nicht so groß, dass ich damit jemanden erstach. Vielleicht sollte ich Pornos drehen, wenn ich aus dem Vertrag raus war? So zu tun, als würde es mir gefallen, konnte ja wohl nicht so schwer sein.

«Wenn du das sagst. Ich werde dir die Illusion nicht nehmen.»

«Illusion? Ich habe Pornos gesehen, *Escort*. Viele Pornos und weißt du was? Meiner ist besser.»

«Viele Pornos? Das ist traurig.»

Ja, aber wenn ich manchmal nur das habe?

Leider kam Colson in dem Moment und unterbrach damit unser Gespräch. Dabei hätte ich ihn gern noch ein bisschen weiter genervt.

«Da seid ihr ja», begrüßte er uns und reichte Canyon die Hand. «Kommt mit, das Label will euch sehen.»

Na ganz toll.

«Wie lange müssen wir bleiben?» Ich wollte hier weg und zwar so schnell wie möglich. Weder hatte ich Lust, ausgerechnet die Leute zu treffen, die gerade dabei waren, mein Leben zu zerstören, noch darauf, so zu tun, als würde ich nicht kurz davor stehen, komplett in mich zusammenzufallen.

«Heute nicht so lange. Es ist nur eine Promo-Veranstaltung von *MusicIn.* Allerdings habe ich gerade erfahren, dass sie am Wochenende deinen Film vorstellen. Eine exklusive Veranstaltung, mit ausgewählten Gästen und vorab Einblicken in einem Kino. Du sollst der Ehrengast sein und ein paar Worte sagen.»

Sie wollten, dass ich dabei war? Während sie vor der ganzen Welt mein Leben ausbreiteten?

«Nein. Col das … ich kann das nicht.»

Ich werde vor aller Augen zusammenbrechen.

Er trat näher und legte mir in einer seiner seltenen Gesten die Hand auf die Schulter.

«Glaub mir, ich tue alles dafür, damit du da nicht hoch musst. Ich habe sofort deinen Anwalt angerufen, und er meinte, die können verlangen, dass du dort erscheinst. Aber nicht, dass du eine Rede hältst. Das steht nicht in deinen Verträgen.»

Vor tausenden Menschen Musik zu machen war eine Sache. Damit hatte ich keinerlei Probleme.

Immer eine große Klappe haben und zu wirken, als würde mir alles am Arsch vorbei gehen? Auch kein Ding.

Eine Rede halten? Auf keinen Fall.

Wahrscheinlich würde ich mich mitten auf der Bühne übergeben.

Allein bei der Vorstellung daran, zog sich mein Magen schmerzhaft zusammen.

«Ihr zwei kommt einfach dahin, haltet durch bis der offizielle Kram vorbei ist und verschwindet dann. Um den Rest kümmere ich mich.»

«Wir zwei? Er muss mit?» Wie viele meiner Tiefpunkte sollte Canyon denn noch sehen? Reichte es nicht, dass mein Label mich dazu zwang, mit ihm hier zu sein? Genügte es nicht, dass ich so wenig Kontrolle über mein eigenes Leben hatte, dass ich nicht einmal selbst entscheiden durfte, mit wem ich mich abgab?

«River. Es sind nur noch ein paar Monate. Nur noch bis Neujahr, dann hast du es geschafft. Und es sind nur ein paar Veranstaltungen, die bekommst du auch rum.»

Ja, nur zu welchem Preis?

Ich nickte bloß, weil selbst ich irgendwann nichts mehr zu sagen hatte und wir folgten Colson in den großen Saal, wo die Typen von *MusicIn* standen und sich unterhielten. Als sie uns sahen, winkte einer von ihnen mich zu sich und stellte mir irgendeine Frau vor, die mich nicht interessierte. Sie stellte ein paar Fragen zu meinem neuen Album, zu meiner Musik und ich war froh, als sie endlich ging.

«Wie ich sehe, hast du deinen Freund dabei», sagte Garry Fox, der Chef des Labels.

«Er ist nicht …»

«Solange die Medien sich für dich interessieren, ist dieser Kerl dein Freund», zischte Tom Duvall, der Manager von *MusicIn*.

Ich schnaubte. «Ja, na klar.»

Er griff grob nach meinem Arm und zog mich mit einem breiten falschen Lächeln näher an sich heran. Canyon neben mir zuckte für den Bruchteil einer Sekunde, doch als ich zu ihm sah, lag sein finsterer Blick auf Duvalls Hand.

«Muss ich dich daran erinnern, was für dich auf dem Spiel steht? Oder ist in deiner versoffenen Birne noch genügend Verstand vorhanden, um wenigstens das zu kapieren?»

Mit zusammengebissenen Zähnen erwiderte ich seinen Blick. Da ich nichts sagte, drückte er meinen Arm noch fester.

«Ich warne dich, Lost. Solange du noch unter Vertrag stehst, gehörst du uns. Und zwar alles von dir. Und jetzt geh und tu so, als hättest du hier Spaß.»

In seiner Stimme lag so viel Hass und dennoch schaffte er es, sein falsches Lächeln aufrecht zu erhalten.

Seine Finger lockerten sich und sobald seine Hand von meinem Arm verschwand, trat ich einen Schritt zurück und wandte mich ab.

Da das hier eine Promo Veranstaltung war, waren außer den wichtigen Leuten von *MusicIn* auch noch andere Plattenfirmen, Musiker und jede Menge Influencer da.

Ich mischte mich unter die Menge und Canyon folgte mir. Er schwieg, ließ mich an der Bar so viele Shots bestellen, wie ich wollte und wartete. Wahrscheinlich darauf, dass der verfluchte Abend endlich vorbei war.

«Bläst du mir einen auf dem Klo?», fragte ich und kippte den nächsten Drink herunter.

Er zog fragend eine Augenbraue hoch. «Sehe ich aus, als würde ich dir einen blasen wollen?»

Nein, aber fragen kostete ja nichts.

«Dann such ich mir wen anders.»

Er fuhr sich mit einer Hand über das Gesicht und seufzte. «Na dann, viel Spaß.»

Ich wusste, dass Sex nicht die Lösung dafür war. Für nichts und dennoch hatte ich es nie anders gelernt. Wenn Mom Probleme gehabt hatte, suchte sie sich einen Freier. Manchmal auch zwei, wenn sie mehr Geld brauchte. Und fürs erste waren die Geldprobleme dann gelöst.

Wenn sie sich einsam fühlte, schleppte sie irgendeinen Kerl an. Wie diesen Hektor. Und wenn sie Probleme mit Freiern hatte, fing sie bei einem Zuhälter an, mit dem sie Sex hatte, und der sie dann beschützte.

All das zog sich durch mein Leben.

Irgendwann hatte ich auch damit angefangen.

Mir irgendwelche Kerle zu suchen, wenn es mir beschissen ging.

Sie halfen mir dabei, den Druck abzubauen, der mich innerlich fertig machte. Meinem Körper ging es danach besser, meinem Kopf nicht.

Ich fragte mich, warum ich nicht dazu in der Lage war, etwas dabei zu empfinden. Irgendetwas.

Irgendwie war ich immer auf der Suche nach jemandem, bei dem ich fühlen konnte.

Ich wollte ja gar nicht viel, nur etwas empfinden.

Es gab Kerle, die es schafften. Mit denen ging ich dann weiter, als den üblichen Handjob oder Blowjob in irgendeiner dreckigen Ecke.

Kein Küssen, aber mit denen tat ich es. Das war mehr, als die meisten bekamen.

Ab und zu, wenn ich völlig am Ende war, ging ich in Clubs. Es hatte etwas, seinen Schwanz in eines der Glory Holes zu stecken und nicht zu wissen, wer auf der anderen Seite saß. Es reizte mich, keine Ahnung zu haben, was derjenige als nächstes tun würde.

Und es schottete mich ab. Niemand konnte mich so sehen. In dem Moment, in dem ich mich selbst verletzlich machte.

Ich sprang vom Hocker und stolperte. Hart landete ich auf dem Boden und Canyon fing den Hocker ab, bevor auch der noch umfiel.

Anstatt mir aufzuhelfen, hockte er sich neben mich. «Du kannst kaum stehen. Bin gespannt, wie du dir da einen Kerl klar machen willst.»

Zu meiner Überraschung reichte er mir nun doch noch die Hand und zog mich wieder auf die Füße. Der Barkeeper fragte, ob alles okay sei, aber Canyon winkte bloß ab. «Mein Freund hier ist manchmal einfach ein Tollpatsch.»

«Lass das», knurrte ich, was ihn zum Lachen brachte.

«Ich glaube, das kann ich nicht machen.»

«Ich warne dich.»

«Wovor? Willst du mich noch mal vollkotzen? Da bekomme ich jetzt aber Angst.»

Dieser mieser Wichser. Und diese miesen, zu starken Drinks.

«Wie lange geht dein Auftrag?»

«Bis du wieder in deiner Wohnung bist, oder bis du mir sagst, dass wir hier fertig sind.»

Wir waren noch nicht fertig. Ich würde ihm seine überhebliche Art aus dem Gesicht wischen. Vielleicht bekam

ich ihn so weit, dass er den nächsten Auftrag verweigerte. Dann konnte das Label sich einen neuen Plan überlegen, um mich psychisch völlig zu zerstören.

«River», erklang Garry Fox' Stimme plötzlich hinter mir. «Wie ich sehe, genießt du die gratis Drinks.»

Der Alkohol vernebelte mir die Sinne und ließ alles ein bisschen schief aussehen. Trotzdem wankte ich auf ihn zu und griff nach dem Glas, das der Barkeeper gerade vor ihm abstellte.

«Die Drinks hier sind mies.» Ich kippte auch diesen herunter, knallte das Glas vor ihm auf den Tisch und drehte mich um.

Dass er mich dafür nur noch mehr hassen würde, war mir egal. Schlimmer konnte es eh nicht mehr werden. Sie hatten schon alles von mir, mehr ging nicht. Irgendwann war nichts mehr da, was sie mir noch hätten nehmen können.

«Starrt er mich an?», fragte ich und Canyon nickte.

«Du hast ihn ziemlich verärgert.»

Ja, das war nichts Neues. Ich machte sie schon wütend, nur weil ich lebte.

Wir durchquerten den großen Saal und mit jedem Schritt schien der Alkohol mich träger zu machen. Frische Luft wäre schön gewesen, aber hier gab es nur brennende Hitze, als wir durch die Hintertür nach draußen traten.

«Wo gehen wir hin?», fragte Canyon, woraufhin ich auflachte.

«Ich such' einen Grund, um dich loszuwerden.» Ich warf ihm einen kurzen verschwommenen Blick zu und versuchte, dabei so lässig wie möglich auszusehen. Zwinkerte sogar herablassend, woraufhin er bloß die Augen verdrehte.

Und es dauerte nicht lange, bis ich genau diesen Grund fand.

Timothy lehnte lässig draußen an der Wand und lächelte, als er mich sah. Er war okay und keiner dieser Typen, die sich an einen hängten, nur weil da mal was gelaufen war.

Dass er hier war, sollte mir zu denken geben. Vielleicht war er ein Influencer und ich sah mein Gesicht bald irgendwo im Internet. Allerdings hatte er auch von unserer letzten Nacht nichts hochgeladen, obwohl er definitiv gekonnt hätte. Und es würde das Label rasend machen, wenn sie sahen, dass ich mit ihm und nicht mit Canyon verschwand.

«Willst du das von letztens wiederholen?», lallte ich, woraufhin er grinste.

«Das Kotzen? Puh, ehrlich gesagt hab' ich erstmal genug davon, vollgekotzt zu werden.» Sein Blick huschte zu Canyon, der mit den Händen in den Taschen neben mir stand.

«Nicht das Kotzen, das andere.»

«Und was sagt dein Kerl dazu?»

Ich sah zu *meinem Kerl,* der äußerst genervt wirkte und zuckte mit den Schultern.

«Er kann auch mitmachen», meinte Timothy, woraufhin Canyon schnaubte.

«Sind wir jetzt endlich fertig?», fragte er nun und klang so, als wolle er unbedingt hier weg.

Ich sah die Kameras hinter ihm und stöhnte innerlich auf. Ich bedeutete Timothy zu warten, griff nach Canyons Arm und zog ihn ein Stück mit mir.

«Wenn wir hier jetzt eine Szene machen, lehnst du beim nächsten Mal dann ab? Die große Trennung. Wir sind beide untröstlich.»

Er war meine einzige Chance, diesem Mist irgendwie zu entkommen. Wenn er den Auftrag ablehnte, brauchte ich hoffentlich keinen Begleiter mehr mit mir herumschleppen. Die wollten das nur wegen des Videos von uns. Weil die Leute da so drauf abgegangen waren. Wenn wir uns *trennten,* hätte ich wenigstens in dem Bereich das Gefühl, mein Leben ein bisschen selbst in der Hand zu haben.

«Ich … fuck. Weißt du, was dieser Auftrag für mich bedeutet?» - er fuhr sich durch die Haare und zerstörte damit seine perfekte Frisur - «Er bedeutet Freiheit. Für mich.»

«Und was ist mit meiner Freiheit?! Du … ich … für dich gibt es noch hunderte Aufträge. Ich habe nur dieses Leben hier!»

Er konnte noch unzählige Angebote annehmen, aber ich? Die hatten mich in der Hand und es machte mich fertig. Jeder Gedanke an den bevorstehenden Film machte mich verrückt.

Es machte mir Angst.

Shit, ich hatte so Angst davor.

«Lass mich nicht betteln, Canyon. Dafür hasse ich dich zu sehr.»

«Ich kann nicht. Du hast keine Ahnung, was für mich auf dem Spiel steht.»

Nein, er hatte keine Ahnung, was für mich auf dem Spiel stand.

«Weißt du was? Fick dich! Na los, hau ab und verschwinde! Geh mir aus den Augen!»

Ich ließ ihn stehen und wandte mich ab. Damit er nicht sah, wie sehr all das hier mich traf.

Schwankend lief ich an Timothy vorbei und raunte ihm zu: «Wir treffen uns bei dir.»

Seine Wohnung war nicht weit entfernt und vielleicht konnte er mir helfen, für ein paar Minuten zu vergessen.

Ich wartete, doch er kam nicht. Also wartete ich länger, bis ich irgendwann ging. Zurück zum Strip, immer noch betrunken und voll von Gedanken.

Musik drang aus den Clubs, schickte bunte Farben vor meine Augen und mischte sich mit dem unerträglichen Piepen der Casinos.

Ich hatte nicht vorgehabt, in diesen Club zu gehen, war aber auch nicht überrascht, als das *Red Desire* vor mir auftauchte.

Es war kein guter Laden, aber wer von hier war, wusste, was er hier bekam.

Auf der Bühne räkelten sich Tänzerinnen und ich nickte Stacy zu, als ich sie oben an einer Stange entdeckte. Sie kam aus demselben Viertel wie ich und als Kinder hatten wir manchmal miteinander gespielt.

Jetzt war sie Tänzerin in einem billigen Tabledance-Laden und ich ein Musiker, der her kam, um seinen Schwanz in Glory Holes zu stecken. Damit andere Kerle, die ebenfalls nicht dabei gesehen werden wollten, daran lutschen konnten.

Wir haben es echt weit gebracht. Einmal Vegas, immer Vegas.

Ich holte mir einen weiteren Drink, von dem ich wusste, dass er mir den Rest geben würde, und ging weiter.

Der Bereich, zu dem ich wollte, befand sich im hinteren Teil des Clubs. Ich hatte noch nie auf der anderen Seite der Wand gestanden. Immer nur auf dieser.

Das Licht war gedimmt und es gab sowas wie einzelne Kabinen. Durch dünne Holzwände voneinander getrennt, mit einem Vorhang zum zuziehen.

Es hatte was erregendes und gleichzeitig etwas komplett abgefucktes. Dennoch wurde ich mit jedem weiteren Schritt

härter. Weil es eines der Dinge war, die mich reizen. Die ich gern im Schlafzimmer machen würde, aber niemanden so nah an mich heranlassen konnte. Wenn in der Zeitung stand, mir wurde einer geblasen, war das die eine Sache. Wenn dort stand, dass ich scharf darauf war, dabei nichts zu sehen, eine ganz andere.

Ich betrat eine der Kabinen, öffnete meine Hose, zog mir ein Kondom über und umfasste meinen harten Schwanz. Ein paar Mal wichste ich mich, bevor ich ihn in das Loch in der Wand steckte.

Ich wusste nicht, ob dort jemand wartete. Hatte keine Ahnung, wann oder ob jemand kommen würde.

Mein Herz schlug schnell und begann zu rasen, als ich einen Luftzug spürte.

Fuck.

Ich zündete mir einen Joint an, kippte meinen Drink herunter und schloss die Augen.

Ein erneuter Luftzug und ich erschauderte. Plötzlich war da eine Zunge. Sie leckte über meine Eichel, fuhr über den kleinen Schlitz und über meinen Schaft. Dann pustete der Kerl warme Luft und ich spürte die Stoppeln seines Bartes erneut auf meinem harten Schwanz.

Verdammtes Kondom.

Ich nahm einen tiefen Zug meines Joints und schob mich bis zum Anschlag hinein. Feste Lippen legten sich um meinen Schwanz, saugten daran und machten mich noch härter. Manche gingen hier auch weiter und fickten andere in den Arsch. Ich nicht. Wenn ich jemandem so nah kam, musste ich wissen, wie er aussah.

Da der Kerl mir zu langsam war, fing ich an mich zu bewegen. Er stöhnte laut, zu laut für diesen Ort. Aber er nahm

mich tiefer in sich auf und beschleunigte das Tempo. Ich wurde nie laut, spürte, wie mein Höhepunkt sich aufbaute und mein Herz schneller schlug, während der Alkohol mich immer benommener machte.

Mein Puls raste, während der Kerl sich an meinem Schwanz ausließ. Ich zögerte es hinaus, denn er war nicht übel. Es war schon eine Weile her, dass mir jemand mit so viel Hingabe einen Blowjob gegeben hatte.

Lutschen, saugen, lecken.

Tief und noch tiefer.

Immer härter und schneller.

Feste Lippen, seine Zunge und mein Schwanz.

Alkohol. Sex. Vergessen.

Bunte Farben, die mit jedem Drink schwächer wurden.

Für ein paar Minuten. Damit der Druck in meinem Inneren nachließ.

In meinen Eiern begann es zu ziehen und dann kam ich. Er saugte weiter, während ich mich in dem Kondom entlud.

Sein Stöhnen drang durch die dünne Wand. Ich hörte, wie er sich wichste. Das Klatschen der Hand auf seiner Haut, Keuchen, während er immer noch meinen schlaffer werdenden Schwanz im Mund hatte.

Heute wartete ich ab, bis auch er kam. Erst dann zog ich mich zurück, trat nach hinten und streifte das Kondom ab.

Ich fühlte mich nicht besser dadurch, auch wenn ich es wieder einmal vergeblich gehofft hatte.

Der innere Druck, es kaum noch aushalten zu können, hatte etwas nachgelassen. Dafür lief mein Kopf trotz des Alkohols auf Hochtouren.

Warum bin ich so erbärmlich?

Wieso habe ich niemanden, außer diesem fremden Kerl hinter der schmutzigen Wand?

Ich kannte die Antworten. Sie lagen vor mir, seit ich verstanden hatte, dass ich so komplett am Arsch war.

Es gab eine Antwort auf all das. Eine Person, die mich in diese Bahn gelenkt und mir den Weg geebnet hatte, den ich immer noch ging.

Mom. Es ist immer noch Mom.

Früher, heute und auch morgen. Vielleicht für alle Zeit, wenn ich es nicht schaffte, mich selbst zu retten.

Oder gerettet zu werden.

Ja, möglicherweise gab es jemanden, der mich retten konnte. Aber die Frage ist, ob ich mich retten lassen konnte. Wenn ich ihn denn jemals traf.

6.
Canyon

Through years of anguish and of pain,
Grew a strength in me, like steel's refrain.

Warum zur Hölle musste River ausgerechnet in diesen Laden gehen, um sich den Schwanz lutschen zu lassen?

Das *Red Desire* war ein Drecksloch, aber Silvian, ein Bekannter, arbeitete hier und wir verstanden uns ganz gut.

Ich hatte versucht, allein hier klarzukommen. Aber immer allein zu sein, war deprimierend.

Ich suchte keine Freunde, aber Menschen, mit denen ich mich unterhalten konnte.

Etwas Normalität. Nur ein bisschen.

«Überlegst du etwa, auch dorthin zu gehen?», fragte er und schob mir einen weiteren Drink über den Tresen. Auch er sah zu dem dunklen Gang, der zu den Hinterzimmern führte. Eigentlich war dies nur ein Stripclub, aber jeder wusste, dass man hinten auch Sex haben konnte und auch, dass es dort die Glory Holes gab. Und da River allein dorthin gegangen war, war klar, wohin er wollte.

Schnaubend schüttelte ich den Kopf. «Nicht mal für Geld.»

«Warum starrst du dann pausenlos dahinten hin?» Er lehnte sich zu mir herüber und grinste vielsagend.

Lachend schob ich ihn von mir weg. «Keine Ahnung, ich bin heute nicht ganz da. Hatte gerade einen Auftrag und … du kennst das.»

Er arbeitete auch bei *Couple Solutions* und wusste, wie beschissen dieser Job manchmal sein konnte. Wahrscheinlich noch besser als ich, da er auch mit seinen Kunden ins Bett ging.

«Du brauchst etwas Stärkeres. Hier.» Er holte ein neues Glas hervor und befüllte es mit Whiskey. «Trink lieber schnell, sieht so aus, als müsste ich gleich noch Kotze aufwischen.»

Ich folgte seinem Blick und stöhnte innerlich auf. River kam aus dem Gang gewankt und musste sich dabei sogar an der Wand abstützen.

«Verdammt.»

«Kennst du den Kerl etwa?»

Ich presste die Lippen aufeinander und nickte. «Leider ja. Ich kümmere mich darum.»

Der Whiskey brannte in meinem Hals, als ich ihn hinunter kippte und aufstand.

River sah hoch, als ich auf ihn zuging und verdrehte die Augen.

«Was´n?»

«Du solltest nach Hause gehen.»

Er fing an zu kichern und wollte sich gegen die Wand lehnen. Allerdings rutschte er ab und zwang mich damit, ihn aufzufangen, bevor er sich den Kopf am Tresen einschlagen konnte.

«Bringst du mich hin?»

Ihn hinbringen? Na klar, ich habe ja nichts besseres zu tun.

«Was zahlst du?»

Blinzelnd sah er zu mir auf, woraufhin ich anfing zu lachen. «War´n Witz. Komm jetzt, na los.»

Ich legte mir seinen Arm um die Schultern, nickte Silvian noch einmal zu und schleppte River aus dem Club.

Der Weg über den Strip war beschwerlich und mit jedem Meter wurde ich wütender.

Warum musste er ausgerechnet in diesen Club kommen? Hätte ich ihn nicht gesehen, müsste ich mich jetzt nicht mit ihm herumschlagen.

Aber River einfach dort liegen und sich selbst überlassen, konnte ich auch nicht. Meine Chefin würde mich rauswerfen, sollte sie erfahren, dass mein Kunde irgendwo betrunken in einer Seitenstraße gefunden wurde, nachdem er mit mir zusammen gewesen war.

Und Blake … Fuck. Er würde es nicht verstehen.

Besonders, weil sein Kerl so gut mit diesem Kerl hier befreundet war.

Von allen Orten auf dieser Welt, musste River natürlich ausgerechnet hier leben. Als hätte meine Vergangenheit mich nicht schon genug gestraft.

Er wurde immer schwerer auf meinen Schultern und sein Kopf fiel zur Seite, sodass er halb auf mir lehnte.

«Versuch wenigstens, bis zu deinem Haus wach zu bleiben», knurrte ich und griff ihn gleichzeitig fester.

«Mhm», murmelte er und dann fing er plötzlich an zu würgen, bevor er mir auf mein Shirt und meine Hose kotzte.

Ganz toll. Dieser miese Scheißkerl.

«Bist du fertig? Oder willst du vielleicht auch noch meine Schuhe einsauen?»

Wollte er. Warum hatte ich überhaupt gefragt?

In dem Moment war ich froh, dass er an dem Abend anscheinend nichts gegessen hatte. Stückchen brauchte ich nicht auch noch.

Blinzelnd sah er zu mir auf, aber ich war sicher, dass er mich überhaupt nicht wahrnahm. Mich nicht und wahrscheinlich auch nichts anderes mehr.

Der Weg bis zu seiner Wohnung kam mir unendlich lang vor. Mit River über meinen Schultern und dem Gestank seiner Kotze in der Nase, wahrscheinlich sogar noch länger.

«Wir sind da», sagte ich, als wir endlich sein Wohnhaus erreichten.

Nur mit Mühe bekam ich die Tür geöffnet und ihn erst in den Aufzug und anschließend zu seiner Wohnungstür geschleppt.

Er murmelte unverständliches Zeug, als ich ihn samt Kleidung auf seinem Bett ablegte.

«Wo sind deine Klamotten?», fragte ich, denn ich musste duschen und mich umziehen. Dringend.

So würde ich keinen weiteren Schritt mehr gehen.

Er deutete vage zu einer angelehnten Tür und als ich nachsah, entdeckte ich neben einem begehbaren Kleiderschrank auch das Badezimmer.

«Weißt du was?», lallte er und hob hustend den Kopf an. «Du bist erbärmlich.»

«Ich?», fragte ich und lachte hart auf. «Ich bin nicht derjenige, der dort vollgekotzt auf seinem Bett liegt.»

Nein, aber ich war derjenige, der sich dafür bezahlen ließ, hier bei ihm zu sein.

«Vielleicht nicht.» River hustete. «Aber du hast es so nötig, dass du selbst mich dafür aushältst.»

Selbst ihn …

«Weißt du was? Fick dich einfach.»

Ich lief ins Bad, zog mich aus und stellte mich unter die Dusche. Nichts von River wollte ich auch nur eine Sekunde länger an mir haben. Nicht einmal seine Kotze, dabei war das wohl das sympathischste an ihm.

«Ich geb dir tausend Dollar», erklang plötzlich seine undeutliche Stimme vor der Dusche und ich zuckte zusammen. Er lehnte schwerfällig an der Wand und musterte mich aus roten und glasigen Augen.

«Als Bonus, dass ich dein Gelaber ertrage?», fragte ich genervt, griff nach einem Handtuch und stieg aus der Dusche.

«Nein, dafür, dass du mir einen bläst. Ich brauch auch nicht lang.»

Verdammt, was? War er noch zu retten?

«Geh ins Bett, River.»

«Zweitausend Dollar. Nur damit mein Kopf … der Druck in meinem Inneren … komm schon. Du hast das Geld nötig und ich diesen Blowjob. Du bist eine billige Nutte und ich …»

«Und du bist nichts!», erwiderte ich hart und stieß ihn zurück. «Ein unbedeutender Niemand, der mich mal am Arsch lecken kann!»

Grob schob ich mich an ihm vorbei zu seinem Schrank, griff mir wahllos eine Jogginghose und ein T- Shirt, zog mich an und lief zur Tür.

«Die Sachen will ich wiederhaben!», rief er mir hinterher, als ich gerade die Klinke in die Hand nahm.

«Du kannst mich mal!» Damit knallte ich die Tür zu und lief los. Raus aus diesem Gebäude und weg von ihm. Ich wollte nur noch ins Bett und alles vergessen, was mit River Lost zu tun hatte.

Es klingelte eine Ewigkeit, als ich am nächsten Tag bei Miss Linda anrief, um ihr zu sagen, dass sie sich jemand anderen suchen sollte.

So verzweifelt konnte ich gar nicht sein, um River Lost noch einen einzigen Abend länger ertragen zu müssen.

Als ich sie endlich erreichte, reagierte sie genauso, wie ich es erwartet hatte. Genervt.

«Sind Sie sicher? River Lost ist ein großer Auftrag für Sie und diese Firma. Es kann uns nicht jeder Kunde gefallen.»

Natürlich nicht und das wusste ich. Aber er? Nein. Auf keinen Fall.

«Ich mach's nicht nochmal. Nicht bei ihm.»

Sie seufzte, es raschelte und schließlich seufzte sie noch einmal. «Na schön. Dann habe ich etwas anderes für Sie. Heute Abend. Sie begleiten Mrs. Wallace zu einer Modenschau.»

Das klang doch gar nicht verkehrt.

«Ich schicke Ihnen alle Daten. Kommen Sie kurz vorher um ihr Geld zu holen.» Sie legte auf und erschöpft ließ ich mich zurück in die Kissen fallen.

War weniger schlimm als befürchtet.

Den Rest des Tages verbrachte ich damit, Sport zu machen, mit Blake zu telefonieren und mir irgendwelche Videos auf YouTube anzusehen. Natürlich kam ich dabei um River nicht herum und ebenso wenig um das neue Video von uns beiden. Wie er mich angeschrien hatte und dann verschwand.

Ist die Beziehung vorbei, bevor sie überhaupt begonnen hatte?, stand über einem Video.

River Lost erneut am Ende?, über einem Artikel in irgendeinem Klatschblatt.

Sie spekulierten darüber, wer ich war und es würde nicht mehr lange dauern, bis jemand mich erkannte und es der Presse steckte. Ehrlich gesagt wunderte es mich, dass es bis jetzt noch niemand getan hatte.

Andererseits waren meine Kunden alle reich und hatten es nicht nötig, sich an die Presse zu verkaufen.

Ich hoffte für ihn, dass er die Sache regeln und mich von nun an in Ruhe lassen würde. Ich hatte schon genug Probleme, da war kein Platz, um auch noch seinen Babysitter zu spielen.

Als es endlich Abend wurde, machte ich mich für meine Begleitung fertig und verließ das Hotel.

Miss Linda erwartete mich schon und klackerte unruhig mit ihren langen Fingernägeln auf dem Glastisch.

«Ghost, setzen Sie sich doch.»

Nur widerwillig ließ ich mich auf dem Stuhl nieder und sah sie an.

«Ich habe heute Morgen mit dem Manager von Mr. Lost gesprochen und ihm mitgeteilt, dass sie nicht länger bereit sind, ihn als Kunden zu betreuen. Sollten Sie ihre Meinung noch ändern, lassen Sie es mich wissen. Das könnte ihre Chance sein, in dieser Branche voranzukommen.»

In dieser Branche? In der des Escortservices?

«Ich will überhaupt nicht …»

«Sie wollen doch Geld verdienen. Mit dieser Art von Aufträgen verdienen Sie Geld. Erweitern Sie noch zusätzlich Ihr Angebot, dann wissen Sie vor lauter Geld bald gar nicht mehr wohin damit.»

«Ich muss los, sonst komme ich zu spät», brummte ich nur, woraufhin sie seufzte. Ich wusste, dass ihr meine Antwort

nicht passte, aber ich hatte weder die Zeit noch die Lust, mich jetzt mit diesem Thema auseinanderzusetzen. Ich hatte gleich einen Auftrag und wollte nicht währenddessen mit den Gedanken ganz woanders sein.

«Na schön, aber wir sind hier noch nicht fertig.» Sie schob mir einen Umschlag mit dem Geld und einen weiteren mit den Daten über den Tisch und ich stand auf. Ohne ihr die Chance zu geben, mich noch einmal darauf ansprechen zu können, verließ ich ihr Büro und anschließend das Gebäude.

Ich brachte alles zurück in mein Hotelzimmer und sah noch einmal auf den Zettel. Für den Weg würde ich kein Taxi brauchen.

Das Hotel meiner Kundin lag ganz in der Nähe und die anschließende Modenschau würde ebenfalls dort stattfinden.

Ich war gerade aus der Tür getreten und hatte mir eine Zigarette angesteckt, als plötzlich jemand an mein Hemd griff und mich in eine schmale Seitengasse zerrte.

«Scheiße, was ….»

Ich bekam den ersten Schlag ins Gesicht, bevor ich überhaupt wusste, was gerade geschah. Der zweite traf meine Nieren und der dritte meinen Magen. Hände griffen grob an mein Hemd, ich wurde gegen die Wand geschleudert und schlug hart mit dem Kopf auf.

«Fuck», keuchte ich und hob schützend die Hände.

Der nächste Schlag ins Gesicht folgte und kurz darauf der übernächste. Ich schmeckte Blut und stöhnte auf.

Zwei maskierte Kerle standen vor mir und einer drückte mir ein Messer an den Hals.

«Klappe halten und zuhören. Wir haben eine Nachricht für dich, Canyon Ando.»

Canyon Ando.

Niemand in dieser dreckigen Stadt kannte meinen richtigen Namen. Niemand!

«Wer seid ihr?», fragte ich hustend.

«Wer wir sind, ist nicht wichtig. Wir sind die Überbringer der Nachricht.»

Doch und wie es das war.

«Und die wäre?», fragte ich gepresst, während der Kerl mich fester gegen die Steine drückte.

Sie trugen schwarze Masken, welche nur die Augen freiließen und er starrte mich an.

«Wir akzeptieren kein Nein.»

Und dann schoss ein Schmerz durch meinen Magen, als er mir seine Faust erneut in den Bauch rammte. Hustent krümmte ich mich nach vorn, doch er schlug bereits ein weiteres Mal zu.

«Mach den Job mit Lost, ansonsten hetzen wir dir die Cops auf den Hals. Wir haben dich in der Hand, Ando. Und wenn du nicht mitmachst, weiß bald jeder, dass Canyon Ando sich in Vegas versteckt und anschaffen geht.»

Ich versteckte mich nicht, ich wollte bloß nicht, dass sie herkamen.

Meine *Familie*.

Die Menschen, mit denen ich schon lange abgeschlossen hatte.

«Wenn es nur das ist», gab ich zurück und erwiderte seinen Blick.

Der Typ lachte auf und stieß mir gegen die Brust.

«Nur das … du hast echt keine Ahnung, mit wem du dich hier anlegst. Mach deinen verdammten Job, denn beim nächsten Mal werden wir nicht so nett sein. Dann kannst du deinen jämmerlichen Arsch vom Asphalt kratzen.»

Bevor ich reagieren konnte, schlug er mich noch einmal. Hart traf seine Faust mein Gesicht und erneut schmeckte ich Blut. Der zweite Kerl lachte auf, als der Typ ein weiteres Mal auf mich einschlug und gleich noch einmal. So lange, bis ich zu Boden ging und noch bevor ich mich wieder aufgerappelt hatte, waren sie verschwunden.

Ich spuckte und wischte mir mit dem Handrücken über den Mund. Sie wussten, wer ich war und wenn sie mir hier auflauerten, dann wussten sie auch, wo ich lebte.

Fuck.

Obwohl ich eigentlich los musste, rappelte ich mich schwerfällig auf, stützte mich an der Wand ab und schleppte mich zurück zum Hotel.

Als ich die nur angelehnte Tür meines Zimmers sah, wusste ich, ich war am Arsch.

7.
River

With every blow, with every scar,
I grew stronger, beyond the par.

Es hämmerte gegen die Tür und genervt stöhnte ich auf. «Verdammt, benutz deinen Schlüssel!»

Wozu hatte ich Colson überhaupt einen gegeben, wenn er ihn doch nicht benutzte?

Es klopfte noch einmal, woraufhin ich vom Sofa aufsprang und die Tür aufriss.

«Scheiße, Col- … Canyon? Zur Hölle, was willst du hier? Und scheiße, was ist mit deinem Gesicht passiert?»

Er sah komplett mitgenommen aus. Verdammt.

Blut tropfte aus seiner Nase und seine Lippe war aufgeplatzt. Auch sein Auge schien etwas abbekommen zu haben und er wirkte extrem angepisst.

«Hör auf, meine Fußmatte vollzubluten und geh ins Bad», meinte ich und nickte nach drinnen.

Grob schob er sich an mir vorbei und ich folgte ihm. Während er den Wasserhahn aufdrehte und sich einen Waschlappen nahm, lehnte ich mich mit verschränkten Armen an die Wand.

«Also?», fragte ich und erwiderte den Blick, den er mir durch den Spiegel hindurch zuwarf. «Warum kommst du her und saust mein Waschbecken voll?»

«Es ist deine Schuld», zischte er und presste sich den nassen Lappen auf die Nase.

«Meine Schuld? Hab ich dich verprügelt, oder was?»

Er fuhr zu mir herum, griff an mein Shirt und drückte mich gegen die Wand. «Dein Label.»

Mein Label? Moment, was?

«Wie meinst du das? Was hat *MusicIn* damit zu tun?»

Fuck, nein. Soweit würden selbst die nicht gehen. Oder?

Schnaubend ließ er mich los und drehte sich wieder zurück zum Waschbecken. Seine Nase hatte aufgehört zu bluten und er nahm sich einen weiteren Waschlappen, mit dem er sich sauber machte, bevor er das blutverschmierte Sakko und sein Hemd auszog.

«Die haben mir aufgelauert, mich verprügelt und meinen Pass geklaut. Ruf deinen verdammten Manager an.»

MusicIn hatte was? Fuck nochmal.

Fluchend drehte ich mich um und lief ins Wohnzimmer. Dort griff ich nach meinem Handy und wählte mit zitternden Fingern Colsons Nummer.

Canyon durfte das nicht sehen. Wie sehr es mich mitnahm.

«River? Was ist los?»

«Komm sofort her. Es gibt ein Problem.» Ich legte auf und als ich mich umdrehte, kam Canyon gerade in den Wohnraum.

«Wird das jetzt so ein Ding zwischen uns? Dass du meine Klamotten trägst?», fragte ich abschätzig, um von mir abzulenken.

Er trug eine meiner Jogginghosen und eines meiner Shirts. Als Antwort zeigte er mir nur den Mittelfinger und

verschwand auf den Balkon. Dort fing er an zu telefonieren und ich setzte mich auf mein Sofa.

Er sollte nicht hier sein. Niemand sollte in meiner Wohnung sein.

Aber besonders nicht er.

Bis Colson kam, stellte ich Musik an, schloss meine Augen und hoffte, die Farben, die ich sah, würden mich beruhigen.

Manchmal taten sie das.

An manchen Tagen, da halfen sie mir.

Ich konzentrierte mich auf die Beats, auf die einzelnen Tonhöhen und das bunt vor meinen Augen.

Lila

Blau

Gelb

Lila

Lila

Rot .

Aber scheiße, es half nicht.

Canyon wurde zusammengeschlagen.

Von *MusicIn*.

Von meinem Label, weil ich ihn nicht in meiner Nähe wollte?

Verdammt nochmal.

Colson kam mit seinem Schlüssel rein und erst als er die Musik ausstellte, öffnete ich wieder die Augen.

«Was ist passiert? Und warum steht Ghost auf deinem Balkon?»

«*MusicIn*. Sie … sie haben ihn zusammenschlagen lassen.»

«Was?» -Colson lief zur Tür und schob diese auf - «Shit. Komm rein und sag mir, was passiert ist.»

Canyon funkelte mich an, als er zurück in meine Wohnung kam und setzte sich auf die Lehne meines Sofas.

«Keine Ahnung. Da waren zwei Typen, die mich bedroht haben. Weil ich den Job nicht länger machen will. Die haben meinen verdammten Pass geklaut und mir gedroht.»

Colson fuhr sich mit beiden Händen über das Gesicht und schüttelte den Kopf.

«Hör auf damit», sagte ich und zog seine Arme herunter. «Du kannst hier nicht zweifeln, du bist mein Manager. Du musst das regeln und …»

Er zog seine Arme aus meinem Griff und fing an, in meinem Wohnzimmer auf und ab zu gehen.

«Brauchst du einen Arzt?», fragte er Canyon, doch dieser schüttelte den Kopf.

Vielleicht hätte er doch zu einem Arzt gehen sollen, denn er sah wirklich schlimm aus.

«Schafft mir die Kerle vom Hals», meinte Canyon und verschränkte die Arme vor der Brust.

«Hast du die Männer erkennen können?», wollte Colson wissen, doch Canyon schüttelte wieder den Kopf.

«Sie waren maskiert und …»

«Woher weißt du dann, dass sie von *MusicIn* kamen? Vielleicht waren es bloß frustrierte Kunden von dir», warf ich ein und hoffte so sehr, dass er sich irrte.

«Weil sie es mir gesagt haben», fuhr er mich an. «Dass ich den Job mit dir machen muss und dass sie kein Nein akzeptieren. Meine Chefin hat heute morgen mit dem Label telefoniert und denen gesagt, dass ich raus bin. Jetzt haben die meinen Pass und machen was weiß ich damit.»

Colson sah uns noch einmal an, bevor er laut fluchend sein Telefon aus der Tasche zog und nach draußen verschwand.

Wenn es stimmte, was Canyon sagte, waren wir am Arsch.

Ich hasste ihn, aber wenn ich zuließ, dass er noch einmal zusammengeschlagen wird, würde Oakley mich umbringen. Und ich konnte nicht meinen einzigen Freund verlieren.

Colson war noch auf der Terrasse, als mein eigenes Handy klingelte.

«Ja?», fragte ich müde und erstarrte, als ich Garry Fox am anderen Ende der Leitung hörte.

«River, wie geht es deinem Freund?»

Seine Stimme jagte mir einen eiskalten Schauer über den Rücken und am liebsten hätte ich direkt wieder aufgelegt.

«Was sollte das?», zischte ich, um ihm nicht zu zeigen, dass ich tatsächlich Angst davor hatte, was sie als nächstes tun würden.

«Nur eine kleine Warnung», säuselte Garry und ich stand auf, um Colson hereinzuholen. Mein Telefon stellte ich auf Lautsprecher und legte es auf den kleinen Tisch.

«Gebt ihm seinen Pass zurück.»

Garry fing an zu lachen und automatisch verschränkte ich die Arme vor der Brust.

Ich wollte mich vor ihm schützen, obwohl ich denen doch längst gehörte.

«Gib ihn mir», forderte Garry, doch ich ignorierte es.

«Er ist nicht hier», sagte ich, weil ich ihm diese Macht nicht geben wollte.

Garry schnalzte ungeduldig mit der Zunge und seine Stimme wurde lauter. «Verkauf mich nicht für dumm, River! Ab jetzt läuft das hier nach unseren Regeln, haben wir uns verstanden?»

Tat es das nicht schon, seit ich damals den Vertrag unterschrieben hatte? Mit meiner Unterschrift hatte ich nicht nur mich, sondern auch meine Seele verkauft.

Und sie nahmen sich alles davon.

Meine Musik, meine Gedanken, meine Farben.

Mich.

Jedes noch so kleine Stück von mir rissen sie an sich, mit ihren schmierigen reichen Fingern.

«Ihr werdet das tun, was wir sagen. Ansonsten wird unser Mr. Ando sich bald auf dem Polizeirevier einfinden. Prostitution ist in Las Vegas illegal und ich bin sicher, dass die Polizei gerade bei ihm ein besonderes Augenmerk darauf legen wird. Dasselbe gilt für deine Mom. Sie hat letzte Nacht einen Freund besucht und ich habe ein paar außergewöhnlich hübsche Videos davon. Wusstest du, dass sie es für genug Geld auch mit zwei Männern treibt? Und dass sie darauf steht, Koks von fremden Schwänzen zu ziehen?»

Ich biss die Zähne zusammen und widerstand dem Drang, mir die Hände auf die Ohren zu pressen. Denn ja, all das wusste ich. Ich wusste diese Dinge von der Frau, die sich meine Mom nannte.

«Sie ist mir egal», log ich, denn trotz allem, was sie getan und auch nicht getan hatte, lebten wir in dieser toxischen Beziehung zueinander, aus der keiner von uns beiden je würde entkommen können.

Garry lachte wieder und erschöpft ließ ich mich auf den Boden sinken und vergrub das Gesicht zwischen den Knien.

Canyon hatte mich schon am Boden gesehen, tiefer konnte ich wahrscheinlich selbst in seinen Augen nicht mehr sinken.

«Ach River, du bist so jung und so unglaublich dumm. Denkst du echt, wir könnten dir nicht dein Leben versauen?

Jeder Skandal um dich treibt deine Verkäufe in die Höhe. Jeder deiner Fehltritte, wird den Film an die Spitze treiben und dein Album durch die Decke gehen lassen. Und wenn du nicht mitmachst, wird es weitaus schlimmere Skandale geben wie den, dass du und dein *Freund* euch öffentlich zerfetzt.»

Colson ging zum Tisch und nahm das Telefon in die Hand, stellte den Lautsprecher aber nicht aus. Wir hatten keine Geheimnisse voreinander, deswegen war er bei mir.

«Was soll das bringen? River hat doch schon genug Skandale, warum dann dieser Junge?»

Wir hörten Geraschel und mehrere Stimmen, bevor Garry wieder da war. «Weil die Fans genau das wollen. Liebe für den abgestürzten Rockstar. Ein bisschen Hoffnung, bevor er sein Leben endgültig versaut.»

Colson ballte die freie Hand zur Faust und sah für einen Augenblick zu uns. Ich konnte das nicht länger ertragen, weshalb ich mein Gesicht wieder zwischen den Knien versteckte, in der Hoffnung, all das wäre schnell vorbei.

«Wir könnten einen Deal aushandeln», setzte Garry an, «wir verlängern den Vertrag und verzichten auf weitere Skandale. Nur der Junge, mehr nicht.»

«Nein!», schrie ich und sprang auf. «Nein! Niemals!»

Eher würde ich zurück in die Hölle bei Mom ziehen, als auch nur noch einen Tag länger als nötig bei *MusicIn* zu bleiben.

«Warum solltet ihr das wollen?», fragte Colson skeptisch und ignorierte meinen Ausbruch.

Am Telefon lachten irgendwelche Männer, bevor Garry wieder das Wort ergriff. «Weil aus diesem kleinen Scheißer noch eine Menge rauszuholen ist. Du kennst die Verkäufe, Colson. Du weißt selbst, dass es das Beste für ihn wäre. Seine

Soloalben steigen stetig in den Charts und wir sind fast auf Platz eins. In ein paar Tagen, spätestens nach der Kinopremiere, wird jeder seinen Namen kennen.»

Colson sah mich an und ich schüttelte den Kopf. Niemand wusste, was sie mir alles genommen hatten. Was sie mir angetan hatten, während sie mich Stück für Stück zerstörten.

Damals, als ich noch jung gewesen war, und auch heute noch.

Diese Leute waren schlimmer als jeder einzelne Freier meiner Mom.

Ich wusste, dass sie mich behalten wollten. Mit mir verdienten sie sich ihren nächsten Porsche und finanzierten wahrscheinlich die nächste Schönheits-OP. Aber allen voran wusste ich Dinge über einige von ihnen, die sie ins Grab bringen würden, sollte ich davon etwas an die Öffentlichkeit bringen.

Noch konnte ich nichts sagen, weil auch das vertraglich geregelt wurde. Der Vertrag nahm mir selbst meine Stimme.

Aber sobald ich da raus war, würde ich reden.

Vielleicht.

Wenn ich es schaffte, all das in Worte zu fassen.

«Nein», zischte Colson wütend. «Bis Neujahr, bis zum Vertragsende und nicht einen Tag länger. River wird erfolgreich sein, aber ohne euch Aasgeier hinter sich.»

«Na schön. Wir werden sehen, wer ihn dann noch will. Aber bis dahin wird der Escort an seiner Seite bleiben. Sie werden den Leuten geben, was sie wollen», befahl Garry und bemühte sich nicht einmal, die Drohung aus seinen Worten herauszuhalten.

«Und was soll das sein?», fragte Colson, weil ich nicht mehr die Kraft dazu hatte. Für nichts mehr hiervon. Ich musste weg, raus aus dieser Wohnung und am besten auch aus Vegas.

Garry schnaubte genervt. «Natürlich alles. Wenn Mr. Ando keinen Besuch bei der Polizei wünscht, dann werden die zwei ab jetzt alles zusammen machen. Angefangen mit der Filmpremiere in New York am Wochenende. Gefolgt von weiteren Terminen, die du soeben in deinem Postfach finden müsstest. Wir legen die Regeln fest, vergesst das nicht.»

Mit diesen letzten Worten legte er auf und obwohl er nicht einmal in meiner Nähe war, hatten sie wieder ein Stück von mir zerstört.

Weil ich nicht einmal über mein Leben noch selbst bestimmen konnte.

8.
Canyon

For in the darkness, I found my light,
A spark of hope within the deepest night.

Shit, ich war am Arsch. Völlig und komplett am Arsch. River war auf den Balkon geflüchtet, wo er und sein Manager sich nun lautstark stritten.

Ich fühlte mich so fehl am Platz, wie noch nie zuvor. Gleichzeitig breitete sich Angst in meinem Inneren aus. Angst davor, dass wir keine Wahl hatten und das hier die nächsten Monate durchziehen mussten. Aber noch viel mehr davor, dass River nein sagen würde und ich mich tatsächlich auf einem Polizeirevier wiederfinden würde.

Sollte es jemals soweit kommen, wäre ich gefickt. Und zwar so richtig.

Schon jetzt prasselten Erinnerungen auf mich ein und ich schaffte es kaum, diese zurückzudrängen. Von den Camps, in denen sie mich *erziehen* wollten. Von denen gesagt wurde, dass sie einen zu besseren Cops machten.

Taten sie nicht. Weder das eine, noch das andere.

Das einzige, was diese Camps brachten, waren Schmerz und Angst.

Ich wusste, welche Macht meine Familie noch immer über mich hatte. Wie tief sie in den Strukturen verstrickt waren und wie sehr sie mir damit immer noch schaden konnten.

Und das durfte nicht passieren. Niemals wieder.

Also stand ich auf, holte meine Zigaretten aus der blutigen Anzughose, welche noch im Bad lag, und trat zu den beiden nach draußen.

River funkelte mich wütend an, bevor er hart auflachte und sich einen Joint anzündete.

«Was willst du noch hier?», fuhr er mich an, woraufhin Colson müde seufzte.

«Schluss damit», meinte er und sah abwechselnd zwischen River und mir hin und her. «Ihr steckt da beide drin, deswegen setzt euch dort hin und wartet, bis ich in Ruhe die Mail gelesen habe. Erst dann schauen wir, wie wir damit umgehen.»

Nur widerwillig ließ ich mich auf einen der Stühle sinken und zündete mir eine Zigarette an.

River blieb mit vor der Brust verschränkten Armen stehen, während er immer wieder an seinem Joint zog.

Colson verdrehte bloß die Augen und setzte sich stattdessen selbst.

Unruhig wippte ich mit einem Bein und starrte Colson an, solange er quälend langsam die verfluchte Mail las.

Obwohl noch immer eine brütende Hitze über der Stadt lag und die Straßen unter dem Sonnenlicht flimmerten, legte eine Gänsehaut sich über meine nackten Arme.

Es war das erste Mal seit Wochen, dass ich fror.

Nicht von außen, aber in mir drin, irgendwo hinter meinen Rippen, da wurde es mit jedem Atemzug und jedem Gedanken an das, was kommen könnte, immer kälter.

Mir ging es beschissen, aber ich konnte es nicht zeigen. Nicht vor ihnen, die ich doch gar nicht kannte.

River war da anders. Er verbarg nicht, wie nervös er war.

Kurz fragte ich mich, was zwischen ihm und dem Label vorgefallen war, dass er sie so sehr hasste.

Es gab viele Geschichten über Musiker, die an falsche Labels gerieten. Aber was genau das bedeutete, stand kaum irgendwo wirklich detailliert beschrieben.

«Es ist übel. Aber wir bekommen das hin, okay? Irgendwie bekommen wir das hin», sagte Colson, während er las. «Übermorgen fliegt ihr beide zusammen nach New York. River, du hast dort einen Fototermin für den Film, bevor am Wochenende dann die Premiere stattfindet. Soll ich euch ein Hotel buchen, oder …»

«Mir nicht», sagte ich und zog erneut an meiner Zigarette. «Ich geh zu einem Freund.»

«O nein!», widersprach River und deutete auf mich. «Du wirst in ein Hotel gehen, weil ich bei Oakley bin.»

«Vergiss es. Geh du doch in ein Hotel, ich werde bei Blake wohnen.»

Vielleicht würde es helfen, Blake ein paar Tage zu sehen. Ich brauchte jemanden, mit dem ich reden konnte.

Niemand Fremdes, sondern einen Freund.

«Okay, dann wäre das geklärt. Ihr geht zu Oakley und Blake.»

Wir wollten widersprechen, doch Colson hob eine Hand und brachte uns damit zum Schweigen.

«Hier ist eine Liste mit Terminen, an denen du teilnehmen musst, River. Und an denen Ghost deine Begleitung sein wird. Außerdem …» Er stockte und verzog mitleidig das Gesicht.

«Was?», wollte River wissen und nahm ihm das Telefon aus der Hand. «Nein. Das können die nicht machen, oder?»

«Doch, sie können und sie haben. Ihr zwei geht auf Tour durch Amerika.»

«Aber ich will das nicht! Hast du gesehen, mit wem wir auf dem *Smashed it!* sein werden? Die *White Falls* sind da, Col! Wie soll ich denn neben denen überleben?»

War das sein größtes Problem? Hatte er nicht gehört, dass wir zusammen dorthin sollten? Auf eine Tournee, wenn es auch keine große war. Es war eine verschissene Tournee!

«Du hast keine Wahl, Riv. Verstehst du das nicht? Wenn du das nicht durchziehst, bist du ruiniert. Finanziell und auch beruflich. *MusicIn* wird sich das nicht gefallen lassen, besonders nicht jetzt nach eurem Streit.»

Colson fuhr sich mit einer Hand über den Mund und sah dabei selbst unglaublich verzweifelt aus.

«Die haben meinen Pass», setzte ich an und schüttelte den Kopf, «wie soll ich fliegen, ohne meinen Pass?»

Und könnte ich einfach abhauen, sobald ich ihn zurück hatte? Scheiß auf River und das Label und auf alle. Weg von hier und Las Vegas hinter mir lassen.

«Ihr fliegt mit einem Privatjet, den Rest regelt *MusicIn*.»

River stieß sich vom Geländer ab und kam zu uns. Er nahm Colson das Handy aus der Hand und las die Mail noch einmal.

«Haben die irgendetwas gegen dich in der Hand?», fragte Colson und wandte sich zu mir. «Ein Video, Bilder oder irgendwelche Beweise, die dir zum Verhängnis werden könnten?»

Brauchte es das denn? Würden sie mich nicht eh dran bekommen, wenn sie wirklich wollten?

«Nein. Ich gehe nicht mit meinen Kunden ins Bett. Ich bin ein Escort, kein Prostituierter.»

River lachte auf. «Ja, na klar.»

«Hast du irgendein Problem?», fuhr ich River an und stand auf.

Er kam auf mich zu und blieb erst stehen, als unsere Brust sich berührte. «Du bist mein verdammtes Problem. Du und dein Job, der uns diese ganze Scheiße erst eingebrockt hat.»

Lebten wir in zwei unterschiedlichen Welten? Gab es seine und meine, oder glaubte er den Scheiß wirklich?

«Mein Job? Merkst du eigentlich noch was? Ich bin nur hier wegen dir! Wegen deines Labels, die mir Schläger auf den Hals gehetzt haben! Wegen dir!»

«Weil du dich für Geld verkaufst! Nur deswegen!», brüllte er zurück und keuchte, als ich auf ihn losging.

Er schubste zurück und wäre Colson nicht dazwischen gegangen, hätte ich ihm eine verpasst.

«Gott! Du bist so … jämmerlich! Sieh dich doch an! Du bist so abhängig von denen, dass sie sogar mich da mit reinziehen können! Fuck! Wie kannst du nur mit dir selbst leben?» Ich riss mich von Colson los und trat schwer atmend einen Schritt zurück.

River sah mich kopfschüttelnd an und hob seinen Joint vom Boden auf.

«Gar nicht», flüsterte er und zog daran. «Aber *MusicIn* lässt mir keine andere Wahl.»

Das war zu viel, selbst für mich. Was wollte er jetzt? Mitleid? Scheiße, nein. Soweit würde ich es nicht kommen lassen, dass ich Mitleid mit River Lost hatte.

Er war so kaputt, dass ihm eh nicht mehr zu helfen war.

«Ich muss hier weg», murmelte ich und schob die Terrassentür auf. Wenn ich nicht sofort von hier weg kam, bekam ich womöglich doch noch Mitleid mit ihm und das durfte nicht passieren.

«Übermorgen!», rief Colson mir hinterher. «Um elf will ich euch beide reisefertig hier sehen!»

Ja, wie auch immer, dachte ich, stieg in meine Schuhe und verschwand.

Ich musste mir ein neues Hotel suchen und überlegen, wie es für mich weiterging.

Mein Handy klingelte und ich sah, dass es Miss Linda war.

Na ganz toll. Dieser Tag wird immer schlimmer.

«Ghost, ich habe gerade mit Mr. Losts Label telefoniert. Sie sagten mir, Sie wollen den Job doch machen?»

Von wollen konnte keine Rede sein. Allerdings hatten die meinen Pass und das letzte, was ich gebrauchen konnte, war eine Anzeige bei der Polizei. Die guten Agenturen nahmen niemanden, der vorbestraft war. Reiche Kunden wollten sich sicher fühlen und keine Angst haben müssen. Deswegen sagte ich nichts, weil das hier mein Leben war und dieser Job alles, was ich hatte.

«Ja», presste ich deswegen zwischen zusammengebissenen Zähnen hervor und schluckte. «Wir fliegen übermorgen nach New York.»

Ich konnte ihre Freude beinahe durchs Telefon spüren. Das war eine große Sache für ihre Agentur. Ein *Star* als Kunde, wenn sich das rum sprach, würden die Leute ihr den Laden einrennen.

«Wunderbar. Ich habe gehört, dass Sie während der Dauer ihres Auftrages zu Mr. Lost ziehen. Sind Sie sicher, dass es für

Sie in Ordnung ist? Das Hotel hat mich informiert, dass Sie ihr Zimmer bereits verlassen haben.»

Ich … was? Ich sollte bei ihm wohnen? Bei River?

Ich habe mich geirrt. Jetzt werde ich die Hölle sehen.

9.
River

Through storms and through the darkest night,
Here I stand, despite the fight.

Warum zur Hölle ging Colson nicht an sein Telefon?

Zum hundertsten Mal versuchte ich, ihn zu erreichen, während ich auf die Koffer starrte, die soeben vor meine Tür gestellt wurden.

Ich wusste, zu wem sie gehörten und es gefiel mir nicht. Wieso standen seine Koffer hier? Wir sollten erst übermorgen fliegen und nicht schon heute Nacht.

Es klingelte unten und ich trat einen Schritt zurück, um auf den Bildschirm der Kamera sehen zu können.

Canyon *fucking Escort,* wer sonst.

Nur widerwillig drückte ich auf den Knopf, um ihn einzulassen und wählte noch einmal Colsons Nummer.

«Du gehst besser ran, wenn du deinen Job behalten willst», zischte ich, als die Mailbox ansprang, und legte auf.

Auf dem Flur erklangen Schritte und mit verschränkten Armen lehnte ich mich in den Türrahmen.

Wie sehr mich seine Worte heute getroffen hatten, würde ich ihm nicht zeigen. Niemals.

«Was macht dein Scheiß vor meiner Tür?», fuhr ich ihn an, sobald er näher kam.

Er zog einen Zettel aus seiner Tasche und hielt ihn mir mit grimmiger Miene vor die Nase.

Mr. Ando, es freut uns, Ihnen mitteilen zu dürfen, dass Sie im Rahmen unserer Vereinbarung ab heute und bis auf weiteres bei Mr. Lost einziehen werden. Ihre Sachen wurden bereits für Sie gepackt und zu Ihrer neuen Unterkunft gebracht.
Auf eine erfolgreiche Zusammenarbeit, G. Fox

An dem Zettel war ein Bild angeheftet, welches Canyon zusammen mit einem Mann zeigte. Es zeigte nicht viel, sagte aber mehr, als man wissen musste.

«Ich dachte, du gehst nicht mit deinen Kunden ins Bett», zischte ich und drückte ihm den Zettel gegen die Brust.

«Geh ich auch nicht. Nicht so», meinte er, doch es war mir egal. Sie hatten uns beide bei den Eiern, ob wir wollten oder nicht.

Also wandte ich mich ab und ging zurück in meine Wohnung. Dass Canyon ab jetzt hier bleiben sollte, war mein ganz persönlicher Albtraum.

Meine Wohnung war zu klein, um mit jemandem wie ihm hier leben zu können.

Aber ich hatte schon Schlimmeres durch, also würde ich auch das hier überleben.

Irgendwie.

Auch wenn am Ende nicht mehr viel von mir übrig sein würde.

«Wie kommen die dazu, einfach meine Sachen herzubringen?», fragte Canyon und hatte noch die Wut in sich, welche auch ich am Anfang in mir getragen hatte.

Mal sehen, wie lange er durchhalten würde, bevor *MusicIn* ihn so am Boden hatte wie mich.

«Die machen, was sie wollen. Hast du das immer noch nicht kapiert?»

Er seufzte genervt, schob seine Koffer in meinen Flur und schloss die Tür. Ich hätte mich gern darüber aufgeregt, ihn angeschrien und rausgeworfen. Aber damit würde ich ihm und dem Label nur zeigen, wie sehr seine Anwesenheit und die ganze Situation mich mitnahmen.

«Ich ruf mir ein Taxi und bin dann weg», meinte er und zog bereits sein Telefon aus der Tasche.

Er versteht es echt nicht.

Seufzend ging ich zu ihm und nahm ihm das Telefon aus der Hand. «Wenn du jetzt gehst, werden die immer weiter machen.»

Ich kannte das schon. Es war nicht das erste Mal, dass *MusicIn* mich so unter Druck setzte und mittlerweile war ich schlauer. Sie bekamen, was sie wollten und wir würden unsere Ruhe haben. Zumindest für eine Weile.

«Und wo soll ich pennen? Shit, River. Das ist doch alles total beschissen! Wir müssen was dagegen unternehmen, oder …»

Mit der Hand deutete ich zum Sofa. «Da. Klappe es hoch, dann findest du Bettwäsche.»

«River!»

«Was?! Verdammt, checkst du es nicht? Es gibt gerade nichts, was wir tun können! Glaubst du echt, ich hätte nicht schon alles versucht?! Wenn du nicht mindestens genauso

reich bist wie die, hast du keine Chance. Also hör auf zu heulen und gewöhn dich dran.»

An den Schmerz, an die Erinnerungen, an all das, was sie mir angetan hatten.

Ich verschwand im Bad, um nicht noch mehr zu sagen.

Es war mittlerweile Nacht und ich hatte keine Kraft mehr, mich auch nur eine Sekunde länger mit ihm und dem hier zu beschäftigen.

Als ich nur in Boxershorts wieder herauskam, hatte Canyon sich aus meinem Sofa tatsächlich ein Bett gemacht.

Ich ignorierte ihn, nahm mir meine Kopfhörer aus der Küche und setzte sie auf.

Mit lauter Musik und meinen Farben legte ich mich ins Bett und schloss die Augen.

Als ich am nächsten Morgen aufwachte, saß Canyon bereits mit einem Kaffee auf meinem Balkon.

Ich machte mir selbst auch einen, griff nach meinen Kippen und ging nach draußen.

«Ich habe gehofft, der ganze Scheiß wäre nicht echt», meinte er und sah auf die Berge. Ich ging an ihm vorbei und lehnte mich an das Geländer, um ebenfalls etwas anderes sehen zu müssen, als ihn.

Er hatte schon auf meiner Couch gepennt, irgendwo war Schluss.

«Hoffnung ist was für Leute, die keine Ahnung haben», meinte ich und zündete mir eine Kippe an. Auf etwas zu hoffen, hatte ich schon lange aufgegeben. Es machte mich nur müde und zog mich runter, sobald ich feststellte, dass es umsonst gewesen war.

«Weil du dir lieber alles gefallen lässt?», fragte er und ja, vielleicht kam es so rüber.

«Weil ich schon alles versucht habe. Irgendwann, und das wirst du auch noch lernen, gibt es nichts mehr, was du noch tun kannst.»

Da halfen keine Anwälte mehr und kein Manager, der alles gab, um mich zu beschützen. Es gab Dinge, die konnte kein Anwalt der Welt und auch kein Colson wieder richten.

«Das gefällt mir nicht», murmelte er und ich lachte auf. Ohne ihn anzusehen schüttelte ich den Kopf und hielt mein Gesicht zur Sonne.

Er kam nicht aus dieser Welt und sollte sich besser auch davon fernhalten. Sollte mich jemand fragen, was nie vorkam, würde ich jedem davon abraten, in dieses Business einzusteigen. Es machte einen kaputt und zwar jeden verfluchten Tag ein bisschen mehr.

«Es geht nicht darum, was uns gefällt. Hier zählt einzig und allein, was die wollen.»

Ich drückte meine Kippe aus und ging zurück ins Wohnzimmer. Canyon folgte mir und erst jetzt fiel mir auf, dass er das Bettzeug bereits wieder weggeräumt hatte. Also ließ ich mich auf mein Sofa fallen und schaltete den Fernseher ein. Es lief irgendeine Talkshow von früher, in der sich Leute stritten und irgendjemand den anderen betrogen hatte. Es war langweilig und damit genau richtig. Ich wollte nichts, wobei ich nachdenken musste. Nur etwas, was mich von dem Umstand ablenkte, dass Canyon hier war und ich ihn nicht rauswerfen konnte.

«Hast du nichts zu essen da?», fragte er aus der Küche und genervt sah ich auf.

«Keine Ahnung, Bagels glaube ich.»

Er öffnete meinen Kühlschrank und zog eine Grimasse, als er die Leere darin sah.

«Geschmolzene Biene», sagte er plötzlich und hielt ein Glas Honig hoch.

«Das würde ich nicht mehr essen», meinte ich und sah wieder auf den Bildschirm.

«Wieso nicht? Sind die Bienen dadrin zweimal gestorben?»

Fast hätte ich gelacht, konnte mich aber zusammenreißen. «Ich hab' keinen Bock, dass du morgen im Jet die Scheißerei hast. Das Ding steht da schon, seit ich hier eingezogen bin.»

«Und warum wirfst du es nicht weg? Hängst du an deinem Schimmel?»

Ich zeigte ihm den Mittelfinger und hörte, wie er endlich das Glas wegwarf, welches ich immer wieder vergaß.

Ohne Frühstück, dafür aber mit einem neuen Kaffee in der Hand, kam er zum Sofa und setzte sich ans andere Ende. Zum Glück war das Ding so groß, dass wir selbst zu zweit noch genügend Abstand zwischen uns hatten.

Er tippte auf seinem Handy, während ich weiterhin auf den Fernseher starrte und fremden Leuten dabei zusah, wie sie ihre Leben zerstörten.

Mein Handy klingelte und wie in Trance tastete ich danach und nahm ab.

«Wir müssen reden», - waren Oakleys erste Worte, sobald ich mir das Telefon ans Ohr gehalten hatte.

«Müssen wir das?», fragte ich müde und rutschte tiefer in die Kissen.

«Blake sagt, ihr kommt morgen zu uns? Zusammen? Wann wolltest du mir das erzählen?»

Eigentlich schon gestern, doch da hatten plötzlich Canyons Koffer vor meiner Tür gestanden und ich nicht mehr daran gedacht.

«Morgen?», fragte ich, woraufhin er anfing zu lachen.

«Was ist da los bei euch? Warum ist Canyon bei dir und wieso kommt ihr gemeinsam nach New York?»

Es gab Dinge, die wusste selbst Oakley nicht und ein Teil dessen, was mein Label mir angetan hatte, gehörte dazu. Es war nie der richtige Zeitpunkt gewesen und fuck, es war mir peinlich. Warum hatte er all das so gut hinbekommen und ich nicht? Wieso lief es bei ihm und ich kroch immer noch irgendwo am Boden rum, obwohl meine Musik gerade anfing zu laufen?

«Nicht», bat ich leise und fuhr mir über das Gesicht. «Ich … scheiße, Oaky. Nicht fragen, noch nicht.»

Canyon sah bei meinen Worten zu mir und verzog skeptisch das Gesicht.

«Was?», fuhr ich ihn an. Wenn ihm nicht passte, was er hörte, sollte er gehen. Das hier war meine Wohnung und ich würde bestimmt nicht zum Telefonieren rausgehen. Sollte er doch gehen.

Für einen Moment trafen sich unsere Blicke und ich glaubte, dass er es verstand. Vielleicht nicht alles, aber einen Teil. Aber er sollte nichts verstehen. Niemand sollte das, weil es mein verdammtes Problem war und es niemanden etwas anging.

«Setz dich anders hin, ich kann deinen Schwanz sehen.» Er deutete mit dem Kinn zu meinen aufgestellten Beinen und fluchte, als ich diese jetzt noch weiter spreizte und mir mit der freien Hand in die Hose fasste.

«Gefällt es dir? Willst du auch mal? Na los, komm her», zog ich ihn auf und sah es als Sieg, als er jetzt augenverdrehend aufstand und mit frischen Sachen im Bad verschwand.

«Gehst du jetzt wichsen?», rief ich ihm hinterher. «Mach´s wenigstens hier, dass ich auch was davon habe!»

Canyon knallte die Tür und Oakley seufzte an meinem Ohr. «Warum machst du das immer?»

Weil er fast zu viel gesehen hätte, dachte ich.

«Was denn? Ich mach doch gar nichts», verteidigte ich mich und wusste selbst, wie jämmerlich das klang.

Ich konnte es nicht. Jemanden zu viel sehen lassen. Canyon hatte wirklich schon genug Tiefpunkte von mir miterlebt und war in diesem praktisch mittendrin. Konnte es noch schlimmer sein?

«Du weißt, was ich meine. Ihr müsstet euch nicht hassen, Riv. Nicht so, wenn du …»

«Hör auf», warnte ich, weil ich kurz davor stand, aufzulegen. «Ich mein´s ernst. Lass das, Oaky. Ich will das nicht.»

Er war alles, was ich hatte und dennoch reichte es nicht aus. Es war nicht genug, um in den Wunden meines abgefuckten Daseins herum zu wühlen.

«Leg nicht auf», bat er und ich gab mir Mühe, es nicht zu tun. Weil er mein einziger Freund war. «Hast du schon einen Bodyguard?»

Fuck, nein. Natürlich nicht.

«Ich will keinen.»

«Wollte ich auch nicht, aber du weißt, wie es läuft. Sag Colson, er soll Blake oder Alex anrufen. Die kümmern sich.»

Wenn das so einfach wäre, würde ich sein Angebot annehmen. Aber *MusicIn* machte hier die Regeln, was bedeutete, dass sie es entscheiden würden.

«Ich habe da nicht viel Mitspracherecht.» Zumindest diesen Teil meines Lebens kannte er. Nicht alles, aber das mein Label mir das Leben zur Hölle machte, das schon.

«Blake wird trotzdem mit Alex sprechen. Du hast doch gesehen, was damals bei mir los war.»

Alex war der Bodyguard von Kit *fucking* Bellamy und hatte seine eigene Sicherheitsfirma. Er war okay und müsste ich mir einen Bodyguard suchen, der bleibt, würde ich Alex fragen.

Aber bis jetzt war es immer ohne gegangen. Ich wollte niemanden, der mir rund um die Uhr hinterherlief. Ich war schon mit mir selbst überfordert, wie sollte ich es da aushalten, immer jemanden bei mir zu haben?

«Ich freue mich auf dich», sagte er jetzt leiser und ja, ich freute mich auch, ihn wiederzusehen. Es war schon wieder viel zu lange her.

«Ich mich auch, Oaky. Bis morgen.»

«Bis morgen, Riv», sagte er noch und legte auf.

Canyon kam frisch geduscht aus dem Bad und eigentlich müsste ich auch duschen gehen. Aber wofür? Um auf meinem Sofa zu liegen, während ich krampfhaft versuchte, nicht an das zu denken, was uns in New York erwartete? Das konnte ich auch so, dafür musste ich nicht geduscht sein.

10.
Canyon

A troubled childhood, yet I am strong,
In my heart, a resilience lifelong.

Ich saß auf dem Sofa und sah dabei zu, wie Colson River durch seine Wohnung scheuchte und ihn dazu zwang, Sachen in einen Koffer zu packen.

In einer Stunde mussten wir am Flughafen sein und River hatte noch nicht einmal angefangen, seine Sachen zu packen.

«Hör zu», sagte Colson jetzt und strich sich in einer verzweifelten Geste über den Mund. «Ich verstehe, dass du da nicht hinwillst. Wirklich, ich verstehe das. Aber du kannst mich nicht hängen lassen, Riv. Es geht hier auch um mein Leben, verstehst du? Wenn du nicht dort auftauchst, machen die nicht nur dich fertig. Also bitte, pack deinen verfluchten Kram ein und komm. Duschen kannst du im Jet, deine Sachen packen nicht.»

River funkelte ihn an, sagte aber nichts. Stattdessen verschwand er in seinem Kleiderschrank.

Erleichtert setzte Colson sich und warf mir einen entschuldigenden Blick zu.

«Er ist nicht immer so.»

«Ach nein?», fragte ich, weil ich River noch nicht anders erlebt hatte. Er war immer ein Wichser, selbst dann, wenn er zusammenbrach.

«Doch, vielleicht schon. Aber er hat viel durch, verstehst du? Mehr, als ein normaler Mensch ertragen kann.»

Möglicherweise hassten wir uns deshalb so sehr. Weil wir beide so viel durch hatten und mit der Last nicht umgehen konnten.

«Wie läuft das jetzt?», fragte ich, weil ich nichts mehr über River hören wollte. Die letzten zwei Tage hatte ich schon genug von ihm gehabt.

«Unten wartet jemand, der uns zum Flughafen bringt. Er wird mitfliegen und unterwegs mit einem zweiten Mann euer Bodyguard sein. In New York hat River ein Fotoshooting und dann fahrt ihr zu euren Freunden in die Wohnung. Am Wochenende ist die Filmpremiere und am nächsten Tag fliegt ihr zurück.»

Bodyguards, Fotoshootings und Filmpremieren. Alles Dinge, auf die ich keine Lust hatte, aber die ich kannte. Nicht selten nahmen Kunden uns mit zu solchen Veranstaltungen und auch diese hatten, je nach Kontostand, dann Bodyguards.

«Können wir los?», wollte River wissen, der gerade mit einem Koffer ins Wohnzimmer kam.

Colson nickte und stand auf. Ich sah River an, der jetzt eine riesige Sonnenbrille auf hatte, ein rotes Bandana trug und dem die tiefsitzende Jogginghose und das enge Shirt etwas zu gut standen.

Er war heiß, weshalb ich ihn nur noch mehr hasste.

River Lost war ein Wichser und sollte nicht heiß sein. Nein, er durfte nicht heiß aussehen. Vielleicht sollte ich ihm einen

Müllsack reichen, dann würde sein Äußeres wenigstens zu seinem Inneren passen.

Draußen stiegen wir in einen schwarzen Wagen und zu dritt quetschten wir uns nach hinten, während vorn zwei bullige Typen saßen und uns zum Flughafen brachten. Ich setzte mich ans Fenster, River in die Mitte und Colson daneben.

Colson hing die ganze Fahrt über an seinem Telefon, die beiden Kerle vorn sagten kein Wort und River starrte mit vor der Brust verschränkten Armen aus dem Fenster.

Wenn das die ganzen nächsten Tage so ging, würde es ein sehr langes Wochenende werden.

River beugte sich zu mir herüber und automatisch sah ich zu ihm. «Du bist doch mein Escort, oder?»

«Wieso?», fragte ich und wusste, dass da nichts Gutes bei rauskommen könnte.

«Willst du mir einen blasen?»

Wusste ich es doch.

«Warum sollte ich so etwas Schreckliches tun wollen?»

Er lachte leise und zuckte die Schultern. «Mir ist langweilig und ich bin gestresst. Vielleicht hilft das.»

Wem? Ihm, oder mir? Mir nämlich ganz bestimmt nicht.

«Wenn ich gern Herpes hätte, leck´ ich doch lieber an der Klobrille irgendeines dreckigen Clubs.»

Er stieß mir seinen Ellenbogen in die Seite und lehnte seinen Kopf zurück. Durch die Sonnenbrille konnte ich seine Augen nicht sehen, dabei hätte ich ihm gern ins Gesicht gesagt, was ich von ihm hielt.

«Ich habe keinen Herpes.»

«Ach nein?», fragte ich und sah ihn mit hochgezogenen Augenbrauen an.

Er nahm die Sonnenbrille ab, beugte sich vor und stieß Colson an.

«Was ist?», fragte dieser und hielt das Telefon zur Seite, mit dem er schon die ganze Zeit telefonierte.

«Habe ich Herpes?»

«Was?» Colson sah River an und dieser starrte ohne mit der Wimper zu zucken zurück.

«Habe ich Herpes? Oder irgendeine andere Geschlechtskrankheit?»

Ich musste lachen, als Colson zu seinem Telefon und dann wieder zu River sah.

«Nein, deine Tests letzte Woche waren alle sauber.» Er verdrehte die Augen und wandte sich nun von uns ab.

River grinste mich an und zuckte noch einmal mit den Schultern. «Hab ich doch gesagt. Also, was ist jetzt? Bläst du mir einen, mit dem Wissen, dass ich nicht krank bin?»

Wenn ich River als Kunde sah, war er definitiv auf der Liste derer, mit denen ich nicht noch einmal arbeiten wollte.

Aber das Problem war, ich konnte ihn nicht als Kunden sehen. Nicht so, wie meine anderen.

«Natürlich nicht.» Auch wenn er es offensichtlich nicht ernst meinte, so spürte ich doch die Blicke der beiden Bodyguards auf uns. Ich konnte ihre Augen nicht sehen, weil auch sie schwarze Sonnenbrillen trugen, aber hatte dennoch das Gefühl, von ihnen beobachtet zu werden.

«Gib mir mal dein Handy», bat ich und hielt ihm meine Hand hin.

Er grinste, zog es aus seiner Tasche und reichte es mir. «Mach ein gutes Bild.»

«Was für ein Bild?», fragte ich und tippte gleichzeitig meine Nummer ein, bevor ich mich selbst anrief.

«Wenn du kein Dickpic machen willst, wozu gebe ich es dir dann?»

Wie konnte ein einziger Mensch nur so anstrengend sein? Saß er den ganzen Tag da und überlegte sich, wie er anderen möglichst hart auf den Sack gehen konnte?

Deine Bodyguards beobachten alles, was du tust, schrieb ich ihm, woraufhin er auflachte.

Hast du was anderes erwartet? Die kommen von *MusicIn*, wahrscheinlich steht morgen unser ganzes Gespräch in der Zeitung.

Und das störte ihn nicht? Fuck, ich fand mein Leben schon ätzend, aber seines setzte dem ganzen noch einen drauf.

«Privatsphäre ist anscheinend ein fucking Fremdwort», zischte River und trat gegen den Vordersitz.

«Riv», tadelte Colson, doch es interessierte ihn nicht.

«Was? Die belauschen meine Gespräche. Warum ist das okay, aber wenn ich etwas dazu sage, nicht?»

Nun sagte niemand mehr etwas. Colson legte auf und sah nach draußen und River griff wieder nach seinem Handy.

Ich hatte nicht damit gerechnet und zuckte zusammen, als wir am Flughafen ausstiegen und trotz der Sonnenbrillen plötzlich von Blitzlichtgewitter geblendet wurden.

«Na ganz toll», murmelte River und schob sich die Hände in die Taschen.

«Geht einfach weiter», mahnte Colson und schob uns durch die Menge.

Es waren nicht nur Reporter, auch Fans von River standen dort und riefen seinen Namen.

Er blieb nicht stehen, streckte aber seine Hand aus und fuhr damit an den ausgestreckten Händen der Fans entlang, was die beiden Bodyguards in Unruhe versetzte. Wahrscheinlich machte er es genau deswegen, nur um sie zu ärgern. Weil er einfach so war und die Menschen um sich herum gern zur Weißglut brachte.

In mir drin zuckte etwas, das Verlangen, ihn da wegzuziehen, weil ich all das, was mir jahrelang eingetrichtert wurde, doch nicht vergessen konnte.

Immer und immer wieder hatten sie uns in den Camps auf solche Situationen vorbereitet.

Auf Situationen, in die ich niemals hatte kommen wollen.

«Wenn du denen zeigst, dass du mit den Gedanken nicht hier bist, werden sie anfangen zu suchen», zischte River, griff nach meinem Arm und zerrte mich durch die Tür in den Flughafen.

Sie durften nicht suchen. Ich wollte nicht, dass irgendjemand von meiner Vergangenheit erfuhr und erst Recht nicht von meiner Gegenwart. Am liebsten wäre ich für immer Ghost gewesen, aber das war mit diesem Job jetzt wohl unmöglich.

Unsere Bodyguards führten uns durch die Sicherheitskontrolle und ich musste schlucken, als ich sah, dass einer von ihnen meinen Pass hatte.

«Gib ihn mir», forderte ich, sobald wir die Sicherheitsleute passiert hatten.

Der Bodyguard ignorierte mich, doch so einfach ließ ich mich nicht abwimmeln. Ich griff nach seinem Arm, doch er war stärker und drehte mir meinen eigenen blitzschnell auf den Rücken.

«Dein Pass bleibt bei mir», knurrte er und stieß mich von sich.

«Fass ihn nicht an, Gorilla», zischte River, obwohl ich seine Hilfe nicht brauchte.

Sie nicht wollte.

«Wir holen uns deinen Pass zurück», sagte er nun leiser. «Aber nicht so.»

Natürlich nicht so, aber ich hatte nicht anders gekonnt. Ohne meinen Pass konnte ich nirgends hin. Einfach einen neuen beantragen ging auch nicht, weil ich nicht einmal einen festen Wohnsitz hatte.

Ich lebte in Hotels, weil es für mich am einfachsten war und die meisten Agenturen diese mitbezahlten. Es war nicht so, dass ich mir keine Wohnung hätte leisten können.

Konnte ich. Wenn ich wollte, könnte ich mir sogar eine kaufen.

Aber ich wollte nicht. So frei zu sein und normalerweise gehen zu können, wohin ich wollte, war genau das, was ich brauchte.

Der Jet war genauso, wie man sich einen Privatjet vorstellte. Die Sitze aus beigem Leder, der Boden mit grauem Teppich ausgelegt. Es gab einen Schlafraum ganz hinten, zwei Einzelsitze waren relativ weit vorn, genau vor der kleinen Küche. Dann gab es eine Bank, genau gegenüber von einem Fernseher, einen Vierersitz mit einem Tisch dazwischen und auf beiden Seiten noch jeweils zwei Sitze nebeneinander.

Die Bodyguards setzten sich nach vorne und Colson auf den Vierersitz, wo er gleich einen Stapel Papiere rausholte und anfing, darin zu lesen.

Ich setzte mich nach ganz hinten und River legte sich auf die Bank und schaltete den Fernseher ein.

Der Jet startete und die nächste Stunde versuchte ich, etwas zu schlafen. In Rivers Wohnung war ich kaum dazu gekommen. Zu sehr hatte der Umstand, dass jemand mein Leben nun so weit im Griff hatte, mich beschäftigt.

Ich tat gern das, was ich wollte. In Vegas war ich frei und es gab niemanden, der mir etwas vorschrieb. Und dann kamen plötzlich irgendwelche reichen weißen Männer und nahmen mir all das weg.

«Mir ist langweilig.» River setzte sich neben mich und stellte den Sitz zurück.

Er roch nach Duschgel und sein Haar war nass, auch wenn er dieselben Sachen trug, wie vorhin.

«Und dann kommst du ausgerechnet zu mir?»

«Hier ist sonst niemand. Ich habe keine Band mehr und Colson geht irgendwelche Verträge durch. Streite dich mit mir, dann ist mir nicht mehr so langweilig.»

«Ich will mich nicht mit dir streiten, River», sagte ich müde und sah aus dem Fenster. Noch knapp dreieinhalb Stunden, bis wir in New York landen würden und Blake und Oakley uns vom Flughafen abholten.

Er stand auf und ich dachte schon, er würde gehen. Doch er griff nach meinem Arm und zog mich erst aus dem Sitz und dann hinter sich her. «Dann guck wenigstens einen Film mit mir.»

«Ich will keinen beschissenen Film mit dir gucken.» Wollte ich wirklich nicht. Wir mussten in den nächsten Tagen schon genug Zeit miteinander verbringen, reichte das nicht?

Entgegen meiner Erwartung schleppte er mich nicht zu der Bank, sondern in das kleine Schlafzimmer.

Fragend zog ich die Augenbrauen zusammen, woraufhin er seufzte. «Ich will nicht, dass die beiden mich die ganze Zeit beobachten. Die müssen nicht alles wissen», sagte er, griff nach einer Dekoschale und zündete sich einen Joint an.

«Und jetzt?»

Er nickte zum Bett und setzte sich darauf. Die Dekoschale stellte er auf seinen Schoß und mit der anderen Hand schaltete er den Fernseher ein.

«Wenn du auch nur ein einziges Mal fragst, ob ich dir einen blase, bin ich weg.»

«Lieber wichsen? Einen Fick?»

«Okay, das wars.» Ich wollte wieder aufstehen, doch er griff nach meinem Arm und zog mich zurück. «War nur ein Witz, bleib mal locker.»

Locker bleiben war mit ihm neben mir nicht so einfach, wie es klang. Nicht, wenn ich ihm am liebsten die verfluchte Schale über den Schädel gezogen hätte, damit er endlich still war.

Er reichte mir den Joint und ich nahm ihn entgegen. Vielleicht half er mir, nicht doch zur Schale zu greifen.

River schaltete tatsächlich einen Film über einen Flugzeugabsturz an, was mich zum Lachen brachte.

«Ist das dein Ernst?»

Grinsend sah er mich an. «Glaub nicht, dass du dich an mich kuscheln darfst, wenn du Schiss bekommst.»

«Eher würde ich mich aus diesem Flugzeug stürzen», erwiderte ich, was ihn zum Lachen brachte. Es war ein ehrliches Lachen, eines, was ich von River noch nicht oft gehört hatte.

Vielleicht sollte er öfter lachen, dann wäre er nicht ganz so unsympathisch.

«Wenn du springst, springe ich mit», sagte er und nahm mir den Joint aus der Hand. «Ich würde einfach vorher schreien, dann merkt keiner, dass ich freiwillig gesprungen bin und alle würden denken, ich wurde von meinem Escort ermordet.»

Escort … ich hasste dieses Wort. Ich wusste, dass ich einer war. Aber dennoch … es gefiel mir nicht. Überhaupt nicht.

«Guck einfach den Film.»

Er drückte den Joint aus, stellte die Schale zur Seite und verschränkte einen Arm hinter dem Kopf.

Irgendwann schlief er ein, doch ich stand nicht auf. Der Film war nicht schlecht und hier war es tatsächlich entspannter als vorne bei den anderen.

Irgendwann steckte Colson seinen Kopf durch die Tür, musterte uns und lächelte.

«Hör auf damit», zischte ich und deutete mit dem Finger auf ihn. «Hier gibt es nichts zu lächeln.»

Er zuckte mit den Schultern und schloss die Tür wieder. Warum zum Teufel freute es ihn, dass sein Klient hier hinten kiffte und Filme über Flugzeugabstürze sah? Er sollte heulen, genauso wie ich es am liebsten tun würde.

11.
River

The past may be shrouded in the night,
Yet I wear it proudly in my sight.

Oakley war tatsächlich da und zog mich in seine Arme, als wir jetzt aus dem Gebäude traten.

«Fuck, du hast mir gefehlt», flüsterte er an meinem Ohr und gab mir einen Kuss auf die Wange.

«Ich bin am Arsch, Oaky.»

Er nickte an meinem Hals und drückte mich noch fester. «Wir reden später. In Ruhe.»

Ja, wir würden reden. Nur wir beide, ohne die anderen.

Blake und Canyon begrüßten sich ebenfalls, bevor Oakley mich losließ und Blake auch mich kurz an sich zog. Keine Ahnung, wann wir zu dieser Stufe der Vertrautheit übergegangen waren, aber weil er Oakleys Kerl war, sagte ich nichts dazu.

Auch Oakley umarmte Canyon, bevor er einen Blick zu meinen Bodyguards warf und die Augen verdrehte.

«Fahrt uns hinterher, bei mir im Haus gibt es eine eigene Wohnung für euch», sagte er zu ihnen und zog mich zu seinem Wagen.

Blake fuhr und ich setzte mich zusammen mit Canyon nach hinten. Colson und die beiden Aufpasser würden

nachkommen und falls sie unterwegs verloren gingen ... auch nicht so schlimm.

«Brauchst du für´s *Smashed it!* neue Bodyguards?», fragte Blake und lenkte den Wagen vom Flughafengelände.

«*MusicIn* wird da nicht mitmachen. Dann haben die ja niemanden mehr, der mich den ganzen Tag für die beobachtet und denen alles erzählt.»

Denn genau dafür waren die beiden da. Ich wusste es nicht mit Sicherheit, aber genau das wären ihre Methoden. Wenn sie es ganz dreist durchzogen, bekamen sie sogar Bilder von mir.

Mittlerweile war ich an einem Punkt, an dem ich ihnen alles zutraute.

«Ich rede trotzdem mit Alex», sagte Blake und warf mir einen kurzen Blick durch den Rückspiegel zu. «Ihr braucht jemanden, der auf euch aufpasst und niemanden, der euch ausspioniert.»

Das sagte er, mein Label war da ganz anderer Meinung. Für die zählte nur, alles über mich zu wissen und es dann an die Presse verkaufen zu können. Ich hatte sie einmal darauf angesprochen, als ich mit den *White Falls* auf Tour gewesen war und Sachen an die Presse gingen, die nur mein Bodyguard gesehen haben konnte. Natürlich waren sie zu feige gewesen, es zuzugeben, aber ich war mir sicher.

Oder ich wurde allmählich paranoid, was mich bei dem ganzen Scheiß auch nicht wundern würde.

Mein Telefon klingelte und mit einem Seufzen nahm ich den Anruf entgegen. «Col, was ist los?»

«Wir müssen direkt zum Shooting. Die haben gerade angerufen, dass sich alles etwas verschiebt.»

Na ganz toll.

«Schick mir die Adresse, wir fahren hin», meinte ich und reichte Blake mein Handy nach vorn.

«Können wir erst da hinfahren?»

Er nickte und gemeinsam fuhren wir zur Location, in der das Fotoshooting stattfinden würde. Es war für mein neues Album und tatsächlich freute ich mich darauf. Zu Modeln hatte mir schon immer Spaß gemacht und Bilder für meine Albumcover zu machen auch.

Dieses würde düster werden. Es sollte Schmerz und Leid schreien und als wir ankamen und ich das Set sah, wusste ich, das würde es.

Während Oakley, Canyon und Blake sich auf ein paar Sofas setzten, ging ich direkt in die Maske.

Meine Augen wurden schwarz umrandet und das Make-up so verschmiert, dass es aussah, als würde ich weinen.

Meine Haare sahen nach einer Stunde nass aus, meine Kleidung war zerschlissen und schmutzig.

Es zeigte so viel von mir, dass es beinahe wehtat.

Das hier war ich. Von außen und innen kaputt.

Kopfgefickt. Wie der Titel.

*Brainfu*ked. My Own Downfall.*

Ich hätte wütend darüber sein können, dass *MusicIn* mich so darstellen wollte. Aber wozu? Es war die Wahrheit und das wusste ich.

Die Kulisse befand sich draußen in einer dreckigen Seitengasse. Sie ließen es mit einem Wasserschlauch regnen und ich zog mein Ding durch. Mit meiner Musik im Ohr, mit den Erinnerungen an alles, was dieses Album für mich war, ging ich auf die Knie und möglicherweise weinte ich tatsächlich.

Nur ein bisschen.

Versteckt durch den künstlichen Regen.

Nur für mich.

Weil es weh tat.

Weil alles so unfassbar weh tat und ich den Schmerz hinter meiner Brust kaum noch aushielt. Dort, wo mein Herzmuskel zog und mit zitternden Schlägen gegen meine Rippen donnerte.

Das hier war mein Downfall und ich wusste, dass ich daran zerbrechen würde.

Aber wenn ich zerbrach, dann richtig.

Mit einem fucking Knall, der die verfluchte Welt um mich herum in Brand setzte und mich unvergessen machte.

Das Shooting dauerte drei Stunden und ich war froh, als wir endlich bei Oakley und Blake in der Wohnung ankamen.

Die beiden Bodyguards waren bereits in der Wohnung, welche Oakley extra für seine Sicherheitsleute eine Etage tiefer gekauft hatte. Damals, bevor Blake in sein Leben trat und mehr als sein Beschützer wurde.

«Eure Zimmer sind hier», meinte Blake und deutete auf die beiden nebeneinanderliegenden Räume.

Colson grinste, griff nach seinem Koffer und zwinkerte mir zu, bevor er die Tür hinter sich zuknallte.

«Tja, dann wäre das ja geklärt. Ihr zwei teilt euch eins.» Blake zuckte grinsend mit den Schultern und ging in die Küche.

«Blake!», rief Canyon, doch dieser ignorierte ihn. Wichser.

«Du kannst auch das Sofa nehmen», meinte Oakley, doch ich winkte ab. Er mochte es, morgens ganz früh dort zu sitzen und an seinen Songs zu schreiben.

Wenn die Sonne aufging und den Himmel in orange-rotes Licht tauchte. Dann, wenn die Stadt noch schlief und die Lichter allmählich gelöscht wurden.

«Ist doch nicht für lange», sagte ich und griff nach meinem Koffer. «Außerdem kann Canyon sich dann an mich kuscheln, wenn er wieder Schiss vor dem Film hat.»

Ich zwinkerte ihm zu, woraufhin er die Augen verdrehte, mir aber folgte.

Es waren nur ein paar Nächte, die würde ich schon irgendwie überstehen.

«Riv», sagte Oakley leise und griff nach meinem Arm. «Du musst nicht. Du kannst auch im Wohnzimmer bleiben und …»

«Alles gut», versicherte ich ihm, obwohl wir beide wussten, dass es nicht so war.

Es war nicht gut. Nicht, wenn Canyon heute Nacht sehen würde, dass ich nicht einmal mit geschlossener Tür schlafen konnte.

Aber ich war gut darin, Ausreden zu erfinden. Schon immer gewesen. Schließlich hatte ich jahrelange Übung darin.

«Welche Seite?», fragte Canyon und stellte seinen Koffer ab. Ich sah zum Bett und ging zu der Seite, von der aus ich durch die geöffnete Tür sehen konnte. So wie früher, als ich es noch musste.

«Ich muss duschen», murmelte ich mehr für mich, als für ihn und hievte meinen Koffer auf das große Bett.

An der Location hatte ich mich bloß umgezogen, aber duschen wollte ich hier. In Ruhe und ohne das Gefühl, pausenlos beobachtet zu werden.

Am liebsten hätte ich mir einen Joint angezündet, aber in Oakleys Nähe war Alkohol tabu, weswegen ich auch auf

Drogen verzichtete. Er hatte es schon schwer genug und kämpfte jeden Tag gegen seine Erkrankung, da wollte ich es ihm nicht noch schwerer machen.

Canyon verließ das Schlafzimmer und gab mir den Raum, den ich gerade brauchte. Wahrscheinlich unbeabsichtigt, denn er wusste nicht, wie sehr ich gerade Ruhe brauchte. Aber ich musste mir das Make-up vom Gesicht waschen und den Tag unter dem heißen Wasser der Dusche vergessen.

Für einen Moment, während des Shootings, da hatte ich so etwas wie Frieden empfunden. Ich hatte genau gewusst, was ich tun musste und nicht nachdenken müssen. Weder über die bevorstehende Premiere, noch über all das, was gerade wie dunkle Wolken über mir hing.

Aber sie waren noch da und wurden mit jedem Tag dunkler. Bis sich irgendwann das Gewitter entladen und ich verlieren würde.

Ich duschte zu lange, zu heiß und vergaß irgendwann, dass ich noch immer hier stand.

Meine Gedanken kreisten um den Film und um das, was sie daraus gemacht hatten. Ich kannte nichts davon und hatte eine scheiß Angst davor. Das Canyon *fucking Escort* bei meinem nächsten Absturz an meiner Seite sein musste, machte all das nicht besser.

Noch ein weiterer Tiefpunkt auf der Liste, die ich ihm vor die Füße kotzen kann.

«Riv? River, alles klar?», rief Oakley und erst da fiel mir auf, dass ich schon viel zu lange hier drin war.

Schnell stellte ich das Wasser aus, stieg aus der Dusche und nahm das Handtuch entgegen, welches er mir reichte.

«Du siehst fertig aus», bemerkte er und setzte sich auf das Bett, als ich in meinem Koffer nach einer Jogginghose suchte.

«Weil ich fertig bin», sagte ich nur, trocknete mich ab und zog diese an.

Ihn log ich nicht an. Er würde es sowieso merken und wir taten so etwas nicht. Dafür hatten wir zu viel zusammen erlebt. Und er war zu tief drin, wusste zu viel über mich. Auch wenn das mit uns nicht funktioniert hatte, unsere Freundschaft war echt. Wir liebten uns, nur nicht so, wie es Liebende taten.

«Wie schlimm ist es?», fragte er jetzt und erschöpft setzte ich mich zu ihm auf das Bett.

«Schlimm. Sie haben Canyons Pass geklaut und ihn zusammenschlagen lassen. Jetzt zwingen sie uns, zusammen überall gesehen zu werden, weil sie hoffen, wir würden uns zerfetzen und … die warten auf meinen nächsten Skandal, Oaky. Egal was für einen, aber sie warten darauf. Die wollen mich am Boden sehen.»

Er beugte sich vor und griff nach meiner Hand, obwohl er wusste, dass ich das nicht besonders mochte.

«Du wirst nicht am Boden liegen, hörst du? Das werde ich nicht zulassen.»

Ich lachte, obwohl es eher wie ein Hilferuf klang. «Ich bin doch schon am Boden, Oaky. Es haben nur noch nicht genug Leute auf mir herumgetrampelt. Ich bin noch nicht fertig genug. Die wollen mehr, damit sich der Film und mein Album besser verkaufen.»

Mit vor der Brust verschränkten Armen lief ich zum Fenster und sah nach draußen. New York war schön nachts. Hell und bunt, ohne Stillstand, sondern immer in Aufruhr. Ein bisschen wie die Farben, die ich sah.

«Sag mir, was ich tun kann», bat er, aber ich wusste es nicht.

Gerade wusste ich gar nichts mehr.

Er stellte sich hinter mich und ich spürte seine Lippen an meinem Haar, bevor er mich kurz an seine Brust zog.

«Komm, wir haben Essen bestellt.»

Ich nickte und riss mich zusammen. Draußen waren auch die anderen und vor denen konnte ich nicht so sein. Sie durften mich nicht so sehen. So am Ende und mit der Furcht in den Augen, die mir durch die spiegelnde Scheibe entgegen blickten.

Ich folgte Oakley ins Wohnzimmer, wo Blake und Canyon bereits auf dem Sofa saßen und Boxen mit chinesischem Essen auf dem Schoß hatten.

Sie hatten einen Film angemacht und ich griff mir ebenfalls einen Karton und setzte mich zwischen Oakley und Canyon.

Oakley hatte einen Kater, der uns kurz musterte, dann aber in ihrem Schlafzimmer verschwand.

Vielleicht kam er heute Nacht zu mir ins Zimmer. Das machte er öfter, wenn ich hier war. Dann kam er und legte sich neben mich. Er brauchte wie ich nicht viel, nur jemanden, der neben ihm lag.

Irgendwann würde ich mir auch ein Haustier holen. Eine Katze oder einen Hund. Wenn ich nicht mehr in Vegas lebte, denn dort war nicht der richtige Ort dafür.

Sollte ich jemals gehen können und Mom damit allein lassen. Sie war der Grund, der mich in dieser Stadt hielt. Weil ich es nicht schaffte, sie sich selbst zu überlassen. Obwohl Mom das lange genug bei mir gemacht hatte. Aber ich konnte es nicht. Trotz allem ging es nicht.

Ob sie mein neues Album hören würde? Ob sie die Plakate und die Leuchtreklame mit meinem Gesicht erkennen würde?

Wahrscheinlich nicht und vielleicht war es besser so. Sie sollte nicht mehr mein Gesicht sehen oder meine Stimme hören und sich fragen, woher sie mich nochmal kannte. Bis ihr irgendwann einfallen würde, dass ich ja ihr Sohn war.

Fuck, ich war ihr Sohn.

12.
Canyon

For without the shadows of yesterday,
I wouldn't choose the light of tomorrow's day.

River sprang plötzlich auf, murmelte etwas davon, dass er müde sei und verschwand in unserem Zimmer.

Ich sah zu Oakley, doch er schüttelte den Kopf.

«Lasst ihn», sagte er nur und aß weiter.

Ich konnte River nicht leiden, aber hier war er anders. Zusammen mit Oakley benahm er sich nicht wie sonst. Hier wirkte er echter, obwohl er versuchte, seine *ich-gebe-einen-Fick-auf-die-Welt-Maske* aufrecht zu erhalten.

«Ich lass euch mal allein.» Oakley stand auf und verschwand in ihrem Schlafzimmer. Blake sah ihm nach, stellte sein Essen weg und lehnte sich zurück.

«Erzähl schon, wie bist du da rein geraten? Wie kann es sein, dass du plötzlich mit River hier auftauchst, nachdem ich vorher Bilder von euch beiden im Internet gesehen habe?»

Ja, wie zum Teufel war ich da reingeraten? Wenn ich das wüsste, ich würde es ihm erzählen und ihn bitten, mich da rauszuholen. Aber ich hatte keine verdammte Ahnung, wie das passiert war.

«Sein Label», sagte ich und legte mich neben ihn. «Die haben mich engagiert und als ich nein gesagt habe, wurde ich verprügelt.»

Blake setzte sich abrupt auf und starrte mich an. «Was? Can, du musst dagegen vorgehen. Du musst …»

Ich musste so viel und doch hatte ich das Gefühl, mir waren die Hände gebunden. Natürlich könnte ich zur Presse gehen, aber dann würden früher oder später die Cops bei mir auftauchen und dann saß ich in der Scheiße.

«Du weißt, dass ich nicht zur Polizei kann. Die würden herausfinden, wer ich bin und das Label würde mich anzeigen. Glaubst du echt, ich hätte auch nur den Hauch einer Chance gegen jemanden wie *MusicIn*? Mit unserer Vorgeschichte?»

Sowohl meine, als auch seine Familie waren Polizei-Familien. Sein Dad, sein Großvater und auch dessen Vater. Genauso war es bei mir. Meine Brüder, meine Eltern und Großeltern, ja selbst deren Großeltern waren schon bei der Polizei gewesen. Sie wollten, dass auch ich dort hingehe. Deswegen hatten sie mich in diese Camps geschickt. Camps, in denen Disziplin und Härte an der Tagesordnung standen. In denen sie mir Vernunft einprügeln wollten und es doch nie geklappt hatte.

Ich war nicht wie sie und wollte nie so werden.

Jetzt saß ich hier und durfte mir nichts zu schulden kommen lassen, weil sie immer davon erfahren würden und ich dann am Arsch wäre. Weil sie auch nach all den Jahren noch eine gewisse Macht über mich hatten und es mir bis heute nicht verzeihen konnten.

Ich war eine Schande für sie. Der Sohn des Polizeichefs, ein billiger Escort, der für Geld reiche Männer und Frauen begleitete.

In ihren Augen war ich eine Hure und sie hassten mich dafür. Ich war der Schandfleck der Familie Ando und ihnen ein Dorn im Auge.

«Stattdessen machst du mit und arbeitest für River?», fragte er und erst jetzt wurde mir wirklich klar, dass ich nicht für River arbeitete.

«Nein», sagte ich leise und schloss die Augen. «Ich arbeite für sein Label, nicht für ihn. Er will das nicht und ich auch nicht. Und dennoch haben wir beide keine Wahl.»

Er stieß mich mit der Schulter an und lachte. «Höre ich da Mitgefühl?»

«Einen Scheiß, Blake. Nicht für ihn.»

«So schlimm ist er gar nicht, wenn man ihn erst einmal kennt.»

Jetzt setzte ich mich auf und zog fragend eine Augenbraue hoch, was ihn noch mehr zum Lachen brachte. «Na schön, er ist so schlimm. Aber auch wieder nicht. Oakley liebt den Kerl, also kann er nicht so schlecht sein.»

Ja genau, weil Oakley Hall auch die Referenz war.

«Oakley mag doch jeden», grummelte ich und schloss wieder meine Augen.

«Auch wieder wahr», stimmte Blake zu und dann lachten wir beide. Es brauchte schon viel, damit Oakley jemanden nicht mochte und das sagte ich, der ihn nicht einmal richtig kannte.

«Bist du glücklich in New York?», fragte ich nach einer Weile und sah wieder zu ihm.

Er stand auf und deutete zur Terrasse. Ich folgte ihm und zündete mir eine Kippe an.

Blake setzte sich auf eine der Liegen und ich auf die andere.

«Es wäre nicht meine erste Wahl, wenn ich mir eine Stadt aussuchen könnte. Aber zusammen mit Oak … ja. Ja, ich bin glücklich. Oakley macht mich glücklich, auch wenn er mich hin und wieder in den Wahnsinn treibt.»

Blake begleitete ihn auf seinen Tourneen und zu Konzerten. Er war immer an seiner Seite und obwohl die beiden auch viel Hate bekamen, liebte der Großteil der Leute sie. Weil sie all dem trotzten und immer noch zusammen waren.

Wie Kit von den *Last Acts* und Brooks. Er war Straßenmusiker gewesen, als Kit in Brooks seine Muse fand und seitdem nicht mehr ohne ihn konnte. Auch sie bekamen Hate ab und auch sie hielten aneinander fest. Möglicherweise war das so, wenn man die eine Person gefunden hatte. Dass selbst all der Hass in den Hintergrund rückte und man dennoch glücklich sein konnte.

«Ich hasse Vegas», sagte ich und sah auf die erleuchtete Stadt. Von hier oben konnte ich die Taxis sehen, welche sich durch das Lichtermeer kämpften und hin und wieder erschien Oakleys oder Kits Gesicht auf einer der beleuchteten Werbetafeln.

Ein lauer Wind wehte mir über das Gesicht und die nackten Arme und ich atmete tief ein. Die Luft war hier so anders als in Vegas. Oder bildete ich mir das ein?

«Komm nach New York, sobald du das hier hinter dir hast. Komm zu mir, Can. Hier ist es anders, als überall sonst auf

der Welt. Nicht besser, aber anders. Du bist wie Familie für mich, warst du schon immer.»

«Der verlorene Bruder?», fragte ich scherzhaft und er nickte.

«Ja, mein verlorener Bruder, den ich gern in meiner Nähe hätte.»

«Mal sehen, wenn all das vorbei ist. Eventuell, für ein paar Monate.»

Es könnte schön sein, endlich irgendwo anzukommen. Nicht dauerhaft den Ort zu wechseln und Menschen bei mir zu haben, die ich liebte.

Blake war dieser Mensch für mich. Wir hatten uns in einem der Camps kennengelernt und aufeinander aufgepasst. Er und ich. Immer.

«Ich leg mich hin», sagte ich, weil die Erinnerungen daran mich zu erdrücken drohten und er das nicht sehen sollte. «Wir sehen uns morgen früh.»

Da hatten wir frei, bevor wir am nächsten Tag zu der Premiere mussten.

Es graute mir davor, weil es River wahrscheinlich zerstören würde. Ich wollte nicht noch einen Absturz von ihm sehen. Nicht noch einmal dabei sein müssen, wenn er völlig die Kontrolle verlor.

River war unberechenbar, fiel schneller, als ich ihn würde auffangen können. Auch, wenn ich das nie wollte. Aber ich würde es tun, für Oakley. Weil Blake ihn liebte.

Als ich ins Schlafzimmer kam, lag River wach im Bett und starrte an die Decke. Die Tür stand weit offen und er sagte kein Wort, als ich ins Bad ging und auch nicht, als ich wieder

herauskam und mein Handy auf den Nachttisch legte. Erst als ich die Tür schließen wollte, rührte er sich.

«Nicht», bat er, ohne mich anzusehen.

«Hast du Angst, dass ich im Schlaf über dich herfalle und Oakley dich nicht früh genug retten kann?», scherzte ich, doch er wurde nicht einmal wütend.

«Lass sie einfach auf.» Er drehte sich auf die Seite und ich legte mich neben ihn.

Was war los mit ihm? In Vegas konnte er den Mund nicht halten und hier?

Da er mir mit seiner Haltung eindeutig zeigte, dass er nicht reden wollte, griff ich nach meinem Handy.

Streitest du dich nicht einmal mehr mit mir?, schrieb ich und schickte die Nachricht ab.

Es vibrierte auf seinem Nachttisch und auch ich drehte mich von ihm weg.

Was soll der Scheiß?, schrieb er zurück und irgendwie erleichterte es mich, dass er mir antwortete.

Du bist seltsam, seit wir in New York sind. Was ist los?, fragte ich und hoffte, er würde antworten.

Was geht dich das an? Tu nicht so, als würdest du dich plötzlich um mich sorgen.

Tat ich nicht. Redete ich mir ein.

War ich derjenige, um den ich mich sorgen sollte? Ich hasste den Kerl und er hatte Recht, was ging mich das an? Es war schließlich nicht mein Ding, was River Lost für ein Problem hatte.

Mach ich nicht, keine Sorge. Aber wir müssen die nächsten Monate miteinander auskommen und ich will mich nicht nur anschweigen oder streiten.

Das würde die Zeit nur noch mehr in die Länge ziehen und das war das Letzte, was ich wollte.

Bläst du mir einen?, fragte er nun und fast hätte ich gelacht. War das seine Standardfrage, wenn er nicht weiter wusste?

Ja. Hose runter, gab ich zurück, woraufhin er sich tatsächlich zu mir umdrehte.

«Zum Teufel mit dir», zischte er und funkelte mich an.

«Was? Hast du jetzt Schiss? Ich dachte, du willst es so unbedingt. Also los, Hose runter, Lost.»

Er starrte mich an, eine Sekunde und noch eine, bevor er die Decke zurückschlug und aufstand.

«Fick dich, Escort.» Er stapfte ins Bad und ich fing an zu lachen.

Mir war klar, dass er es nicht ernst meinte, wenn er so etwas sagte. Und ihn so aus der Fassung zu bringen, gab mir ein gewisses Gefühl von Triumph.

Selbst im Bad fluchte er noch und klang wieder wie noch in Vegas. Als er wieder herauskam, lachte ich immer noch.

Bis er plötzlich ins Bett sprang und seine Hände neben meinem Kopf abstützte.

«Du willst mir echt einen Blowjob geben?», fragte er herausfordernd und lehnte sich so weit vor, dass seine Brust die meine berührte und seine Haare meine Stirn kitzelten.

«Von wollen kann keine Rede sein, Lost.»

Nein, ich wollte es nicht. Obwohl mein Schwanz bei seiner Nähe und der Vorstellung anschwoll und mir damit einen gepflegten Arschtritt verpasste.

Das war nicht der Plan gewesen. Weder ich noch mein verräterischer Schwanz sollten auf River reagieren. Das war nicht okay und ich versuchte, an etwas anderes zu denken.

Sabbernde Bernhardiner. Nackte Opas in der Sauna. Fußpilz.

Aber so sehr ich mich auch ekelte, meinen Schwanz interessierte das nicht. Nichts davon.

«Du hast keine Ahnung, was mit mir los ist», zischte er und hatte Recht. Aber war das wichtig? Wir waren keine Freunde, was interessierten mich seine Belange überhaupt?

«Will ich auch nicht», gab ich zurück und erwiderte seinen wütenden Blick.

«Und doch würdest du meinen Schwanz in den Mund nehmen.»

«Willst du das denn?», fragte ich und verbarg ein Grinsen, als er fluchte und sich wieder neben mich legte.

«Du bist größenwahnsinnig, Escort.»

«Oder ich weiß bloß, dass du es nicht tun würdest.»

«Du kannst mich mal», zischte er noch und zog sich die Decke bis über die Schultern.

«Heute nicht mehr.» Auch ich zog mir die Decke höher und schloss die Augen.

Es war komisch, mit ihm in einem Bett zu liegen. Sich dieses mit ihm zu teilen, wo ein Bett doch etwas so intimes war.

Ich war gerade dabei einzuschlafen, als mein Handy vibrierte.

Schlafen Kühe im Stehen?, las ich und warf einen Blick über meine Schulter. River rührte sich nicht, obwohl er es spüren musste, dass ich ihn ansah.

Nein, schrieb ich. **Kühe schlafen im Liegen, können aber im Stehen dösen.**

Warum fragte er mich so etwas? Hatte er kein Google? Und viel wichtiger war, warum interessierte ihn das um diese Uhrzeit?

Warum waren Ritter als Kind so ein großes Ding und heute interessiert sich niemand mehr wirklich dafür?

Er hatte Recht. Als Kind hatten Ritter in meinem Leben wirklich eine größere Rolle eingenommen.

«Ich hatte eine Burg», sagte ich in die schummrige Dunkelheit hinein. «Mit ein Paar Rittern und Pferden und einem Tor, das sie beschützen mussten.»

Meine Mom hatte sie mir geschenkt, als ich noch klein gewesen und mit etwas anderem als der Polizeistation hatte spielen dürfen.

«Haben sie es geschafft?»

«Was?», fragte ich, legte mein Handy zur Seite und drehte mich auf den Rücken

«Die Burg zu beschützen. Haben sie es geschafft?», fragte er flüsternd und ich hörte seine flachen Atemzüge neben mir. Ich spürte die Wärme, die von seinem nackten Oberkörper ausging und roch das Duschgel von seiner endlos langen Dusche.

«Eine Zeit lang schon», gestand ich, «aber dann irgendwann nicht mehr.»

Nein, irgendwann war Dad gekommen und hatte meine Burg gegen eine Polizeistation getauscht. Ich hatte geweint und er geschrien. Und am Ende waren wir beide unglücklich.

«Hattest du eine Burg?», fragte ich und sah auf seinen mir zugewandten Rücken.

Jetzt lachte er leise, doch es klang eher verbittert als glücklich.

«Nicht so eine wie du.»

«Was meinst du damit?», wollte ich wissen und diesmal interessierte es mich wirklich. Ich wollte etwas über ihn erfahren. Über River Lost, den Mann mit der undurchdringlichen Maske.

«Meine Burg war ein dreckiger Pappkarton aus dem Müll unserer Nachbarn. Aber ich hatte einen Ritter. Eine kleine Figur aus so einem Automaten, wo man einen Dollar zahlt und dann so ein Plastikei rauskommt. Ein *Kerl* meiner Mom hat ihn mir gekauft, damit ich ruhig war und er sie für sich hatte.»

Ich hatte keine Ahnung, was seine Mom für ein Mensch war, aber das klang furchtbar. Wir hatten immer genug Geld gehabt. Ich musste nie erfahren, wie es war, ohne Geld zu leben. Zumindest nicht als Kind. Und später, als ich alt genug war, wurde ich Escort. Auch da verdiente man zumindest so viel, dass man davon leben konnte. Mittlerweile lebte ich sogar gut und konnte mir jeden Monat genug zurücklegen, um immer einen Puffer zu haben.

«Burgen werden überbewertet», sagte ich und sah an die Decke. Ein schwacher Lichtschein strahlte aus dem Flur durch die geöffnete Tür ins Zimmer und malte ein Muster an die Wand.

«Piraten waren eh cooler», ergänzte er und ich gab ihm recht.

«Piraten waren die coolsten. Vogelfrei und immer unterwegs. Auf der Suche nach einem Schatz, der sie reich machte.»

Jetzt drehte River sich auch auf den Rücken und verschränkte einen Arm hinter dem Kopf.

«Denkst du, es gab mehr Piraten mit Holzbein oder mit Augenklappe?»

Bei seiner Frage sah ich kurz zu ihm, doch er erwiderte meinen Blick nicht.

«Mhm … Augenklappe. Ich glaube, ein Bein zu verlieren ist eine zu große Verletzung. Das haben nur die wenigsten überlebt, wenn überhaupt. Und Captain Hook ist keine Referenz.»

«Aber er hat Peter Pan durchschaut», widersprach er und sah mich nun doch an.

«Was hast du gegen Peter Pan?», fragte ich und drehte mich auf die Seite. Er zuckte mit den Schultern und zupfte an seiner Decke. «Peter Pan war ein strategischer Wichser. Hat Kinder mit sich in irgendein fremdes Land gelockt.»

Ich fing an zu lachen. «Wenn er ein strategischer Wichser war, hatte er wenigstens einen Plan dabei. Die wenigsten wichsen mit Strategie dahinter.»

River seufzte aber diesmal klang es nicht genervt, sondern belustigt. «So meinte ich das nicht. Er war einfach eklig. Ich fand ihn schon als Kind gruselig.»

Na toll, wenn ich so darüber nachdachte, hatte er recht. Peter Pan war widerlich. Dabei hatte ich ihn doch gemocht.

«Ja vielleicht», antwortete ich und gähnte. Er drehte sich wieder von mir weg und wir schwiegen. So lange, bis ich irgendwann einschlief.

13.
River

Through storms and through the darkest night,
Here I stand, despite the fight.

Jemand kletterte zu mir ins Bett, doch ich wollte meine Augen nicht öffnen.

«Riv», flüsterte Oakley und ich spürte seine Wärme an meinem Rücken.

«Babe, du hast fast zwei Tage nur geschlafen. Du musst aufstehen.»

Hatte ich das?

«Welcher Tag ist heute?», fragte ich und drehte mich auf den Bauch. Es war noch zu früh, um aufzustehen. Viel zu früh. Ich war doch immer noch so müde.

«Heute ist die Promo-Veranstaltung, du musst dich bald fertig machen.»

Fuck. Hatte ich wirklich den ganzen Tag im Bett gelegen?

Und gestern? Wir hatten zusammen gegessen, aber das Gespräch mit Canyon hatte mich ausgelaugt. Alles, was in letzter Zeit passiert war, saugte mich aus.

Aber bei Oakley konnte ich schlafen. Nur bei ihm fühlte ich mich sicher.

«Ich will da nicht hin», sagte ich leise und vergrub mein Gesicht im Kissen.

Er umarmte mich und legte sein Gesicht an meine Schulter.

«Ich weiß, aber du musst. Komm danach wieder her, wir bekommen das hin. Bitte komm wieder her und mach keinen Mist.»

Er hatte Angst. Ich auch. Vor dem, was mich erwarten würde und auch davor, wie ich später damit umging.

«Ich werde wieder kommen», versprach ich, «aber ich weiß nicht wie. Ich ersticke, Oaky. Wenn ich an den Film denke, dann ersticke ich.»

«Ich weiß», flüsterte er und küsste mein Haar. «Na komm, iss etwas mit uns.»

Er stand auf und ich wusste, dass er mir keine Wahl lassen würde. Oakley war der liebste Mensch, den ich kannte. Aber er würde mich hier nicht mir selbst überlassen.

«Na schön», murmelte ich und stand auf. Aber anstatt ins Wohnzimmer zu den anderen zu gehen, schleppte ich mich ins Bad. Mit meiner Zahnbürste im Mund stieg ich unter die Dusche und versuchte, wach zu werden. Obwohl ich fast zwei Tage nur geschlafen hatte, fühlte ich mich nicht ausgeruht.

Auch die Dusche machte es nicht besser, weshalb ich sie erst auf eiskalt stellte und dann zitternd heraus stieg.

Oakley war nicht mehr in meinem Zimmer, dafür aber Canyon. Er zog sich gerade um und zum ersten Mal gewährte er mir einen Blick auf seinen Arsch, ohne dass ich dabei betrunken war.

«Dreh dich um», meinte ich und musste lachen, als er genervt aufstöhnte.

«Du bist wach», stellte er unnötigerweise fest und zog sich die Boxershorts hoch.

Schade, ich hätte ihn gern auch von vorn nackt gesehen.

Nicht, weil ich ihn mochte, das tat ich nicht. Aber er war hot, das ließ sich nicht abstreiten.

Zumindest solange er nicht anfing zu reden.

«Wann müssen wir los?», fragte ich und suchte selbst nach einer Boxershorts.

«Colson meinte um sechs. Er holt uns hier ab.»

«Wo ist er?» Warum war er nicht hier? Heute würde der schlimmste Tag seit sehr langer Zeit werden und Colson war nicht da?

«Er trifft sich mit deinem Anwalt», meinte Canyon und als ich aufsah, stellte ich fest, dass er mich musterte.

«Noch nie einen nackten Rockstar gesehen?», fragte ich und er grinste.

«Doch, Kit Bellamy im Internet.»

«Wichser.»

«Ich weiß und jetzt zieh dich endlich an.»

«Dann hör auf, mich anzustarren.»

Sein Blick glitt noch einmal über meinen Körper und aus irgendeinem Grund fühlte ich mich … keine Ahnung. Schön? Nein, aber auch nicht komplett abstoßend, so wie wenn andere mich manchmal ansahen.

So wie alle mich nach heute Abend ansehen würden. Wahrscheinlich auch er.

«Ich starre nicht, Lost. Ich frage mich nur, warum der Flamingo damals nicht gewonnen hat.»

Lachend zeigte ich ihm den Mittelfinger und sah ihm nach, wie er das Schlafzimmer verließ. Als er weg war, sah ich auf das Flamingo Tattoo an meinem Bauch und fuhr mit den

Fingern darüber. Ich hatte es mir stechen lassen, kurz nachdem das vor ein paar Monaten passiert war. Als Erinnerung daran, nie wieder so achtlos zu sein und auch, weil mit der Geschichte alles irgendwie aus dem Ruder gelaufen war.

Als ich ein paar Minuten später ebenfalls ins Wohnzimmer kam, nur in einer Jogginghose, saßen die anderen an dem großen Esstisch.

«Blake hat gekocht», sagte Oakley und lud mir Spagetti auf einen Teller.

Ich nickte Blake zu und setzte mich, auch wenn mein Magen sich anfühlte, als wäre er verknotet.

Mir war schlecht und ich glaubte nicht, dass Pasta helfen würde. Auch nicht, wenn Blake sie gekocht hatte. Und er konnte wirklich gut kochen.

«Brauchst du noch was für heute Abend?», fragte Oak und ich schüttelte den Kopf. Alles, was ich brauchte, konnte er mir nicht geben.

«Wir gehen ins Hotel, wenn es heute Abend …»

«Nein», widersprach er sofort. «Ihr kommt hierher. Ich will wissen, dass du noch lebst.»

«Oaky», setzte ich an, doch er schüttelte den Kopf.

«Du kommst zurück.»

Wir starrten uns an und irgendwann gab ich nach und nickte. Wenn ich hier war, hielt ich mich immer zurück. Keinen Alkohol, nicht einmal einen Tropfen. Aber heute Abend … ich konnte nicht. Ich ertrug es ja jetzt schon kaum.

«Bald ist das *Smashed it!*», sagte Blake und ich nickte. Ein weiterer Tiefpunkt meines Lebens. «Ich habe mit Alex gesprochen. Kit wird auch da sein und er hat noch zwei Männer, die dich begleiten können, wenn du willst.»

Natürlich wollte ich. Aber sollte *MusicIn* seine Leute nicht abziehen, ging es nicht anders. Ich war nicht so reich wie Oakley oder Kit, hatte kein Label hinter mir, welches mir den Sicherheitsdienst bezahlte. Und es war teuer, zwei Männer zu bezahlen, die rund um die Uhr zur Verfügung standen.

«Klär das mit Colson, er regelt solche Sachen», meinte ich, weil ich gerade keinen Kopf dafür hatte.

Immer wieder sah ich zur Uhr, während ich gleichzeitig das Essen auf meinem Teller von links nach rechts schob.

Ich bekam nichts runter, selbst wenn ich es gewollt hätte.

«Ich muss mich fertig machen.» Ohne einen Bissen stand ich auf und lief zurück ins Schlafzimmer.

Ich hatte einen Anzug dabei, aber den würde ich nicht tragen. Zu meiner eigenen Beerdigung zog ich keinen Anzug an.

«Komm mit, ich hab da was», sagte Oakley hinter mir und ich folgte ihm.

Er führte mich in sein Ankleidezimmer und deutete auf eine Wand aus Outfits.

«Such dir was aus.» Er bekam so oft Geschenke von Designern, dass selbst dieser Raum diese kaum alle unterbringen konnte.

Er hatte alles nach Outfits sortiert, sie hingen übereinander, sodass man sofort sah, wie es als Ganzes wirkte. Ich lief an den Stoffen vorbei, an Anzügen in allen Farben, an übergroßen Jeans und Jacken und Teilen, die man niemals in der Öffentlichkeit tragen konnte.

«Das hier», sagte ich und blieb stehen. Ich wusste, dass Jaden Smith mal etwas Ähnliches bei den Grammys getragen hatte und fand es da schon wirklich gut.

Es bestand aus einer weiten Jeans, die mit bunten Patches bestickt war und auf der eine pinke und grüne Neonschrift als Graffiti gesprayed war. Diese fand sich auch auf dem schwarzen Pulli wieder und ebenso auf der weiten, schwarzen Jacke.

Oakley grinste und nickte. «Mach sie wütend, Riv.»

«Can braucht auch was. Ich nehm den nicht in einem Anzug mit.»

«Can?», fragte er und grinste mich an. Mit diesem Grinsen, was er sich sonst wohin stecken konnte.

«Der Escort», knurrte ich und Oakley fing an zu lachen.

«Ja ja, Riv und Can. Wir hätten euch früher in ein Zimmer stecken sollen.»

Fuck, wieso hatte ich das gesagt? Der Typ war nur eine aufgezwungene Situation. Er hatte keinen Spitznamen verdient.

«Gib ihm einfach was», knurrte ich und nahm die Sachen und zusätzlich noch ein schwarzes Bandana aus Oaks Schrank mit in mein Zimmer, um mir erst die Haare zu machen und mich dann anzuziehen.

Ich hörte Oakley erst mit Canyon reden, dann streiten. Irgendwann mischte Blake sich ein und Canyon seufzte genervt.

Wenigstens waren wir jetzt beide unglücklich.

Keine zehn Minuten später kam Canyon zurück, eine hellblaue zerrissene Jeans, die mehr von seinen tätowierten Beinen zeigte, als sie sollte, ein Shirt im gleichen Eisblau wie sein Haar und eine weiße Pilotenjacke mit schwarzen Patches darauf an seinem Körper.

Ich war froh, dass er auch keinen Anzug trug und fuck. Die Sachen standen ihm wirklich gut.

«Wenigstens starren die Leute heute Abend nicht mich an», sagte ich und zog mich an.

Er stockte und lief zum Spiegel.

«Was meinst du?», fragte er und zupfte an seinem Outfit herum. «So schlimm? Soll ich mich nochmal umziehen?»

Scheiße, war er etwa nervös? Nein, so funktionierte das hier nicht. Wir konnten nicht beide nervös sein.

Als ich fertig war, stellte ich mich hinter ihn und brachte meine Lippen an sein Ohr. «Eher das Gegenteil, Escort. Fuck, eher das Gegenteil.»

Er sah auf und für einen Moment trafen sich unsere Blicke im Spiegel, bevor ich mich umdrehte und das Zimmer verließ.

Es war zu viel. Er, der Blickkontakt, die Angst in mir.

Heute gab es nur ein Ziel und das war es, den Abend irgendwie zu überstehen.

Colson war bereits da und schmunzelte, als er uns beide sah.

«Den Hinweis, im Anzug zu kommen, habt ihr zwei wohl überlesen», meinte er und dann zog er mich in seine Arme. «Wir bekommen das hin, okay? Ich bin da und kümmere mich um die Schlipsträger. Bleib bei Canyon, dann wird alles gut.»

Warum sollte ausgerechnet bei ihm alles gut werden? Sah er nicht, dass ich ganz allein war, wenn er nicht da war?

«Okay, dann los», verkündete er nun und lief zum Fahrstuhl. Ich nickte Oakley noch einmal zu und gemeinsam fuhren wir nach unten, wo unsere Bodyguards bereits warteten, um uns zur Premiere zu bringen.

Wir reihten uns in die Schlange wartender Autos ein und mit jedem Meter, den wir dem roten Teppich näher kamen, wurde mir schlechter.

Ich saß zwischen Colson und Canyon, weil ich als zweiter aussteigen musste und Canyon als meine Begleitung mir folgen sollte. Alles an diesen Auftritten war bis ins kleinste Detail geplant.

Heute würde ich mich auch nicht davor drücken können, Bilder zu machen.

Wenigstens hatte ich Sachen an, in denen ich mich wohl fühlte. Das gab mir wenigstens ein bisschen das Gefühl, nicht komplett die Kontrolle zu verlieren.

«Ich pack das nicht, Col», sagte ich leise und er drückte meinen Arm.

«Wir haben das besprochen. Ihr zwei bleibt zusammen, lasst ein paar Bilder von euch machen und kommt dann rein. Drinnen wird es erst einmal ruhiger.»

Ja na klar, weil dort ja nicht Garry Fox und seine Arschlecker auf uns warten würden.

Noch ein Wagen vor uns, dachte ich und musste schlucken, um mich nicht auf der Stelle zu übergeben.

«Alles klar, es geht los», sagte Colson, als wir zum stehen kamen und unsere Bodyguards ausstiegen. Der eine, ich wusste nicht einmal, wie er hieß, gab dem Parkservice den Schlüssel und wir mussten warten, bis sie uns die Tür öffneten.

«Du bist heute Abend die Hauptperson, Riv. Denk immer daran, wie viel Geld du damit verdienst. An nichts anderes, nur an das Geld, das du *MusicIn* dann vor die Nase halten kannst.»

Ich wollte das Geld aber nicht. Kein Geld zu haben wäre besser, als sein Leben auf einer Leinwand zu sehen.

Wie hatten sie es aufgebaut? Gab es jemanden, der mich spielte? War es ein richtiger Film oder eine Doku? Was zur Hölle würde mich da drin erwarten?

«Fuck», murmelte Canyon neben mir und ich fuhr zu ihm herum. Mit einer Hand griff ich an den Kragen seiner Jacke und zog ihn vor mein Gesicht.

«Nein», zischte ich und verstärkte meinen Griff. «Nein, hörst du? Du drehst jetzt nicht durch. Das geht nicht.»

«Ach nein?», fragte er und lachte unsicher auf. «Und warum nicht?»

Für einen Moment schloss ich die Augen und versuchte, meine zitternden Hände unter Kontrolle zu bringen. Aber es half nicht.

«Weil ich hier gerade verrecke. Ich weiß, dass du mich hasst, aber du kannst mich da drin nicht sterben lassen.»

Er hätte meine Hand wegschlagen sollen, mich anschreien oder irgendwas tun, das mich auf den Boden der Tatsachen zurückholte. Stattdessen umschloss er mein Handgelenk, musste nun zwangsläufig spüren, wie sehr ich zitterte, und drückte dieses.

«Niemand stirbt hier heute, verstanden?»

«Und was, wenn doch?», fragte ich leise und es war mir egal, ob Colson uns hörte.

«Ich arbeite für die, oder nicht? Wenn du stirbst, dann sterben wir beide.»

Ja, vielleicht war das so. Oder auch nicht. Wer wusste das schon.

Durch die geschlossenen Türen drang bereits jetzt leise meine eigene Musik und schwach leuchteten die Farben vor meinen Augen auf.

Sie lenkten mich ab, genau dann, als ich es nicht gebrauchen konnte.

Der Stress steigerte die Intensität und am liebsten hätte ich nach geräuschunterdrückenden Kopfhörern gefragt.

«Wir sind dran», sagte Colson, als der Bodyguard an die Scheibe klopfte und kurz darauf die Tür geöffnet wurde. Er stieg aus und ich folgte ihm. Ich hörte meinen Namen, die Musik war jetzt lauter und die Farben heller. Sie explodierten vor meinen Augen und mischten sich mit dem Blitzlicht der Kameras.

Canyon trat hinter mich und stieß mir leicht in den Rücken, damit ich endlich loslief.

Gemeinsam schritten wir über den roten Teppich, blieben dort stehen, wo die Markierungen auf dem Boden waren und sahen in die Kameras.

Ich lächelte nicht.

Kein einziges Mal.

Aber meine Maske saß perfekt. Wie für mich gemacht, haftete sie auf meinem wie in Stein gemeißeltem Gesicht, welches sich nicht einmal regte.

Nur in mir drin, da war Chaos.

Die Fragen der Reporter, mein Name, der nächste Song meiner alten Band.

Grün, blau, rot, grün, grün, gelb, lila, pink.

Mein Herzschlag.

Bum, bum, bum.

Meine Angst, die mich beinahe um den Verstand brachte.

Ich bekam kaum mit, wie wir weiter gingen, noch mehr Fotos machten, immer noch nichts sagten.

Der rote Teppich erschien mir endlos, wie ein kaum überwindbares Hindernis.

Es war Canyon, der mich immer wieder anstieß und mich zum Weitergehen anspornte. Nur wegen ihm brach ich nicht vor all den Menschen zusammen.

Endlich tauchte die erlösende Tür vor uns auf und nun war ich es, der ihn antrieb.

Colson wartete dahinter auf uns und drückte meine Schulter, als wir zu ihm stießen.

«Gut gemacht. Das hast du überstanden und sie haben ein paar gute Bilder von euch bekommen. Ihr seht perfekt aus zusammen und das *fickt-euch-alle* auf euren Gesichtern wird die Leute ausrasten lassen. Ich habe bereits eine Mail von dem Designer in meinem Postfach», verkündete Colson stolz.

«Wie?», krächzte ich. «Wir sind doch erst vor zwanzig Minuten ausgestiegen.»

Colson hielt mir sein Telefon hin und ich sah ein Bild von Canyon und mir. Unfassbar, wir waren noch nicht einmal durch die Tür und standen schon im Internet.

«Er will dich treffen. Reden wir morgen drüber.»

Ja, morgen. Nicht heute.

«Ich muss auf's Klo», meinte ich und sah mich um.

Colson deutete auf einen Gang und sie folgten mir bis zur Tür. Einer der Bodyguards wollte mitkommen, doch ich versperrte ihm den Weg.

«Willst du mir beim Pissen zusehen?», zischte ich und sah zu ihm auf.

«Nicht alleine irgendwo hin», sagte er nur und klang so kalt, als wäre er gar nicht echt.

Da Colson schon wieder beschäftigt war und mit irgendwelchen Leuten sprach, griff ich nach Canyons Arm, zog ihn mit mir und knallte die Tür zu.

«Was wird das?», fragte er, doch ich schüttelte den Kopf.

Mit ihm zusammen stieß ich gegen die Kabinentüren, in der Hoffnung, eine würde sich öffnen.

Doch alle waren verschlossen, bis plötzlich eine aufging und Timothy vor mir stand.

«River», sagte er und musterte uns beide. «Schön, dich hier zu sehen.»

«Was machst du hier?», wollte ich wissen und war tatsächlich überrascht, ihn in New York zu treffen.

«Ich wurde eingeladen. In meiner Welt bin ich sowas wie ein Rockstar.»

Da war was dran. Ich hatte herausgefunden, dass er einer der größten Influencer aktuell war und zu vielen wichtigen Events eingeladen wurde, bei denen die Veranstalter Werbung brauchten.

Er warf Canyon noch einen Blick zu, bevor er sich vorbeugte und flüsterte: «Wenn du dich später ablenken willst, komm zu mir.» Mit einem Nicken verabschiedete er sich und ging. Ich zog Canyon mit mir in die Kabine, verschloss die Tür und lehnte mich dagegen.

«Ich will nicht dabei zusehen, wie du pisst», sagte Canyon und lehnte sich an die Wand.

«Als ob ich pissen muss», murmelte ich und fing an, in meinen Taschen zu wühlen. Endlich fand ich den Joint, den ich suchte, und zündete ihn an.

An der Tür rutschte ich nach unten, sodass ich kurz über dem Boden hockte und nahm einen weiteren, tiefen Zug.

Jemand klopfte an die Tür, doch ich ignorierte es. Es klopfte noch einmal, diesmal energischer.

«Fuck, verpiss dich. Ich hab hier grad ne Sache!»

«Die habe ich auch!», rief jemand von draußen und fluchte. Es war mir egal. Sollte er sich doch einpissen, ich konnte da gerade nicht raus.

«Wie geht´s dir?», fragte Canyon und hockte sich neben mich. Ich reichte den Joint an ihn weiter und sah zu Boden.

«Warum fragst du das?»

«Weil es mich interessiert», sagte er und pustete Rauch aus.

Niemanden interessierte es, wie es mir ging. Niemand fragte je, wie es mir ging und erst recht meinte es niemand auch so.

«Beschissen», gab ich zurück und nahm ihm den Joint wieder ab. Meine immer noch zitternden Hände fühlten sich mittlerweile taub an und ich sah auf die Ringe, welche ich trug.

Einer war von Mom. Sie sagte, er käme *wahrscheinlich* von meinem Dad. Ganz sicher war sie sich nicht, aber sie wusste schließlich auch nicht mit Sicherheit, wer mein Dad überhaupt war.

Zumindest hatte sie es auf drei mögliche Kerle eingegrenzt. Einer davon fiel raus, denn er war so weiß, wie das Kaninchen von Alice im Wunderland. Mit seinen roten Haaren und der fast durchsichtigen Haut, konnte er nicht mein Dad sein. Ich hatte dunkle Haare, wurde in der Sonne schnell braun und hatte fast schwarze Augen. Mom nicht. Sie war blond und hatte blaue Augen.

Blieben noch zwei, wenn sie sich richtig erinnerte. Und das tat sie nicht oft, wenn sie sich denn überhaupt an etwas erinnern konnte.

Der andere Ring kam von Oakley. Er hatte ihn mir geschenkt, damit ich nicht vergaß, dass ich nie allein war.

Manchmal half er tatsächlich, dann sah ich ihn an und wusste, dass es da jemanden gab, der mich liebte. Oder dem ich zumindest nicht egal war.

«Ich brauche Alkohol», sagte ich und stand auf. «Ich habe nichts anderes mit.»

Er verzog zwar das Gesicht, nickte aber schließlich. «Na schön, dann lassen wir uns volllaufen.»

Ich schmunzelte, als ich kopfschüttelnd den letzten Zug nahm, den Joint ins Klo warf und spülte.

«Lassen wir uns volllaufen», bestätigte ich und öffnete die Tür.

Gemeinsam verließen wir die Toilette und ignorierten die Bodyguards, die immer noch vor der Tür warteten.

Colson war nicht da, also musste er sich wahrscheinlich mit dem Label oder anderen Anzugträgern herumschlagen.

Wir durchquerten den großen Saal, in dem sich überall Leute an Stehtischen versammelt hatten und deren Blicke ich bei jedem Schritt auf mir spürte.

Sie alle waren hier, um dabei zuzusehen, wie ich vor aller Welt zur Schau gestellt wurde.

Dann konnte ich ihnen auch etwas bieten, oder nicht? Ich war doch eh schon ganz unten, wozu dann wieder aufstehen?

Wenn man schon am Boden lag, war der einzige Vorteil, dass man nicht noch tiefer fallen konnte.

Irgendwo war Schluss, selbst der Abgrund hatte ein Ende.

Wir traten an den Tresen und ich bestellte zwei Shots. Was es war interessierte mich nicht, es sollte mich nur betrunken machen.

«Lass die Flasche hier stehen», sagte ich nach dem dritten Shot und lachte, als der Barkeeper mich skeptisch musterte.

«Was? Ich bin heute Abend der *Star*. Hab ich da nicht meine eigene Flasche Schnaps verdient?»

O ja, es fing an zu wirken. Endlich.

«Der Alkohol macht es nicht besser», sagte der Barkeeper und scheiße, als wüsste ich das nicht. Natürlich machte er das nicht, wenn überhaupt, dann machte er alles nur noch schlimmer. Ich wusste das, schließlich war mein bester Freund ein trockener Alkoholiker. Aber in diesem Moment gab es nur das. Alles fühlen oder mich zu betäuben. Ich entschied mich für die schlechtere Variante, obwohl ich wusste, dass ich es später bereuen würde.

Aber bis dahin, trank ich. Viel zu viel.

«River?», fragte Colson hinter mir und als ich Garry Fox neben ihm sah, wollte ich kotzen.

«River Lost, am Ende, wie immer», bemerkte Garry und lächelte sein schmieriges Lächeln.

«Ich bin hier, oder nicht? Und ich habe den Escort dabei.» Mit der Flasche in meiner Hand deutete ich auf Canyon, der Garry gleichgültig musterte.

Der Alkohol entfaltete seine Wirkung und packte meinen Kopf in Watte. Dieser Moment war der Grund, warum ich trank. Er hielt nie lange, aber ich jagte genau diesem Gefühl hinterher. So war es auch bei den Drogen. Es war immer nur ein kleiner Augenblick, der mich dazu brachte, sie zu nehmen. Obwohl ich wusste, dass er mit jedem Mal schwächer wurde und ich mich tiefer reinritt.

«Die Leute reden über euch», teilte Garry uns mit und bestellte sich selbst einen Whiskey. «Ihr seid Gesprächsthema

Nummer eins. In den sozialen Medien reden alle über euch und den bevorstehenden Film.»

«Das wolltet ihr doch», erwiderte ich hart und nahm einen weiteren Schluck.

«Ja, das wollten wir. Das ist gute Werbung für dich. Du musst im Gespräch bleiben, River. Alle warten nur darauf, dass du etwas Dummes tust. Zeig den Leuten, dass du auch klug sein kannst und dass es dir mit deinem neuen *Freund* ernst ist.»

Ernst? Mit Canyon? Niemand würde das hier je ernst nehmen, wenn sie erfuhren, dass er dafür bezahlt wurde, mit mir hier zu sein.

«Weil ein Escort ja auch so was Ernstes ist», zischte ich und lehnte mich zu Garry herüber.

Er griff nach meinem Arm und sah drohend auf mich herab. «Es geht nur um Publicity, nicht mehr. Also biete den Leuten was für unser Geld. Und jetzt mach dich frisch, die Premiere fängt gleich an und du wirst ein paar Worte sagen müssen. Und wehe, du versaust es.»

«Ihr wollt was sehen?», schrie ich ihn an und nahm einen weiteren Schluck, bevor ich die Fasche auf den Tresen knallte. «Bitte, hier habt ihr was!»

Ich riss mich von ihm los, ignorierte die uns anstarrenden Menschen und drehte mich zu Canyon um. Er erstarrte, als ich meine Hand in sein Haar schob und ihn vor mein Gesicht zog.

«Lass mich nicht verrecken», bat ich und jetzt war ich es, der erstarrte, als er mich küsste.

Seine Lippen waren weicher als gedacht. Er schmeckte nach dem Alkohohl und ganz automatisch schob ich meine Zunge in seinen Mund. Ich spürte seine Mundwinkel zucken,

kurz bevor er mich einließ und ich beinahe leise geseufzt hätte.

Normalerweise küsste ich nicht. Nie. Das war zu intim.

Ich spürte seine Hand, die sich unter meinen Pulli schob und an meiner Taille verharrte. Seine Finger strichen über meine Rippen, nur ganz kurz, aber zu lange, um denen nur etwas zu beweisen.

Meine eigene Hand zitterte in seinem Nacken, als ich ihn noch näher an mich zog und den Kuss vertiefte.

Ich hatte so lange niemanden mehr geküsst.

Fuck, ich hatte vergessen, wie es war.

Wie es sich anfühlen konnte, wenn mein Herzschlag kurz stoppte und es hinter meinem Brustbein zog. Wie mein Herzmuskel zitterte, als er seine andere Hand an meinen Arm legte und verhinderte, dass ich ging.

Ich hatte vergessen, wie es sein konnte, wenn seine Aura mir entgegen strahlte und ich es nicht hasste.

Wie es sein konnte, wenn die Farben sich abschwächten und mein Kopf nicht mehr tausend Dinge gleichzeitig wahrnahm.

Es war friedlich. Ja, beinahe ruhig.

Ich wollte nicht, dass er seine Hand von meiner Haut nahm und aufhörte, mir diesen Moment der Ruhe zu schenken.

Dabei hatte doch ich ihn küssen wollen, dachte ich. *Um Garry etwas zu beweisen.*

Aber die Wahrheit war, dem einzigen dem ich hier etwas bewies, war ich selbst.

Und zwar, dass ich Canyon vielleicht doch nicht so sehr hasste, wie ich gedacht hatte.

«Ich habe doch gesagt, du stirbst heute nicht», flüsterte er an meinen Lippen und küsste mich noch einmal. Nur kurz und es fühlte sich nach Abschied an.

Ein Abschied von etwas, das eigentlich gar nicht existierte.

Das hier war nicht echt.

Es war genauso Fake wie mein ganzes verschissenes Leben.

Garry hinter uns lachte und klopfte mir auf die Schulter. Allein seine Berührung holte mich zurück in die Gegenwart und plötzlich war ich wieder hier. Auf dieser Veranstaltung, neben Garry Fox und Colson, während Canyon noch immer seine Hand an meiner Taille hatte.

«Na geht doch. Und jetzt sei schön brav, genieß den Film und sag anschließend ein paar nette Worte.» Er grinste noch breiter, noch falscher und ging schließlich.

«Kommt», sagte Colson und deutete zum Eingang des Kinosaals. «Wir sitzen ganz vorn.»

Natürlich saßen wir ganz vorn, wo denn auch sonst.

Canyons Hand verschwand und ein kalter Schauer überlief mich. Ich wollte noch einen Schluck aus der Flasche nehmen, aber der Barkeeper hatte sie bereits weggeräumt. Drecksack.

Obwohl, der Boden schwankte bereits. Kein gutes Zeichen.

Wir folgten Colson hinein und zu unseren Plätzen. Fotografen machten Bilder von uns, von mir, als wir unsere Plätze einnahmen und ich mich so lässig wie möglich in den breiten Sessel setzte.

Endlich erklang eine Glocke und die Fotografen mussten sich zurückziehen. Hier drin war Filmen verboten, was mir wenigstens für die Zeit ein bisschen Raum zum Atmen gab.

Das Licht wurde gedimmt und immer wieder wischte ich mir die nassen Hände an der scheißteuren Hose ab.

Meine Bodyguards standen irgendwo verborgen im Schatten an der Wand und selbst Colson wirkte neben mir nervös.

«Bald sehen es alle, oder?», fragte ich ihn und er nickte.

«Ja, bald sehen es alle.»

Na toll. Das war nicht mehr lang. Ich hätte gern mehr Zeit gehabt, mich darauf vorzubereiten.

Aber als der Vorspann begann, wusste ich, keine Zeit der Welt hätte dafür jemals gereicht.

In einer Art Schockzustand starrte ich auf die Leinwand und auf Tom Duvall, den Manager meines Labels.

Er saß da, auf einem breiten Ledersessel, und sprach in einem Interview über mich. Wie lange ich schon bei ihnen unter Vertrag stand und wie meine Karriere begonnen hatte.

Sie zeigten Ausschnitte von mir und den *White Falls*. Es waren private Videos von mir und den Jungs. Wir selbst hatten sie damals gemacht und mein alter Manager, als wir als Vorband für die Colliding Angels gespielt hatten. Man sah mich und Oakley, Blake, Kit und Brooks. Wir alle lachten und hatten Spaß.

Es waren Erinnerungen an andere Zeiten. Vor meinen Augen spielten sich meine Träume ab, ich sprang herum und lachte, weil ich da noch geglaubt hatte, dass alles gut werden würde.

Sie zeigten mich im Tonstudio, als ich meine erste Single aufnahm. Meine Augen fingen bei der Erinnerung daran an zu brennen. Wie stolz ich gewesen war, wie glücklich und wie verdammt unwissend.

Dann kam Garry und auch er saß in einem Sessel und sprach über mich. Die nächste halbe Stunde drehte sich um mein Leben mit den White Falls und meinen Anfängen als Solokünstler. Immer mehr private Videos und Bilder erschienen auf der Leinwand und ich traute meinen Augen kaum. Meine Freunde, meine Familie, alle hatten mich verraten. Die Jungs waren einmal alles gewesen, was ich gehabt hatte. Und jetzt verkauften sie mich für ein paar Dollar an *MusicIn*.

Als das erste Bild erschien, auf dem ich gerade eine Line zog, wusste ich, ich war gefickt.

Ich erinnerte mich genau an den Tag, an dem das gewesen war und auch an den Grund. Garry Fox hatte mir an dem Tag klargemacht, dass ich kein eigenes Leben mehr hatte und meine Meinung nichts zählte.

Eine Träne rann über meine Wange, als ein Video einsetzte, in dem ich vollkommen abstürzen würde.

Es war unterlegt mit einem Song meines neuen Albums und ganz automatisch sang ich mit.

Born into a world of endless night,
Loneliness and fear, no end in sight.
No laughter, just tears upon my face,
A troubled childhood, an endless chase.

Yet in the silence, I found my voice,
A glimmer of hope within the noise.

Through storms and through the darkest night,
Here I stand, despite the fight.
A troubled childhood, yet I am strong,

In my heart, a resilience lifelong.

Through years of anguish and of pain,
Grew a strength in me, like steel's refrain.
With every blow, with every scar,
I grew stronger, beyond the par.

For in the darkness, I found my light,
A spark of hope within the deepest night.

Through storms and through the darkest night,
Here I stand, despite the fight.
A troubled childhood, yet I am strong,
In my heart, a resilience lifelong.

The past may be shrouded in the night,
Yet I wear it proudly in my sight.
For without the shadows of yesterday,
I wouldn't choose the light of tomorrow's day.

Through storms and through the darkest night,
Here I stand, despite the fight.
A troubled childhood, yet I am strong,
In my heart, a resilience lifelong.

A troubled childhood, yet I am strong,
In my heart, a resilience lifelong.

Ich sah mir selbst dabei zu, wie ich zu viel trank, zu viele Drogen nahm und irgendwann in meiner eigenen Kotze lag.

Zitternd, mit Schaum vor dem Mund, während ich mich selbst einpisste.

Überdosis.

Meine erste, aber nicht meine letzte.

Weil Tom Duval mich zerbrochen hatte.

Man sah es nicht, aber er hatte mir blaue Flecken eingeprügelt. Aber das zeigte natürlich niemand.

Nein, stattdessen zeigten sie das hier. Mich. Schutzlos, am Ende und vollkommen hinüber.

Niemand hätte das je sehen dürfen. Ich wusste nicht einmal, von wem das Video kam, da die Jungs meiner Band um mich herum standen und versuchten, mein jämmerliches Leben zu retten.

Weitere Tränen bahnten sich ihren Weg über meine Wangen und eine warme Hand schob sich zwischen meine eiskalten Finger.

Ich drückte zu, weil ich nicht anders konnte. Weil dieser Film mich gerade zerriss und all das zeigte, was ich niemals würde vergessen können.

Und es hörte nicht auf.

Verdammt, es hörte einfach nicht auf!

«Was ist das, Col?», fragte ich mit zitternder Stimme, denn das hier übertraf alles, was ich mir in meiner schlimmsten Vorstellung ausgemalt hatte.

War das überhaupt real? Konnte ich wirklich hier sitzen und mir selbst dabei zusehen, wie ich fast starb?

War es das, was sie wollten? Dass ich es endlich beendete? Denn nichts anderes wollte ich in diesem Moment.

Ich schämte mich so sehr für mich selbst, dass ich kaum atmen konnte. Meine Brust wurde mit jedem Atemzug enger.

Die Angst bahnte sich ihren Weg durch meinen zitternden Körper und es tat weh.

Alles tat so unglaublich weh.

«Ich weiß es nicht», sagte Colson leise und umklammerte die Armlehnen seines Sessels, während er auf die Leinwand starrte.

«River war schwierig», sagte Tom Duvall und fing an zu lachen. *«Aber wir haben es hinbekommen. Wir haben es geschafft, seine Musik unvergessen zu machen.»*

Nein, dachte ich. *Ihr habt es geschafft, euch unvergessen zu machen.*

Egal wie sehr ich es auch versuchte, ich würde niemals vergessen. Nicht ihn und auch nicht Garry.

Und plötzlich war ich wieder da. In meinem *Früher*, bevor sie mir den Rest gegeben hatten.

«River!», rief Garry und marschierte mit großen Schritten auf mich zu. «Mitkommen, sofort.»

Er ging in sein Büro und nur widerwillig folgte ich ihm hinein. «Was zur Hölle ist das hier?!», brüllte er und zeigte mir ein Video, auf dem ich mit den Jungs feierte.

«Du solltest dieses Wochenende nicht weggehen! Ich habe dir gesagt, wir brauchen das Album von dir!»

Hatte er, aber ich konnte mich nicht konzentrieren.

«Du bekommst das Album, Garry», verteidigte ich mich, doch er hörte nicht zu. Tat er nie.

Aber heute war er besonders wütend.

Er kam auf mich zu, griff nach meinem Arm und auf einmal wurde ich gegen die Wand geschleudert. Ich keuchte auf vor Schmerz und Scham.

«Du bist im Verzug!», brüllte er dann schlug er mich.

«Wir haben dir einen Vertrag besorgt! Wir haben dich aus der Gosse geholt, du nichtsnutziger kleiner Scheißer! Willst du Musik machen, oder zurück zu deiner dreckigen Mutter?!»

Zitternd nickte ich, denn Musik zu machen, war alles, was ich wollte.

Und zurück zu gehen war alles, was ich nicht wollte.

«Du bist noch so jung und schneller von der Bildfläche verschwunden, als du gucken kannst! Du hast nur uns, River. Das hier ist ein Handel. Ich gebe dir etwas und du dafür mir.»

Sein Griff wurde fester, aber ich traute mich nicht, etwas zu sagen. Zu groß war die Angst, dass er mir alles wegnahm.

Meine Musik, die Band, meine Freiheit.

Ich konnte nicht zurück zu Mom, selbst wenn ich gerade Angst vor ihm hatte.

«Kann ich jetzt gehen?», fragte ich leise, doch er lachte bloß.

«Gehen? Nein, nicht bevor du es verstanden hast!» Dass ich das auch nach dem ersten Schlag hatte, wollte er nicht hören.

Auch nicht nach dem fünften und auch nicht nach dem zehnten.

Er dachte, er würde mir Gehorsam einprügeln und so seinen Willen bekommen. Dabei wusste er nicht, dass dies der Anfang meines Endes war.

Canyon drückte meine Hand und holte mich damit zurück aus diesem Albtraum.

Ich wäre gern aufgesprungen und davon gerannt. Doch plötzlich saß dort auf der Leinwand meine Mom.

Sie war unruhig, wie sie es durch den jahrelangen Drogenkonsum immer war. Hibbelig zupfte sie an ihrer Jeans und fummelte an ihren Nägeln herum.

Sie wusste wahrscheinlich nicht einmal, was sie dort sollte.

Die Reporterin stellte ihr Fragen über meine Kindheit und ich drückte bei jeder Lüge Canyons Hand noch fester. Die andere presste ich mir auf den Mund, um nicht zu schreien.

«War River immer schon so sprunghaft und hatte einen Hang zu Drogen?», fragte sie und Mom schüttelte den Kopf.

«Nein, mein Baby war ein guter Junge. Hat sich immer ein Vorbild gesucht.»

Ein Vorbild? In wem? In ihren Freiern oder in Moms Zuhältern?

Und dann sagte sie einen Satz, der meine Welt noch ein Stückchen mehr zerbrechen ließ.

«Ich weiß nicht, warum River so geworden ist. Er hatte doch immer alles, was er brauchte. Niemand hat ihm je weh getan.»

Niemand hat mir je weh getan, dachte ich und spürte, wie das, was man Herz nannte, in meiner Brust zerbrach.

14.
Canyon

A troubled childhood, yet I am strong,
In my heart, a resilience lifelong.

Ich glaubte fast es hören zu können. Wie River neben mir zerbrach.

Mit seiner Hand in meiner, klammerte er sich haltsuchend an mir fest.

Ich mochte ihn nicht, aber das hier würde ich niemandem wünschen.

Nein, dachte ich. Ich mag ihn nicht. Aber hassen, kann ich ihn auch nicht mehr.

Wir starrten weiter nach vorn und ich konnte nicht glauben, was ich da sah. Dass sie ihn so bloßstellten, vor aller Welt.

Sie zeigten seine Karriere, seinen Anfang aber auch sein Ende. Das Ende, was doch eigentlich sein Neubeginn war.

Seine Solokarriere fing doch jetzt erst richtig an.

Aber hier sahen wir dabei zu, wie er Stück für Stück zerfiel. Auf der Leinwand und zwischen meinen Fingern.

Ich wollte ihm helfen, irgendetwas tun, um es besser zu machen. Aber ich konnte nicht, weil es nichts gab.

Dieser Tom Duvall sprach gerade wieder über ihn und berichtete davon, wie sehr er River schätze und was er alles in ihm sah.

Gleichzeitig wurde wieder River eingeblendet, wie er erst selbst ein Interview gab und dann, wie er erneut abstürzte. Seine Flamingo Prügelei, die nächste Überdosis. Ich hatte geglaubt, schlimmer als das, was ich von ihm kannte, konnte es nicht werden. Aber ich hatte mich geirrt. Das hier war kein Film und auch keine Doku. Es war eine Demütigung. Sie zeigten ihn so, wie niemand gezeigt werden sollte und ich wünschte mir, dass ich ihn nie so sehen musste.

River neben mir weinte still und litt leise. Doch sein Schmerz war es nicht. Der war nicht leise.

Nein, der war laut und brutal.

Schrecklich und grausam.

Vielleicht war er sogar tödlich.

Ich betete dennoch, das nicht.

Endlich kam der Abspann und die Leute applaudierten. Das schockierte mich wahrscheinlich noch mehr, als der Film.

Die Produzenten gingen auf die Bühne und Garry kam dazu. Sie beglückwünschten sich und dann sah er zu uns.

«Und jetzt zum Mann des Abends!», rief er und gleichzeitig setzte ein Song von River ein. «River Lost, komm zu uns!»

Der Beifall wurde lauter und ich rechnete schon damit, dass River abhauen würde. Aber er sprang auf und lief zur Bühne, wo er Garry das Mikro aus der Hand riss.

Colson neben mir zuckte und rutschte in seinem Sitz weiter nach vorn.

«Dürfen die das?», fragte ich und sah kurz zu ihm. «Ihn öffentlich so darstellen?»

Colson ballte die Hände zu Fäusten und schüttelte den Kopf. «Ich hoffe nicht. Sein Anwalt weiß schon Bescheid.»

Hoffentlich war es ein guter Anwalt, der ihm helfen konnte.

«Seid ihr zufrieden?!», rief River und sah zum Publikum. «Habt ihr alles gesehen, oder sollen wir nochmal zurückspulen? Vielleicht zu der Stelle, wo ich fast verrecke und mir in die Hosen pisse? Oder doch lieber dorthin, wo ich in den Zoo einbreche?»

Er fuhr sich über das Gesicht und wirkte dort oben unendlich verloren.

«Ich habe das nie gewollt», sagte er jetzt leiser. «Aber wisst ihr, was das schlimmste ist? Zu sehen, wen ich einmal für meine Familie gehalten habe!»

Er ging zurück zu Garry und blieb kurz vor ihm stehen. «Ich habe das nie gewollt, Garry. Und es war euch immer schon egal.»

Er ließ das Mikro fallen, kam die Treppe herunter und rannte an uns vorbei.

«Du kümmerst dich um ihn, ich mich um den Anwalt», meinte Colson und stand auf. Ich rannte River hinterher und holte ihn auf dem Flur ein.

«River! River warte!» Er hörte mich, lief aber immer weiter. Versuchte, Türen zu öffnen und fluchte, wenn diese verschlossen waren.

«Riv!» Ich hatte ihn eingeholt, gerade als er eine Tür fand und dahinter verschwand. Ich folgte ihm und knallte sie den Bodyguards vor der Nase zu.

River lief unruhig in dem kleinen Raum auf und ab und dann riss er die ersten Putzmittel aus den Regalen.

«Fuck!», brüllte er und trat gegen einen Putzwagen. Nochmal und ein weiteres Mal.

Ich ließ ihn wüten, weil er jedes verdammte Recht dazu hatte.

Er riss alles aus den Regalen, schlug gegen die Wand und schrie.

Doch selbst seine Wut konnte die Tränen nicht verbergen, die er immer noch weinte.

«Ich will jemanden verprügeln.»

«Du bist in einer Putzkammer. Wen willst du hier verprügeln? Meister Propper?»

Er nahm die Handballen von seinen Augen und kam auf mich zu. Wütend funkelte er mich an und wischte sich mit dem Ärmel über das Gesicht.

«Ich verrecke, Can.»

Can … das klang schön aus seinem Mund.

«Heute nicht», versprach ich leise und ging einen Schritt auf ihn zu. Und noch einen, bis ich meine Hände nach ihm ausstrecken konnte und er sich in meine Arme fallen ließ.

Er lehnte seine Stirn an meine Schulter und vergrub die Finger in meiner Jacke.

Er weinte. Schon wieder oder immer noch, das war nicht wichtig.

Er sollte dabei nur nicht allein sein.

«Wie konnten die mir das antun?», fragte er, die Stimme heiser von stumm geweinten Tränen.

«Ich weiß es nicht», flüsterte ich. «Shit, ich weiß es nicht, Riv.»

Riv. Wann war er zu Riv geworden? Wie konnte es sein, dass wir plötzlich in dieser Besenkammer standen und er in meinem Arm weinte, wo wir uns doch eigentlich so sehr hassten?

Der Kuss, dachte ich und lehnte mein Gesicht an seines. *Den Kuss habe ich nicht gehasst.*

Nein, der war schön gewesen. Auch wenn ich mich immer noch fragte, warum ich das getan hatte.

Er hatte es tun wollen, vor Wut. Ich hatte es in seinen Augen gesehen, aber dann … wurde er plötzlich ganz still.

Es war mehr ein Reflex gewesen, um es diesem Garry zu zeigen und River nicht hängen zu lassen. Bis ich ihn gespürt hatte. Seine kühlen Lippen, seine Zunge in meinem Mund.

River küsste anders, als ich es erwartet hatte. Nicht wild und fordernd, nein, eher als hätte er es viel zu lange nicht getan und müsste sich erst darüber klar werden, ob er es wirklich wollte.

War es wirklich so? Küsste er nicht jeden der Kerle, mit denen er hinter irgendeiner dreckigen Ecke verschwand?

Warum zur Hölle machte ich mir überhaupt so viele Gedanken darüber? Das hier war immer noch River und morgen würden wir uns wieder hassen.

Aber erst morgen, heute durfte er noch bei mir weinen und ich darauf aufpassen, dass er nicht auseinanderfiel.

«Ich will mich hieran nicht erinnern. Morgen, wenn ich aufwache, dann will ich das hier vergessen haben.» Er trat einen Schritt zurück und wischte sich noch einmal mit dem Ärmel seiner Jacke über die Augen.

«Ich habe nichts, was dich vergessen lässt», sagte ich und verstand ihn. Niemand sollte sich an das hier erinnern müssen, erst recht nicht er.

«Aber ich weiß, wer was hat.» Er atmete tief durch und riss anschließend die Tür auf. Die beiden Bodyguards standen noch immer davor und musterten uns, als wir durch die Tür traten und ohne weiter auf sie zu achten, zurück in den großen Saal gingen. Mittlerweile hatte er sich wieder gefüllt und überall standen Menschen herum und tranken. Sie sprachen über den Film und als wir an ihnen vorbeigingen, da sprachen sie über ihn.

Dass River sie hörte, zeigte seine Haltung, die sich mit jedem Schritt veränderte. Er war stark, aber für manche Dinge konnte nicht einmal ein River Lost stark genug sein.

Ich lief dicht neben ihm und als jemand hinter uns seinen Namen nannte, hielt ich ihm meine Hand hin.

Er sah nach unten und dann zu mir.

«Morgen kannst du mich wieder hassen», sagte ich und er nickte, bevor er nach meiner Hand griff.

Wir durchquerten den Saal und gingen nach draußen, auf die große Terrasse. Sie war hell erleuchtet, auch hier gab es eine Bar und Lounge Sofas zum sitzen.

River zog mich durch die Menge und blieb vor diesem Typen stehen, dessen Namen ich schon wieder vergessen hatte.

«Timothy, hast du was dabei?», fragte River und schob seine freie Hand in die Tasche.

«Aber nicht hier», meinte dieser und nickte in eine dunkle Ecke. «Dein Freund kann euch ja Drinks besorgen, während wir uns unterhalten.»

Er sah über Rivers Schulter zur Tür und als ich mich umdrehte, erkannte ich Tom Duvall, der mit grimmiger Miene Löcher in Rivers Rücken starrte.

«Komm, du solltest nicht hier stehen», sagte er nun und nahm River mit.

Einer der Bodyguards blieb in meiner Nähe, der andere folgte River und Timothy.

Ich ging zur Bar und bestellte zwei Drinks, die nicht aussahen, als würden wir uns betrinken wollen, aber genau das bewirken sollten.

«Wie heißt du?», fragte ich den Bodyguard und lehnte mich an den Tresen.

«Felix», antwortete er und zog mich zur Seite, als eine Gruppe betrunkener sich neben uns stellte.

«Arbeitest du für River oder für *MusicIn?*»

«Macht das einen Unterschied?», wollte er wissen und ich hatte das Gefühl, er wusste genau, worauf ich hinaus wollte.

«Einen großen», sagte ich deshalb und nahm einen Schluck von meinem Drink.

Felix sah sich um und drückte auf einen Knopf in seinem Ohr. «*MusicIn* bezahlt mich, aber ich arbeite für River.»

Wenn er doch auf seiner Seite war, wie konnte er dann all das zulassen?

«Und der andere?»

«Peter arbeitet für *MusicIn.*»

«Und warum bist du dann bei mir und nicht bei ihm?» Sollte dann nicht Felix auf River aufpassen, wenn er doch angeblich auf seiner Seite war?

«So einfach ist das nicht», sagte er und trat einen Schritt zurück.

Ich drehte mich um und sah River, der mit diesem Timothy zurückkam. Ob sie was miteinander gehabt hatten?

Fuck, egal. Das war nicht mein Ding und ging mich nichts an.

Aber … ob sie was miteinander gehabt hatten?

River kam zu mir, nahm den Drink und kippte ihn in einem Zug herunter.

«Ich will kein Glas, sondern die ganze verdammte Flasche», fluchte er und winkte den Barkeeper heran. Kurz darauf hielt er eine Flasche Whiskey in der Hand und deutete zu einer kleinen Sitzgruppe, auf der nur drei Leute saßen. Als sie uns sahen, standen sie auf und gingen.

«Ja, haut bloß ab!», schrie River ihnen hinterher und setzte die Flasche an.

«Was hat dein Freund dir gegeben?», fragte ich und setzte mich neben ihn. Felix und Peter stellten sich mit etwas Abstand hinter uns und ich war froh, dass sie sich nicht dazu gesetzt hatten.

River rutschte tief in die dicken Kissen und legte seine Füße auf den kleinen Tisch davor. Dass er dabei ein paar Gläser umstieß, die auf dem Boden zerbrachen, kümmerte ihn gar nicht.

«Ist das wichtig?», fragte er und sah mich an. Was auch immer es gewesen war, es schien bereits zu wirken.

«Weißt du es denn?»

Er lachte auf, wühlte in seiner Tasche und zündete sich einen Joint an. «Nein, aber er meinte, es würde helfen.»

Oder alles noch schlimmer machen, dachte ich und stellte mein Glas ab.

Ich würde mich nicht betrinken, wenn ich nicht wusste, ob er in einer halben Stunde überhaupt noch gehen konnte.

«Vertraust du ihm?», fragte ich, woraufhin er schnaubte.

«Ich vertraue niemandem, außer Oaky.»

Erneut setzte er die Flasche an, trank und fing an zu würgen. «Fuck, ist das eklig.»

«Willst du Wasser?»

Ich hoffte, er würde ja sagen und die verfluchte Flasche zur Seite legen. Doch er tat es nicht. Natürlich nicht.

«Für wen zum Teufel hältst du mich?» Er rappelte sich auf und griff nach meinem Arm. «Komm mit.»

«Wohin?»

Er zeigte mit der Flasche zum Saal, in dem mittlerweile laute Musik gespielt wurde und die Leute tanzten.

«Ich will tanzen.» Seine Stimme klang verwaschen und er wankte, als er sich bei mir unterhakte, den Joint wegwarf und wir gemeinsam nach drinnen gingen.

Auch das Licht war gedämmt worden, was uns wenigstens zum Teil vor neugierigen Blicken schützte.

Die Tanzfläche war voll, River zog mich mitten rein und verschränkte die Arme in meinem Nacken. Noch immer hielt er die Flasche in der Hand und trank immer wieder daraus, während wir uns zur Musik bewegten.

Jetzt nahm er den nächsten Schluck, legte seinen Arm zurück in meinen Nacken und beugte sich vor.

Plötzlich lagen seine Lippen auf meinen und er ließ den Alkohol in meinen Mund fließen, als er mich küsste. Ich schluckte und spürte kurz darauf seine Zunge an meiner.

Verdammt, ich wollte nein sagen. Weil er total dicht war und … ich wollte es wirklich. Aber dann auch wieder nicht.

Sein warmer Körper presste sich an mich und automatisch schob ich meine Hand unter seinen Pulli. Er seufzte an meinen Lippen, als ich mit dem Daumen über seine Rippen fuhr und auch meine andere Hand an seine Taille legte.

«Mehr», hauchte er und küsste mich tiefer. «Ich will mehr, Can.»

Mehr? Mit mir? Er und ich? Scheiße, nein.

Mein Schwanz schrie ja.

Schmerzhaft hart drückte er sich gegen seinen Körper und als River sich bewegte, spürte ich seine Härte an meiner.

«Fuck, das ist ein Fehler», sagte ich, obwohl ich ihn auch wollte.

«Mein ganzes Leben ist ein Fehler», meinte er verwaschen und küsste mich noch einmal. «Komm mit mir, Can.»

Nein.

Doch.

Verdammte Scheiße.

«Okay.»

Er grinste und trat wankend einen Schritt zurück, nur um mich dann über die Tanzfläche und wieder zu der Besenkammer zu ziehen.

Sobald die Tür hinter mir ins Schloss gefallen war, presste er mich dagegen und küsste mich wieder. Er nahm noch einen Schluck aus der Flasche, bevor er diese auf den Boden stellte und seine Hände unter mein Shirt schob.

Seine Mundwinkel zuckten, als er eine Hand mit fahrigen Bewegungen über meinen Bauch gleiten ließ und den Gürtel öffnete.

«Shit», fluchte ich, als ich seine Finger an meinem Schwanz spürte und er ihn herausholte.

Jetzt wollte ich nicht mehr warten. Ich musste ihn auch anfassen, seinen harten Schwanz in meiner Hand spüren und sein Stöhnen an meinem Ohr hören.

Und er stöhnte, als ich seinen eigenen Schwanz befreite und ihn ein paar mal wichste.

«Fuck, ja. Mach weiter.»

Er fing ebenfalls an, mich zu wichsen und ich keuchte auf. Das hier würde keine lange Nummer werden. Dafür wollte ich ihn gerade viel zu sehr.

Also schob ich seine Hand beiseite, nahm unsere beiden Schwänze in meine Hand und fing an, uns zu wichsen. River stützte seine Hände links und rechts von meinem Kopf an der Tür ab und küsste mich wieder.

In meinem Kopf tobte ein Sturm, als ich uns beide immer schneller pumpte und er mich gleichzeitig um den Verstand küsste.

«Fuck, ich komme gleich», lallte er gepresst und ich erhöte das Tempo noch einmal. Mit festem Griff brachte ich uns beide zum Höhepunkt und er schluckte mein Stöhnen mit seinen Lippen.

«Canyon fucking Escort», murmelte er heiser und ließ seine Stirn an meine sinken. «Fuck. Ausgerechnet du.»

«Ich was?», fragte ich außer Atem, doch er schüttelte den Kopf.

«Nicht so wichtig.»

«Nicht so wichtig», bestätigte ich, weil es das nicht war. Nicht in diesem Moment.

In diesem Augenblick, wo ich zum ersten Mal das Gefühl hatte, einen Flieger im Bauch zu haben, der meine komplette Welt auf den Kopf stellte.

Es war ein fremdes Gefühl, aber kein schlechtes.

Nein, dachte ich. *Schlecht war es nicht.*

River taumelte einen Schritt zurück und schloss seine Hose wieder. Ich griff nach Papiertüchern, die er vorhin aus dem Regal gefegt hatte und machte meine Hand sauber. Erst dann zog auch ich mich wieder an.

Gemeinsam verließen wir den kleinen Raum und als wir wieder in den großen Saal traten, fanden wir zwei wütend aussehende Bodyguards.

«Wo seid ihr gewesen?», fuhr Peter uns an, doch River zeigte ihm bloß den Mittelfinger.

«Pass besser auf, wenn es dich interessiert», lallte er und lehnte sich bei mir an.

«Alles klar?», fragte ich, doch bekam keine Antwort darauf.

«Okay, die kommt jetzt weg.» Ich nahm ihm die Flasche ab und reichte sie Felix, bevor ich meinen Arm um seinen unteren Rücken legte und ihn mit nach draußen nahm.

«Ich glaube, die Pillen wirken jetzt.»

Das glaubte ich auch. Er war kaum noch zu verstehen und sprach verwaschen. Sein Körper wurde immer schwerer in meinem Arm, doch als Felix mir helfen wollte, schickte ich ihn weg.

«Wo zur Hölle steckt Colson?», wollte ich wissen und sah die beiden an.

«Ich ruf ihn an», sagte dieser Peter und ich verdrehte die Augen. Darauf kam er erst jetzt? Wie zur Hölle hatte er überhaupt diesen Job bekommen?

Da ich River so nicht nach vorn bringen würde, wo jeder, der ging, ihn so sehen konnte, brachte ich ihn wieder in den Garten. Wir waren gerade hinter der Bar, als er mir wegsackte und auf den Rasen fiel.

«Shit», zischte ich und kniete mich neben ihn. «River? Hey, sieh mich an.»

Er blinzelte zu mir hoch und lächelte. «Jetzt kann ich vergessen.»

Und dann übergab er sich. Ich drehte ihn weiter auf die Seite, damit er nicht daran erstickte. Es war ja nicht das erste mal, dass ich River in dieser Position vor mir hatte.

«Sucht Colson, damit wir hier wegkommen», fuhr ich die beiden an, die helfen wollten, was ich aber nicht zuließ.

Ich kam damit schon klar und brauchte keine Bodyguards, denen ich nicht einmal vertraute.

River spuckte noch einmal und ich zog ihn näher zu mir, damit er nicht in seiner eigenen Kotze lag. Dann zog ich mein Handy aus der Tasche und rief Blake an.

«Was ist passiert?», fragte er sofort und klang dabei wie früher. Als er sich noch um mich gekümmert hatte. Damals in den Camps.

«Gib mir deinen Kerl.»

«Can, was ist los?»

Ich seufzte genervt. «Gib mir deinen Kerl, Blake.»

Er fluchte, es raschelte und dann war Oakley am Telefon. «Was ist los?»

«Sieh aufs Telefon», sagte ich, machte ein Bild von River und schickte es ihm. «Du musst mit ihm reden, sonst verreckt er daran. Mach irgendetwas, wenn du nicht willst, dass er sich irgendwann umbringt.»

«Verdammte Scheiße, geht es ihm gut?»

«Er packt das schon. Für heute. Ich weiß nicht, wie es beim nächsten Mal ist.»

«Der Film?», wollte er wissen und ich setzte mich neben River und zog seinen Kopf auf meinen Schoß. Er war eingeschlafen und ich strich ihm die dunklen Haare aus der Stirn.

«Es war die Hölle», sagte ich leise und vergewisserte mich, dass er wirklich schlief. «Sie … die haben ihn gedemütigt,

Oakley. Es gab Videos, von dem Tag, als er seine erste Überdosis hatte. Die haben ihn gezeigt, wie er da lag und … alles. Die haben alles gezeigt. Es war schlimm.»

«Blake, ruf unseren Anwalt an. Und du», sagte er an mich gewandt, «bring ihn nach Hause. Bitte.»

«Werde ich. Bis gleich.»

Ich legte auf und fuhr mir über das Gesicht. Ich war müde und erschöpft und wollte nur noch ins Bett. Auf der einen Seite wünschte ich mir für ihn, dass er den Abend vergessen könnte und auf der anderen … wollte ich nicht, dass er alles davon vergaß.

«Canyon!» Colson kam auf uns zugerannt und ging neben mir in die Knie. «Ich habe euch überall gesucht. River ist nicht an sein Handy gegangen und … scheiße. Wir müssen ihn hier wegbringen.»

Er wies Peter an, den Wagen zu holen und half mir, River irgendwie auf die Füße zu ziehen und ihn dann zu einem kleinen Tor ganz hinten im Garten zu tragen.

Wir waren gerade durch die Tür, als Peter vorfuhr. Gemeinsam hievten wir River auf die Rückbank, wo er sich halb auf mich legte, sobald ich neben ihm saß.

Die ganze Fahrt blieb er so liegen und als wir in die Tiefgarage von Blake und Oakleys Wohnung fuhren, waren die beiden bereits dort und warteten auf uns.

Es war Blake, der mir half, River aus dem Auto zu tragen und in den Fahrstuhl zu bringen.

Oakley gab den Code ein und gemeinsam fuhren wir nach oben. Felix und Peter stiegen eine Etage unter uns aus und nur Colson kam mit bis in die Wohnung.

«Du solltest mit unserem Anwalt reden», meinte Oakley zu ihm. «Er hat Kontakte, die sich mit sowas auskennen. Besser als sein jetziger.»

Colson nickte und wir brachten River in unser Zimmer und legten ihn dort ins Bett. Oakley hockte sich vor ihn und legte eine Hand an seine Wange.

«River», flüsterte er und küsste seine Stirn. «Fuck, Babe. Du darfst so etwas nicht machen.»

«Ich weiß», lallte River und Oakley nickte.

«Schaf ein bisschen, wir reden morgen.»

Blake brachte noch einen Eimer und nachdem ich versichert hatte, dass ich es hinbekommen würde, gingen die drei. Ich schloss die Tür hinter ihnen und zog River die Schuhe aus.

Er versuchte, seinen Gürtel zu öffnen, bekam es aber nicht hin. Also zog ich ihm auch die Jeans, die Jacke und den Pulli aus, was sich als echte Herausforderung darstellte. Ich brauchte ewig, bis ich es endlich geschafft hatte und er nur in Boxershorts im Bett lag.

Ich deckte ihn zu, ging ins Bad und legte mich schließlich zu ihm.

«Kannst du die Tür aufmachen?», fragte er irgendwann in die Dunkelheit hinein und ich stand auf.

«Warum schläfst du nicht mit geschlossener Tür?»

«Kann ich nicht», erwiderte er verwaschen und ohne mich anzusehen.

«Wieso nicht?», wollte ich wissen und drehte mich auf die Seite.

Er hustete und ich dachte schon, er würde sich noch einmal übergeben, aber er tat es nicht.

«Weil ich dann nicht sehen konnte, ob sie wieder zu Hause war. Oder ob die Kerle wirklich gingen», ergänzte er und rückte näher an mich heran. Nicht so nah, dass er mich berührte, aber nah genug, um seine Wärme zu spüren.

Und so schlief er ein, während ich noch lange wach lag und über den Abend nachdachte.

15.
River

A troubled childhood, yet I am strong,
In my heart, a resilience lifelong.

Mein Kopf tat weh und hinter meinen Schläfen pulsierte es. Mit geschlossenen Augen kämpfte ich mich ins Bad, wo ich mir die Zähne putzte, damit es sich nicht mehr anfühlte, als wäre ein Waschbär in meinem Mund gestorben.

Dabei waren Waschbären doch Kit *scheiß auf ihn* Bellamys Ding.

Sobald ich fertig war, tastete ich mich an der Wand entlang und zurück ins Bett.

Ich versuchte, gegen den Schmerz anzublinzeln, aber es half nicht. Er waberte durch meinen Kopf, dunkelblau und grau. Mischte sich ab und zu mit gelben Blitzen, die mich aufstöhnen ließen.

Die Dunkelheit im Zimmer war beruhigend, auch wenn durch einen Spalt der leicht geöffneten Türe etwas Licht hineinfiel.

Hinter mir bewegte sich jemand und als ich mich unter leisen Ächzen umdrehte, erkannte ich Canyon.

Erleichterung überkam mich, weil ich nicht mit einem fremden Kerl in einer ebenso fremden Wohnung aufgewacht war.

Er hatte mir den Rücken zugewandt und es war sowieso zu dunkel, um wirklich etwas zu erkennen. Aber allein sein Geruch erzeugte Erinnerungsfetzen, die meinen Atem stocken ließen.

Er und ich an der Bar. Wir hatten uns geküsst.

Fuck.

Mit halb offenen Augen tastete ich nach meiner Unterwäsche und war froh, dass ich diese noch trug. Dann hatten wir wenigstens keinen …

«Scheiße.»

Besenkammer. Wichsen. Schwänze. Kommen.

Noch mehr Küsse, mehr Licht am Ende des Tunnels.

Fühlen.

Ich hatte etwas gefühlt.

Ausgerechnet bei Canyon *fucking* Escort.

Ich schloss die Augen und dachte daran zurück. Sofort spürte ich das Kribbeln auf meiner Haut, dieses seltsame Gefühl in mir drin. Als hätte jemand das Licht eingeschaltet, welches viel zu lange gelöscht gewesen war.

Das war beschissen.

Canyon grummelte und drehte sich auf die andere Seite, sodass sein Gesicht nun im leichten Schein des Lichtes lag.

Ich hob die Hand, ließ meine Finger über seinem Gesicht schweben und zeichnete, ohne ihn zu berühren, die harten Konturen nach.

«Ich hasse dich immer noch», hauchte ich beinahe tonlos. Warum musste ausgerechnet er in mein Leben kommen und jeden meiner Tiefpunkte miterleben?

Oakley hatte einmal gesagt, dass wir Freunde werden könnten. Canyon und ich.

Aber wie sollte man mit jemandem befreundet sein, der nur das Schlechte von einem kannte? Der noch nie etwas Positives von mir gesehen hatte? Und am wichtigsten, der dafür bezahlt und gezwungen wurde, überhaupt hier zu sein.

Er hielt sich nicht freiwillig in meiner Nähe auf. *MusicIn* zwang ihn dazu, bei mir zu sein und es war meine Schuld, dass es überhaupt so weit gekommen war.

«Was machst du da?», fragte er verschlafen und ich erstarrte. Mit der Hand über seinem Gesicht und meinem Blick auf ihm.

«Gar nichts», log ich, woraufhin er leise lachte.

Ich nahm die Hand herunter und schob sie unter mein Kissen. Er musste nicht wissen, was ich getan hatte. Oder dachte.

«Es sieht nicht nach gar nichts aus, River.»

Nein, wahrscheinlich nicht. Aber ich hatte auch keine Erklärung für das, was ich da gerade eben getan hatte.

Ebenso wenig für das seltsame Gefühl in meiner Brust und auch nicht dafür, warum mein Herz so schnell gegen meine Rippen schlug.

«Wie geht´s dir?», wollte er wissen und ich zuckte mit den Schultern. Weil ich keine Kraft mehr hatte, zu lügen, oder überhaupt etwas dazu zu sagen.

«Wie spät ist es?»

Canyon streckte sich, griff nach seinem Handy und stöhnte auf. «Gleich elf.»

«Morgens?»

Er lachte und schüttelte den Kopf. «Nein, abends.»

«Fuck, ich habe den ganzen Tag geschlafen?»

Wann waren wir wieder zu Hause gewesen? Und wie zur Hölle war ich in dieses Bett gekommen?

«Wir sind erst heute morgen wieder hier gewesen.»

Und ich so betrunken, dass ich mich daran natürlich nicht erinnerte. Aber an alles andere schon.

Wir würden morgen Mittag zurückfliegen und was war dann? Drei Monate waren lang, wenn man gezwungen war, nur Dinge zu tun, die man nicht tun wollte.

«Du hast mich geküsst», sagte ich heiser und sah ihn an.

Lachend drehte er sich weiter auf die Seite und stützte den Kopf in die Hand.

«Du weißt es also noch.»

Wie auch nicht?, dachte ich und nickte. *Du hast das Licht eingeschaltet, so etwas vergesse ich nicht.*

«Und den Rest? Weißt du den auch noch?», wollte er wissen und jetzt war ich froh darum, dass es hier so dunkel war. Er musste die Emotionen nicht sehen, die sich unweigerlich auf meinem Gesicht widerspiegeln mussten. Weil ich sie nicht verbergen konnte. Nicht alle zumindest.

«Das wir gewichst haben, oder dass ich vor der ganzen Welt gedemütigt wurde?»

Ganz allmählich drang all das, was gestern Abend geschehen war, wieder zu mir durch.

Der Film. Wie er mich darstellte und wie die Welt mich bald sehen würde.

Verkorkst, kaputt und völlig am Ende.

«Es tut mir leid, Riv.»

Riv … Fuck me.

Ich sah zu ihm auf und suchte nach Worten, die ich doch nicht finden konnte.

Weil es keine gab.

Nichts, was beschreiben konnte, was ich gerade fühlte.

«Wenigstens werden die Leute mein Album hören», versuchte ich es, aber meine Worte klangen genauso hohl wie deren Inhalt.

«Ja», bestätigte er. «Sie werden dein Album hören und du damit so viel Geld verdienen, dass du auf alle scheißen kannst.»

Vielleicht, zumindest auf *MusicIn*. Nicht mehr lange, dann war ich frei.

Noch ein paar Monate und ich würde tun und lassen können, was immer ich wollte.

«Kannst du mich nochmal küssen?», fragte ich und schmunzelte, als meine Frage ihn aus der Fassung brachte.

«Möchtest du das denn?»

Wollte ich es? Was bedeutete das für uns, wenn er es tat?

«Nur heute noch», sagte ich leise. «Heute will ich nicht gehasst werden.»

Heute wollte ich zumindest das Gefühl haben, dass es jemanden gab, der mich vielleicht nicht mochte. Aber wenigstens nicht hasste. Der es mit mir aushielt und bei dem ich Ruhe finden konnte. Der mir die Angst nahm, vor dem, was unweigerlich kommen würde, sobald ich dieses Zimmer verließ und in die reale Welt trat.

«Aber nur, wenn ich heute nicht dein Escort bin. Ich küsse dich als Canyon, nicht als Ghost.»

«Und wer warst du gestern?», fragte ich, als seine Nase federleicht über meinen Nasenrücken strich.

«Erst dachte ich, ich wäre Ghost gewesen», flüsterte er und seine Lippen streiften meinen Mundwinkel, «aber dann wurde mir klar, dass ich dabei nur Canyon sein konnte.»

«Weil du nichts mit deinen Kunden hast?»

Er rutschte näher und ich spürte seine Finger, die sich unter meine Decke schoben und über meinen Oberschenkel fuhren.

«Nein», sagte er und legte seine Lippen an meinen Hals, während seine Finger über meine Haut strichen.

Immer höher, über meine Taille, bis zu meinen Rippen.

Wo sie verharrten und sein Daumen kleine Kreise zog.

«Weil ich bei dir einfach nicht Ghost sein kann.»

Und dann küsste er mich und schaltete das Licht wieder ein.

Seine Hand an meinen Rippen, sein Mund auf meinem und meine Zunge, die sich zwischen seine Lippen schob.

Er seufzte auf und zog mich noch näher an sich. So nah, dass meine nackte Brust die seine berührte und ich seine wachsende Erektion an meiner eigenen spüren konnte.

«Was in New York passiert», setzte ich an und schob meine Hand hinten in seine Shorts.

«Das bleibt in New York», ergänzte er und stöhnte auf, als ich seinen harten Schwanz umschloss.

Es würde hier bleiben, egal was wir nun taten. Morgen wäre all das vergessen.

Es würde so sein, als wäre diese Nacht hier nie passiert.

Ein guter Grund, sie umso mehr zu genießen. Schließlich konnte es sein, dass dies das letzte Mal war, dass ich je so fühlen durfte.

Canyon schob mir meine Boxershorts herunter und ich ihm seine.

Seinen nackten Schwanz auf meiner Haut zu spüren war neu.

Anders.

Gut.

Seine Finger schoben sich zwischen meine, er drehte mich auf den Rücken und dann lag er auf mir.

«Kein Sex», sagte ich und schob meine Hand nach unten, bis ich unsere beiden Schwänze spürte.

«Auf keinen Fall», meinte er und küsste mich noch einmal.

Ich legte meine Finger um seinen und meinen Schaft und als ich anfing uns zu wichsen, stöhnte er leise.

«Shit, Riv. Das hier wird uns noch zum Verhängnis werden.»

Ja, möglicherweise würde es das. Aber nicht jetzt, denn wenn es hier in New York blieb, dann war es eigentlich gar nicht echt.

«Es ist nicht real», sagte ich und wichste uns schneller. «Es bliebt hier, schon vergessen?»

Er antwortete nicht mehr, sondern stöhnte in meinen Mund. Ich spürte das dunkle Knurren in seiner Brust vibrieren und stellte mir vor, welche Farben das hier hatte.

Welche Farben er hatte.

Seine Aura war hell, irgendetwas zwischen blau und weiß.

Beruhigend und angenehm.

«Schneller», keuchte er und atmete an meinem Hals.

Ich erhöhte das Tempo und grub meine freien Finger in seinen Rücken.

Für einen Moment erlaubte ich mir, mich selbst zu verlieren. Hier, in diesem Bett. Zwischen gehauchten Worten und dem Wissen, dass das hier eigentlich gar nicht echt war.

Ich erlaubte mir, das zu fühlen, wonach ich so lange gesucht hatte. Seine Lippen auf meinen zu schmecken, während er für ein paar Sekunden die Farben einfror und das Licht in meinem Inneren mich blendete.

«Fuck, Can», zischte ich und kam. Mein Sperma ergoss sich über meine Hand und als es auch auf seinen Schwanz tropfte, kam auch er.

Schwer atmend sahen wir uns an, küssten uns noch einmal und mir wurde klar, dass es nicht noch einmal passieren durfte.

Er ließ sich auf mich sinken, wo sein rasendes Herz mit meinem um die Wette schlug und es hinter meinen Rippen anfing zu kribbeln.

In New York war es nicht so heiß wie in Vegas und dennoch verbrannte ich.

Unter Canyon, zusammen mit ihm.

Jahrelang hatte ich nichts fühlen können und jetzt? Da war ich erschöpft. Überladen von all dem und ein bisschen wehmütig.

Weil ich wusste, dass es nicht gut enden würde, sollten wir das hier wiederholen.

So war ich nicht, dieser Kerl, der sich schmerzhaft nach Nähe sehnte und es jetzt schon wieder vermisste.

Mein Leben bot mir nicht die Freiheit, so zu sein. Dafür hatte ich zu viel Ballast und eine Vergangenheit, die es mir unmöglich machte, so sein zu dürfen.

Sich zu öffnen, bedeutete Schmerz. Etwas zu fühlen war gefährlich.

Ich war schon verletzt genug, da konnte ich es mir nicht erlauben, mich noch verletzlicher zu machen.

Nicht, wenn ich überleben wollte.

Obwohl, war es nicht vielleicht sogar besser, mit dem Licht in mir zu sterben, als in ewiger Dunkelheit zu verrecken?

«Was ist mit dir?», fragte Canyon und strich mir die Haare aus der Stirn.

«Wie viele Narben haben Piraten?»

Er lachte leise und seine Lippen fuhren über meinen Mundwinkel. «Du weichst mir aus.»

Ich weiß, dachte ich. Weil ich nicht darüber reden wollte, was wirklich los war.

«Viele», sagte er jetzt und küsste mich noch einmal. «Vielleicht hundert? Und eine Augenklappe. Mit einem Vogel auf der Schulter, der schreit, wenn ein feindliches Schiff sich nähert.»

«Vergess das Holzbein nicht», ergänzte ich und küsste ihn träge zurück.

Seine Lippen verzogen sich zu einem leichten Lächeln. «Und die Hakenhand aus Metall.»

Wie konnte ich die vergessen …

«Was denkst du, wie lange es dauert, ein Piratenschiff zu bauen?», fragte ich weiter.

Er stützte sich auf einen Arm und fing an, mit der freien Hand meine Gesichtszüge nachzufahren.

«Du hast viele Fragen, River Lost.»

Die hatte ich. Mein ganzes Leben lang schon und nie war da jemand, dem ich sie hätte stellen können.

«Weil sie mir nie jemand beantwortet hat», gestand ich und schloss die Augen. «Meine Mom … sie ist keine von den Müttern … es beruhigt mich.»

Federleicht strich er über meine Haut und ich fragte mich, ob man darin ertrinken konnte. In Berührungen und dem Meer aus Vermissen, welches jede einzelne davon in mir auslöste.

«Wir haben noch drei Monate Zeit. Du kannst mich alles fragen, Riv. Ich kann versuchen, dir ein paar deiner Fragen zu beantworten.»

Aber dann schaffen wir eine Verbindung, dachte ich. *Eine Verbindung, die es nicht geben soll.*

«Sie sind sinnlos. Und kindisch.» Es waren Dinge, die ich mich als Kind gefragt hatte. Während ich in meinem Zimmer hockte, mit den Händen auf den Ohren und der Hoffnung, dass es schnell vorüber ging.

«Keine Frage ist sinnlos», sagte er nun und küsste mein Gesicht. «Und ich denke, dass sie lange an einem Schiff bauen mussten. Monate, vielleicht sogar ein Jahr, wenn sie aufwendige Schnitzereien hatten.»

«Wie bei One Piece.»

Sein leises Lachen vibrierte an meiner Brust und er nickte. «Ja, wie bei One Piece. Oder bei Fluch der Karibik.»

Ich liebte beide. Piraten hatten es mir schon immer angetan und sowohl One Piece wie auch Fluch der Karibik waren oft meine Rettung gewesen.

«Vielleicht», sagte er und rollte sich von mir herunter, «können wir beides zusammen schauen. Bei dir oder wenn wir unterwegs sind.»

Er griff nach einem Handtuch vom Boden, welches einer von uns nach dem Duschen dort liegen gelassen hatte und wir machten uns damit sauber. Aber niemand von uns stand auf.

Stattdessen rutschte er näher an mich heran und fing an, die Muskeln auf meinem Bauch nachzuzeichnen.

Wir sprachen nun nicht mehr, aber das war auch nicht nötig. Wir hatten genug gesagt und mussten in ein paar Stunden zurückfliegen.

Ich genoss lieber noch die letzten Stunden, bevor die Realität mir zeigte, wie beschissen sie tatsächlich war.

Schlagzeile:

Russel Hogan
Las Vegas Times

River Lost in Begleitung bei Filmpremiere

Gestern fand die Premiere zu "Breakdown - Das turbulente Leben und der Absturz des River Lost" in New York statt. Eingeladen waren nur exklusive Gäste, die den Film schon vor der Kinoausstrahlung nächste Woche sehen durften. Dennoch kursieren bereits jetzt Gerüchte im Internet, dass wir River Lost an seinen ganz eigenen Tiefpunkten sehen werden.
Ich durfte bei der Premiere dabei sein und kann euch sagen, dieser Film wird euch schockieren und unterhalten. Wir dürfen River auf seinem Weg begleiten und ich habe jede Sekunde davon gern gesehen. Der ganze Film ist authentisch und echt. Er reißt die Zuschauer mit und lässt sie nicht mehr los. Aber das Wichtigste, er hallt nach.
Auf welche Weise, muss jeder selbst entscheiden.
Schon jetzt bricht er Vorverkaufsrekorde und zeigt, wie viele Menschen sich für den Aufstieg und Fall des jungen Musikers interessieren.
Doch der Film war nicht das einzig Überraschende an diesem Abend, denn der Sänger kam nicht allein. An seiner Seite ein junger Mann, mit dem er schon mehrmals abgelichtet wurde.

Ob die beiden ein Paar sind, oder all das nur Werbung für sein bevorstehendes Album und den Film sein soll, ist nicht bekannt.
Allerdings scheint es seinen Fans egal zu sein, denn seine Musik bricht seit gestern Abend Streamingrekorde.
Dennoch gibt es auch über diesen Abend, der doch ein Grund zur Freude sein sollte, ganz andere Bilder von dem Sänger.
Zum Ende hin schien er seinen Erfolg doch etwas zu sehr gefeiert zu haben. Es kursieren Bilder in den sozialen Netzwerken, in denen der Sänger betrunken und kaum ansprechbar von seiner Begleitung über den Rasen getragen wird.
Da stellt sich doch die Frage, ob er es jemals schaffen wird, seine Alkohol- und Drogensucht in den Griff zu bekommen, oder ob diese ihm nicht doch irgendwann zum Verhängnis werden wird?

(78.875 Kommentare)

@gigi435 Wieso tut er sich das immer wieder an? Bei diesen Bildern möchte ich weinen.

@david.mxj Lost ist am Ende. Der Film wird nur zeigen wie sehr. Er soll sich lieber selbst ein Ende setzen und die guten Musiker nach oben lassen.

@whitefallsfan32 Ich bin so froh, dass er nicht mehr bei den WF´s ist. Die Band ist so viel besser ohne ihn dran.

@save_me566 Der losteste Typ auf Erden? River Lost. Die nächste Überdosis sollte höher sein, dann ist es endlich vorbei.

@riverformyheart Ich muss wissen, wer der Kerl an seiner Seite ist! Die beiden sehen so sweet zusammen aus. Richtiges Traumpaar.

@lost_my_heart Ich höre seine Musik in Dauerschleife. Kann es kaum erwarten, den Film zu sehen und ihn auf dem *Smashed it!* endlich live zu sehen.

@no.music.no.live Wie lange müssen wir den noch ertragen? Kann er es nicht endlich hinter sich bringen und uns erlösen?

@little.pj Nimm endlich die verdammte Überdosis, Lost! Die Welt braucht dich nicht!

@lulu.456 Ich warte sehnsüchtig auf sein neues Album. Brauche endlich neue Musik von ihm.

@biff_the_only_man Lost ist so Lost. Weg mit dir, River! Niemand braucht dich!

Weitere Kommentare laden ...

16.
Canyon

In the depths of my soul, a darkness resides,
A shadowy veil where my spirit hides.

Ein paar Stunden später standen wir mit gepackten Koffern und Oakley und Blake am Flughafen. Wir mussten zurück nach Las Vegas und Oakley würde morgen zu seiner Tour aufbrechen.

«Wir sehen uns auf dem *Smashed it!*», meinte Blake und umarmte mich.

Oakley zog River in seine Arme und küsste seine Wange. Er flüsterte ihm etwas ins Ohr, woraufhin dieser schweigend nickte.

Die Nacht mit ihm kam mir wie ein Traum vor. Als wäre es tatsächlich nicht echt gewesen. Wie auch? River Lost und ich, zusammen in einem Bett. Lange Gespräche, Küsse, Berührungen. Noch mehr Gespräche und noch mehr Nähe.

Ich hatte nicht gedacht, dass er so sein konnte. So still, sanft und beinahe zerbrechlich. Wo er doch sonst immer so laut war. Wo doch seine Maske der Gleichgültigkeit nie verrutschte und er alles und jeden hasste.

Aber heute Nacht, da war er anders gewesen. Möglicherweise hatte der Restalkohol ihn wehmütig gemacht,

oder es war noch der Film, den auch ich noch immer nicht ganz verarbeitet hatte.

Die Bodyguards standen neben uns und folgten uns ins Flugzeug, als wir Oakley und Blake einen letzten Blick zuwarfen.

«Bis bald!», rief Oakley und River hielt, ohne sich noch einmal zu ihm umzudrehen, einen Daumen in die Höhe.

Der Flug verlief ruhig. River war damit beschäftigt, Autogrammkarten zu signieren und ich scrollte durch das Internet und las mir Artikel über den Film und unser gemeinsames Erscheinen durch.

Es war seltsam, mich und ihn zusammen zu sehen. Auf Bildern, die jetzt um die Welt gingen.

Ob meine Familie sie sehen würde? Ich hoffte nicht. Obwohl ich nicht einmal wusste, ob sie mich erkennen würden.

Ich hatte mich verändert, seit damals. Mein schwarzes Haar war jetzt oben eisblau, ich hatte Tattoos und war erwachsener geworden. Mein Gesicht kantiger, meine Züge härter. Nicht mehr so weich wie damals.

Wenn ich mich heute sah, erkannte ich nichts von dem wieder, der ich früher einmal gewesen sein musste.

An einem Artikel der Las Vegas Times blieb ich hängen. Dieser Russel Hogan hatte ihn geschrieben und sein Name war mir mittlerweile nicht mehr fremd.

Ich hatte nach River gesucht und war auf einige Artikel gestoßen, die von Hogan stammten.

Auch jetzt schrieb er über ihn und nannte den Film unterhaltsam. Was daran war unterhaltsam, wenn man einem Menschen dabei zusah, wie er vollkommen zerbrach?

Er schrieb auch über uns und es waren ein paar Bilder angehängt.

Wir beide auf dem roten Teppich, wie wir nebeneinander standen und mit eingefrorenen Mienen in die Kameras sahen.

Es passte zu unseren Outfits und wirkte genauso gewollt.

Aber es gab noch mehr Bilder. Wir zwei an der Bar, River in seinem Kinosessel, kurz bevor der Film startete.

Wir beide, wie wir uns küssten …

Shit. Wie wir uns küssten.

River und ich auf der Tanzfläche und dann, wie ich ihn über den Rasen schleppte.

Scheiße.

Man sah, wie fertig er war. Völlig betrunken und mit halb geschlossenen Augen. Später mit dem Kopf auf meinem Schoß, neben ihm sein eigenes Erbrochenes.

Wer zur Hölle hatte die beiden letzten Bilder gemacht? Ich hatte niemanden gesehen.

«Mieser Wichser», erklang Rivers Stimme plötzlich hinter mir. Er beugte sich vor und wischte den Artikel auf meinem Telefon zurück an den Anfang.

An den Bildern verharrte er, bevor er zu den Kommentaren weiterscrollte.

«Fuck auf die», murmelte er und las weiter. Ich las mit und fragte mich, wieso Menschen so waren. Sie wünschten ihm den Tod. Was taten sie, wenn ihm wirklich etwas geschah? Sich freuen?

«Hier», meinte ich und gab ihm mein Handy. «Ich will das nicht lesen.»

Mir reichte es. Ich hatte genug für heute.

«Halb so wild, hab schon schlimmere Nachrichten bekommen.» Er setzte sich neben mich und ich fragte mich,

was schlimmer sein konnte, als dass jemand einem den Tod wünschte.

River las auch andere Artikel, noch mehr Kommentare und speicherte sich die Bilder ab. Ich sah dabei zu, wie er sie sich selbst von meinem Handy schickte und fragte mich, was er damit wollte.

«Wir sehen heiß aus», sagte er und grinste mich an. «Die Wichser sind nur neidisch.»

Ob er das wirklich glaubte, oder bloß nicht zeigen wollte, wie sehr ihn all das traf, wusste ich nicht. Aber ich war mir sicher, er würde es mir auch nicht sagen, selbst wenn es so wäre.

♫♫

Die Bodyguards hatten darauf bestanden, uns bis in Rivers Wohnung zu begleiten. Erst als sie sicher waren, dass dort niemand war, ließen sie uns allein und fuhren weg.

«Endlich», murmelte River, schob seinen Koffer in eine Ecke und ging auf die Terrasse.

Ich nahm mir frische Sachen aus meinem Koffer, zog mich um und folgte ihm.

«Ich muss nochmal weg, bist du später hier?»

Er sah aus müden Augen zu mir auf und zuckte mit den Schultern. «Keine Ahnung.»

Na super.

«Soll ich vor der Tür auf dich warten wie ein räudiger Hund, oder hast du einen Zweitschlüssel?»

Ich würde bestimmt nicht hier sitzen und darauf warten, dass er irgendwann nachts betrunken nach Hause kam.

Seufzend stand er auf, drückte seine Kippe im Aschenbecher aus und lief in die Küche. Er wühlte in einem der Schränke und warf mir einen Schlüssel zu.

«Danke. Ich besorg mir wieder ein Hotel», meinte ich und steckte den Schlüssel ein. Ich hatte nicht vor, die ganzen nächsten Monate hier bei ihm auf dem Sofa zu schlafen. Ich brauchte was eigenes, einen Schrank und einen Raum, wo River nicht war.

Das, was zwischen uns in New York passiert war, hatte etwas zwischen uns verändert. Wir hassten uns nicht mehr so sehr, auch wenn es sich immer noch anfühlte, als wären der Abend und die Nacht danach nur ein Traum gewesen.

Er hatte sich verletzlich gezeigt und ich wusste nicht, wie ich damit umgehen sollte.

Ihn zu hassen wäre so viel leichter, aber auch wenn ich es versuchte, ging es nicht mehr.

River hatte etwas in mir berührt, wovon ich nicht einmal wusste, dass es dieses Gefühl in mir gab.

Wenn ich jetzt keine Grenze für mich zog, würde es mir immer schwerer fallen. Wir waren nicht so verschieden, wie ich es immer geglaubt hatte.

«Mach, was du willst», sagte er und verschränkte die Arme vor der Brust. Er sah wütend aus, ja fast verletzt.

Wollte er etwa, dass ich blieb? Hier, bei ihm? In seiner Wohnung?

Fuck, nein. Nicht River. Mein Kopf spielte verrückt, ein weiteres Zeichen, dass ich unbedingt ein paar Stunden Abstand zu ihm brauchte.

«Wann kommt Colson, um die nächsten Termine zu besprechen?», fragte ich, während ich mir Schuhe anzog.

Er war schon fast wieder auf dem Balkon, als er mir ohne mich anzusehen antwortete: «Morgen.»

Morgen. Dann würden wir erfahren, welche Termine wir noch zusammen hatten und wann die Tour starten würde.

Noch mehr Zeit auf engstem Raum mit River. Scheiße.

Ich betrat das Gebäude von *Couple Solutions* und wartete, bis Miss Linda mich herein rief. Sie lächelte, als sie mir einen dicken Umschlag über den Tisch schob und es fühlte sich falsch an, das Geld zu nehmen. Ja, ich arbeitete für sein Label, aber mir gingen die Bilder von uns nicht mehr aus dem Kopf. Mit dem Geld hier vor mir fühlte es sich weniger echt an. Als hätte ich es getan, weil es mein Job war. Dabei war nichts von der Nacht mein Job gewesen, dafür aber alles ich.

«Ich habe heute Morgen mit Mr. Fox gesprochen. Sie dürfen während sie für Mr. Lost arbeiten, keine anderen Aufträge annehmen. Sie sind fest bis Neujahr gebucht, danach ist der Auftrag abgeschlossen.»

Bis Neujahr, das waren noch genau drei Monate. Drei verfluchte Monate.

«Sie werden alle Termine mit Mr. Lost und seinem Manager direkt besprechen. Anders als ursprünglich geplant, wollen die Sie nicht mehr nach Auftrag bezahlen, sondern für den gesamten Zeitraum. Sie bekommen die erste Hälfte jetzt, die andere, sobald der Auftrag abgeschlossen ist. Das hier» - sie schob mir einen Überweisungsbeleg über den Tisch - «sind hunderttausend Dollar. Sie bekommen nochmal die gleiche Summe, sobald der Auftrag abgeschlossen ist. Sie brauchen in der Zeit nicht mehr herkommen. Damit ist alles fürs Erste geregelt und wir unterhalten uns wieder, sobald Sie frei für neue Kunden sind.»

Ich konnte nichts sagen, sondern starrte wie festgefroren auf den Umschlag vor mir auf dem Tisch.

Zweihundertausend verfickte Dollar!

Jetzt konnte ich definitiv nicht mehr nein sagen. Selbst, wenn sie nicht meinen Pass hätten. Wie denn auch, bei dem Geld? Das war mein Startkapital für ein neues Leben.

Zusammen mit meinem Ersparten war dies die Chance, raus aus dem Escort-Business. Ich könnte mir eine Wohnung kaufen, ein neues Leben aufbauen, weit weg von all dem hier.

«Ich will wieder in ein Hotel», sagte ich und nahm den Überweisungsbeleg entgegen. «Ich kann nicht bei ihm wohnen.»

«Ich kläre das», sagte sie und ich nickte.

«Okay, danke und … bis dann.» Ich stand auf und verließ ihr Büro. Den Kopf voll mit Gedanken an das Geld und die nächsten drei Monate. Voll von River und diesem Auftrag.

Und die ganze Zeit war da diese Stimme, die mir sagte, dass ich einen riesigen Fehler beging.

17.
River

Whispers of despair echo through the night,
As I wander through this endless plight.

Ich lag auf dem Bauch auf meinem Bett und klickte die Bilder durch, welche der Fotograf mir von dem Shooting geschickt hatte.

Sie waren wirklich gut geworden und ich empfand seit langem mal wieder so etwas wie Stolz.

Auf mich und meine Arbeit.

Der Schlüssel klimperte in der Tür und kurz darauf kam Canyon herein.

«Komm mal her», sagte ich, ohne von meinem Laptop aufzusehen.

Ich hörte, wie er sich die Schuhe abtrat und kurz darauf setzte er sich neben mich.

«Hier, sieh mal.» Ich drehte den Bildschirm etwas, damit er mitschauen konnte. «Was denkst du?»

«Worüber?», fragte er und ich verdrehte die Augen.

«Na über die Bilder. Ich muss zwei aussuchen, für das Albumcover und für die Autogrammkarten.»

Ich konnte mich nicht entscheiden, weil ich sie alle wirklich gut fand. Der Fotograf hatte es geschafft, meine Emotionen

einzufangen. Meinen Schmerz, meine Angst und meine Tränen.

Man konnte sehen, dass es echt war. Diesen Schmerz konnte man nicht spielen.

«Die zwei», meinte er und deutete auf meine beiden Favoriten.

«Warum die?»

Er stand auf und zuckte mit den Schultern. «Weil sie die einzigen sind, wo du weinst.»

Was genau der Punkt war, der mich hatte zweifeln lassen.

Die Fotos zeigten mich auf den Knien, klitschnass, während Wasser mir über das Gesicht rann und sich mit meinen Tränen mischte. Meine Augen waren gerötet und mein Mund schmerzverzerrt.

Es waren keine schönen Bilder, aber dafür waren sie echt. Sie spiegelten mich wider, auf eine Art nackter als jedes andere Bild.

Ich schickte dem Fotografen meine Auswahl und ging meine Mails von Colson durch. Er hatte mir schon den Tourplan geschickt und auch ein Angebot von dem Designer der Sachen, die ich auf der Premiere getragen hatte.

Er wollte mich buchen. Als Model für seine Show im nächsten Jahr und für eine Fotostrecke.

«Schon mal in Florida gewesen?», fragte ich und sah auf. Canyon stand gerade in der Küche und sah aus, als würde er kochen wollen.

Warum wollte er kochen? Wusste er nicht, dass es hier alles auch zum Liefern gab?

«Bis jetzt noch nicht.» Er fing an, Gemüse zu schneiden, welches er unterwegs gekauft haben musste, und ich sah wieder auf den Bildschirm.

Sollte er doch machen, was er wollte.

Colson schrieb, dass wir den Termin mit der Tour verbinden könnten, also sagte ich zu. Ich mochte die Sachen, die er hatte, und Shootings machten mir Spaß. Sie waren eine willkommene Abwechslung zum Musik machen.

Ich klickte weiter und stockte.

Kurz darauf hatte ich mein Telefon am Ohr und wartete darauf, dass Colson abnahm.

«River», sagte er bloß und schwieg.

«Wir müssen über deine Mails reden.»

Er seufzte und im Hintergrund hörte ich das abendliche Las Vegas, mit seinem Piepen und dem Geräusch der Automaten, welche nie still standen.

«Ich weiß. Ich komme gerade von *MusicIn* und bin auf dem Weg zu dir. Es hat sich was geändert.»

Ich legte auf.

Es änderte sich ständig etwas und ich konnte es allmählich nicht mehr. Wir waren noch keine vierundzwanzig Stunden wieder hier und sie hatten uns schon wieder voll im Griff.

Es gab keinen Tag, nein, nicht einmal eine Stunde, in der ich das Gefühl hatte, frei zu sein.

Canyon stand noch immer in der Küche, als ich von meinem Bett aufstand, mir die geräuschunterdrückenden Kopfhörer nahm, die im Flur auf der Kommode lagen, und damit zu ihm ging.

Ich nahm sie manchmal mit, wenn ich durch die Stadt streifte und den Lärm und die Farben nicht ertragen konnte.

Sie halfen mir, dann nicht vollkommen den Verstand zu verlieren.

«Hier, die wirst du brauchen», meinte ich nur, drehte mich um und stellte die Musik an.

Ich wollte jetzt nicht mit Kopfhörern hören, sondern nur auf meinem Sofa neben den Boxen liegen und meine Gedanken zum Stillstand bringen.

Mit der Fernbedienung drehte ich die Musik so laut, dass wahrscheinlich bald die Nachbarn wütend werden würden und bunte Farben in meinem Kopf explodierten.

Grün.

Lila.

Blau.

Weiß.

Rot.

Lila.

Lila.

Lila.

Mit geschlossenen Augen lauschte ich den Klängen, dem Bass und den einzelnen Tönen. Ich hatte dieses Mixtape gemacht, nach den Farben, die ich mochte und die sich gut anfühlten. Die ich sehen wollte, wenn ich wieder einmal nicht wusste, wohin mit mir.

Ich verschränkte die Hände über meinen Augen und wartete. Auf Colson und auf das, was unweigerlich auf seinen Besuch folgen würde.

Irgendwann berührte mich jemand am Bein und als ich die Augen öffnete, war es nicht Colson, sondern Canyon.

Er trug die Kopfhörer nicht, deutete jetzt aber in die Küche und als ich aufsah, entdeckte ich dort Colson, der mich mit hochgezogenen Augenbrauen musterte.

Er trug die Kopfhörer und wartete, bis das Tape zu Ende war. Weil er wusste, dass ich nicht gern mitten in einzelnen Songs ausstellte, sondern das ganze Lied sehen wollte.

Erst als die letzten Töne verklungen waren und die Farben verblassten, stellte ich die Musik aus und sah die beiden an. Sie hatten sich an den Tresen gesetzt, der gedeckt war und wo Canyon gerade drei Teller befüllte.

«Du hättest nicht kochen müssen», meinte ich und stand auf.

«Ich weiß, aber du tust es nicht und ich esse zwischendurch gern.»

Lachend zeigte ich auf den Kühlschrank, an dem von jedem Lieferdienst in der Nähe eine Karte hing.

«Die kochen für mich.»

«Ja, genau.»

Genau, wiederholte ich in Gedanken und setzte mich zu ihnen. Er hatte Spaghetti gemacht, mit einer roten Gemüsesoße und Salat dazu.

Sogar Baguette gab es.

«Das ist besser, als das von denen.» Mit der Gabel zeigte ich zum Kühlschrank. «Vielleicht solltest du jetzt immer kochen.»

«Steht nicht in meinem Arbeitsvertrag», sagte er und grinste.

«Ach, Sex kann man dazubuchen, aber nicht, dass du kochst? Ist ja lausig.»

Er sollte über eine andere Agentur nachdenken.

«Sei nett, dann mach ich´s vielleicht nochmal.»

Ich konnte nett sein, wenn ich wollte. Und für gutes Essen würde ich definitiv darüber nachdenken.

«Ihr wisst, dass ich nicht zum Essen gekommen bin?», fragte Colson, schob sich aber gleichzeitig eine weitere Portion Spaghetti in den Mund.

«Ach nein?»

Er funkelte mich an und ich zeigte ihm den Mittelfinger. Gleichzeitig legte er sein Handy neben sich und öffnete den Kalender.

«In zwei Tagen fliegen wir nach Kansas. Dort bleiben wir eine Nacht, du triffst dich mit Leuten zum Interview für dein neues Album, bevor es dann nach Dänemark zum *Smashed it!* geht.»

Das *Smashed it!* war ein relativ neues Festival, auf dem nur ausgewählte Bands und Künstler spielen durften. Es gab Gästelisten und die Karten wurden für horrend hohe Summen verkauft. Eingeladen wurden fast nur Promis und Influencer.

Warum? Weil sich kein Normalsterblicher die Karten dafür leisten könnte.

Es gab im Vorfeld eine Aktion, in der ein paar Karten für nicht-Promis verlost wurden.

Oder nein, nicht die Karten, sondern das Recht dazu, diese zu kaufen.

Völlig übertrieben. Aber es funktionierte. Die Bands und Künstler, die dort auftraten, bekamen allein dadurch so viel Hype, dass ihre Musik anschließend durch die Decke ging. Jeder wollte ein Stück vom *Smashed it!* miterleben, weswegen die Songs von dort viral gingen und die Streams ankurbelten. Es war eine Ehre, hierzu eingeladen zu werden. Und das, obwohl ich keine Band mehr hatte und als Solokünstler kam.

Während ganz nebenbei meine alte Band auch dort sein würde und mir zeigte, was ich alles verloren hatte.

«Sie sind auch da, oder?», fragte ich, obwohl ich es längst wusste.

Colson nickte und schob mir einen Zettel herüber.

«Hier, wir stehen neben den *Colliding Angels* und den *Last Acts*. Die *White Falls* sind auf der anderen Seite, also siehst du sie nicht dauerhaft.»

Oakley würde neben mir sein, das machte es ein bisschen besser.

«Tourbus und Bodyguards?», wollte ich wissen und legte so viel Gleichgültigkeit in meine Stimme, wie ich aufbringen konnte.

Colson nickte und blätterte, während er aß, in einer Mappe. Ich zwang mich, auf meinen Teller zu starren. Aber als ich doch aufsah, begegnete ich Canyons Blick, der mich schweigend musterte.

«Der ganze Scheiß betrifft dich auch, also hör lieber zu», fuhr ich ihn an, obwohl er doch gar nichts dafür konnte.

Aber er war gerade da und ich ein Arsch, der nicht wusste, wohin mit seinen Emotionen.

«Wir holen euren Bus am Flughafen in Dänemark ab. Ihr müsst zwei Bodyguards mitnehmen. Einen für dich und einen für Canyon. *MusicIn* wollte ihre eigenen, aber ich habe darauf bestanden, dass du dir deine Sicherheitsleute selbst aussuchen kannst. Mal abgesehen davon, dass du dir jetzt sowieso welche nehmen solltest.»

Ich wollte widersprechen, doch er hob die Hand und unterbrach mich direkt.

«Ich weiß, dass du es hasst. Ihr Musiker seid ja alle immer so cool und so unantastbar, dass ihr keine braucht. Aber du nimmst welche und darüber diskutiere ich auch nicht. Entweder deine eigenen, oder die von *MusicIn*. Du hast die Grenze überschritten, an der es noch ohne geht. Mag sein, dass hier in Las Vegas alle zu betrunken sind, um dich zu erkennen. Aber woanders nicht.»

Natürlich hasste ich es. Es war beschissen, wenn einem rund um die Uhr jemand folgte und zwangsläufig alles mitbekam. Wenn man nicht einmal nur für sich zusammenbrechen konnte, ohne dass da jemand stand, der einem dabei zusah.

Oder half, obwohl ich manchmal gehofft hatte, dass es einfach vorbei wäre.

«Meine eigenen», knurrte ich.

«Gut, dann setze ich mich mit Alex in Verbindung.»

Er stand auf, nahm meinen und Canyons leere Teller mit und ging in die Küche. Ich selbst ging auf die Terrasse und zündete mir dort einen Joint an. Canyon folgte mir und kurz darauf kam auch Colson nach draußen.

Er hatte noch immer sein Telefon und diese ätzende Mappe in der Hand und zeigte uns damit, dass er noch nicht fertig war.

Sein Blick zuckte zu Canyon und dann wieder zu mir. «Wir müssen noch ein paar Sachen bezüglich deines Anwalts besprechen.»

Ich zuckte mit den Schultern und lehnte mich an das Geländer.

«Er kann es ruhig hören.» Wieso auch nicht? Dieser Kerl hatte schon so viele Tiefpunkte von mir miterlebt, warum gerade hier eine Grenze ziehen?

«Na schön.» Colson lehnte sich zurück und strich sich die dunkelblonden Haare aus der Stirn. «Ich habe mit dem Anwalt gesprochen, den Oakley uns empfohlen hat, nachdem dein Anwalt nicht den Mut hatte, sich mit den Verantwortlichen des Filmes anzulegen.»

Wofür bezahlte ich den Kerl dann überhaupt?

«Feuere ihn.»

«Was?», fragte Colson und ich hörte, wie er aufstand.

Ich drehte mich wieder zu ihm um und zog noch einmal an dem Joint. «Schmeiß ihn raus.»

«Du kannst deinen Anwalt nicht rausschmeißen», widersprach er und sah tatsächlich geschockt aus.

«Warum nicht? Er will mir nicht helfen, also schmeiß ihn raus. Wir nehmen den von Oak, wenn der mehr Eier hat.» Ich konnte niemanden gebrauchen, der nicht für mich einstand und dafür kämpfte, dass ich aus diesem Scheiß hier lebend herauskam.

«Er sagt nicht, dass er es schafft. Aber du kannst dagegen vorgehen. Du hast die Aufnahmen nicht genehmigt und *MusicIn* hat nicht die Rechte an privaten Videos von dir.»

Hatten die Jungs auch nicht, und dennoch war *MusicIn* an die Videos gekommen.

«Er sagt, dass du rein theoretisch auch deine Ex-Bandkollegen verklagen kannst. Sie haben die Videos und Bilder von dir verkauft. Dazu hatten sie kein Recht.»

Nein, vielleicht nicht. Aber wir waren mal so etwas wie eine Familie gewesen. Wahrscheinlich tat es gerade deshalb so sehr weh, dass sie mich hintergangen hatten.

«Nicht sie», sagte ich dennoch. «Nur das Label, nicht die Jungs.»

«River, denk darüber nach. Sie …»

«Sie nicht», unterbrach ich ihn und wandte mich ab. Der Blick auf die dunklen Berge und den beleuchteten Strip war angenehmer, als der auf meinen Manager.

Sein Gesicht hing mir allmählich zum Hals raus.

Ich wollte nichts von den Jungs. Sie hatten mich rausgeworfen, mich verraten und vor der ganzen Welt lächerlich gemacht. Mehr ertrug ich einfach nicht. Ich hatte

nicht die Kraft dazu, jetzt auch noch gegen sie vor Gericht zu ziehen.

Irgendwo war Schluss, selbst für mich.

Es gab einen Zeitpunkt, an dem mehr nicht möglich war und dieser war mit ihnen erreicht.

Es tat zu sehr weh, als dass ich auch noch einen Prozess überstehen würde.

«Na schön. Der Rest sind nur noch Tourtermine. Du hast ein paar Auftritte, das Fotoshooting und du wurdest als DJ gebucht. Einmal auf dem *Smashed it!* und dann noch in einem Club in Dubai. Ich habe alle Termine in deinen Kalender eingetragen.»

In den Kalender, in den ich nie rein sah? Irgendwann hatte ich den Überblick verloren, deswegen war er da.

«War's das dann?», fragte ich und wollte nur, dass er endlich ging.

«Fast. Ich habe noch ein paar offene Anfragen, die wir durchgehen müssen und die ich beantworten muss.»

Wenn er mich dann in Ruhe ließ …

Colson blätterte in der Mappe, ich verzog das Gesicht und sah, wie Canyon schmunzelte. Ich ging zu ihm und stützte meine Hände auf die Lehne seines Stuhls.

«Findest du das witzig?», zischte ich und funkelte ihn an.

Er grinste zu mir hoch und lehnte sich zurück. «Das hier? Nein, das finde ich eher langweilig. Aber dich? Du bist unterhaltsam, wenn du genervt bist.»

Ich wollte nicht unterhaltsam sein. Am liebsten wollte ich gar nichts sein.

«Halt die Klappe. Solltest du nicht mich unterhalten? Bist du dafür nicht hier, *Escort*?»

Seine Miene verdunkelte sich, er griff nach meinem Shirt und plötzlich saß ich seitwärts auf seinem Schoß.

«Besser so?», raunte er leise an meinem Ohr und ich hörte die Wut in seiner Stimme. «Oder erwartest du noch mehr?»

Colson sah bloß kurz auf, seufzte müde und widmete sich kopfschüttelnd wieder seinen Unterlagen.

Ich stützte mich wieder an die Lehne in seinem Rücken und brachte meine Lippen an sein Ohr.

«Ist ein Anfang», erwiderte ich und setzte ein abfälliges Lächeln auf. «Aber ein Blowjob wäre noch besser.»

Er funkelte mich an und ich starrte zurück. Nicht bereit, jetzt der zu sein, der nachgab.

Seine Hand hielt noch immer mein Shirt und ich blieb sitzen. Sollte er mich runter schubsen, dann hatte ich wenigstens gewonnen.

Doch er tat es nicht, hielt einfach meinem Blick stand und sah mich an.

Unsere Gesichter nur wenige Zentimeter voneinander entfernt. So nah, dass ich seinen Atem auf meiner Haut spüren konnte.

Viel zu nah.

Bilder von der Nacht, in der ich mich ihm so schutzlos hingegeben hatte, tauchten vor meinen Augen auf und ganz kurz, drei Herzschläge lang, vermisste ich diesen Moment.

Dieses Gefühl, einmal nicht hart sein zu müssen und mich öffnen zu dürfen.

Weil er mich nicht verurteilt hatte. Nicht in dieser Nacht und das, obwohl er den Film gesehen und bei meinem Absturz dabei gewesen war.

Ich spürte seine Hand in meinem Shirt. Sie zitterte. Nicht stark, aber immerhin so sehr, dass ich es fühlen konnte.

Seine Aura leuchtete mir entgegen und pulsierte mit seinem Herzschlag in einem hellen Blau, den ich an meiner Brust spürte, weil wir uns so verdammt nah waren.

«Was auch immer das hier wird», setzte Colson an und wedelte mit der Hand in unsere Richtung, «ich will nicht dabei sein.»

Würde er nicht. Es gab Grenzen und es nicht vor meinem Manager zu tun, gehörte dazu.

Was auch immer *es* war.

«Du hast Angebote als Schauspieler bekommen», sagte er, ohne weiter auf uns beide zu achten. «Eine Serie, aber da hat *MG Movie Produktion* ihre Finger mit im Spiel und die haben schon das mit deinem Film versaut.»

Außerdem würde ich den Teufel tun und auch nur für einen von ihnen zu arbeiten. Jeder, der mit *MusicIn* zu tun hatte, war raus.

«Die anderen beiden klingen vielversprechend. Netflix will dich für eine exklusive Serie und du kommst als Hauptdarsteller für einen Film in Frage. Wenn du Interesse hast, soll ich ihnen bis morgen Bescheid geben. Dann schicken sie uns weitere Infos und so.»

Schauspieler für einen Film? Und für eine Serie?

«Ich …» Fuck. Konnte ich so etwas überhaupt? Niemand würde mich sehen wollen, nachdem der Dokufilm über mich erst einmal in allen Kinos lief. Was, wenn dann niemand zusah, weil ich mitspielte? Was, wenn noch mehr Hass-Kommentare kamen und …

«Du kannst immer noch nein sagen», meinte Canyon leise und die Wut war aus seinem Blick verschwunden. Er sah mich bloß an mit etwas in den Augen, das sich wie Verständnis anfühlte.

Klar, ich konnte immer noch nein sagen, aber … «Alle werden mich hassen.»

Niemand würde noch mit mir arbeiten wollen und erst jetzt verstand ich, dass *MusicIn* diese Scheiße genau deswegen gemacht hatte.

Damit niemand mehr auch nur in Erwägung zog, mit mir zu arbeiten.

Fuck.

Sie würden jetzt noch ordentlich abkassieren und dann, wenn sie mit mir fertig waren und nichts mehr von mir übrig war, dann waren sie mich los. Und ich wäre der ehemalige Musiker, den niemand mehr wollte.

«Das war ihr Plan, Col. Oder? Dass mich danach keiner mehr will und alle mich hassen.»

Erschöpft fuhr er sich über das Gesicht. «Ich weiß es nicht. Aber wir werden alles dafür tun, um das zu verhindern. Deswegen solltest du ja sagen. Zeig denen, dass du auch ohne die groß sein kannst. Dass die Leute deine Musik lieben und dich weiterhin sehen wollen. Ohne *MusicIn* an deiner Seite. Schreib ein neues Album und bring es raus, sobald du von denen weg bist. Nimm die Angebote an, die dir jetzt gemacht werden, und beweise allen, wie gut du bist.»

Ohne es zu wollen, sah ich zu Canyon. Als würde ich seine scheiß verdammte Bestätigung brauchen. Dabei war auch er nur hier, weil er es musste.

So wie alle. Sie alle waren nur da, weil ich sie bezahlte.

Trotzdem spürte ich seine Hand an meinem Rücken und den Druck, welchen er für einen Moment darauf ausübte.

Und ich nickte, obwohl es mir doch eigentlich egal sein sollte, was er sagte.

18.

Canyon

The darkness within consumes my light,
An abyss of sorrow, endless night.

Colson sah zufrieden aus, als er jetzt aufstand und zur Tür ging. «Übermorgen. Wir holen euch um Elf hier ab. Unser Flug geht um Zwölf und am Nachmittag ist dein Termin.»

Er nahm seine Mappe mit und kurz darauf fiel die Tür ins Schloss. River saß noch immer auf meinen Beinen und scheißdreck, es gefiel mir. Ich mochte es, dass er hier saß und seine Wärme auf mich überging.

Es gefiel mir, ihn zu spüren und ihm so nah zu sein.

Shit. Ich war am Arsch.

Was zur Hölle hatte dieser Kuss und diese Nacht mit mir gemacht? Warum fand ich es plötzlich gut, River Lost, den ich sonst nicht einmal mit Handschuhen hätte berühren wollen, nah zu sein?

Er schien in Gedanken, denn er rührte sich nicht und starrte ohne zu blinzeln ins Leere.

Meine Hand lag noch immer an seinem Rücken und seine auf der Lehne hinter meinem Kopf.

Es war ein kurzer Moment, in dem ich nicht nachdachte. Ein Augenblick der Unachtsamkeit, bis mir auffiel, dass ich mit meinem Daumen kleine Kreise über sein Shirt malte.

«Was tust du da, Can?», fragte er heiser, ohne mich anzusehen oder sich zu bewegen.

«Ich … Shit. Ich weiß es nicht.» Was zur Hölle tat ich hier? Warum saß er überhaupt noch auf meinem Schoß und war nicht schon längst aufgesprungen und abgehauen? Warum hatte ich ihn nicht von mir geschoben und wieso tat meine Hand Dinge, die ich nicht wollte?

«Wieso heißt die Piratenflagge Jolly Roger?», fragte er mit leiser Stimme und da war er wieder, der unsichere und verletzliche River.

Es war diese Seite an ihm, die mich kickte.

Tief und hart, bis rein in meine fucking Brust.

«Keine Ahnung.» Woher sollte ich das wissen?

«Mhm», machte er und sah in den dunklen Himmel. «Früher hab' ich immer Angst gehabt, dass der Mond irgendwann runterfällt. Wenn er ganz groß war, dann hatte ich am meisten Schiss. Deswegen habe ich Vollmond immer gehasst. Dann habe ich mir vorgestellt, ein Pirat zu sein und mit meinem Schiff über das Meer zu segeln. So schnell, dass er mich nicht treffen würde.»

«Aber er ist nie gefallen», sagte ich und er lachte leise.

Jetzt sah er endlich zu mir und es lag so viel in seinem Blick und ich hatte keine verdammte Ahnung, was es war.

«Nein», flüsterte er. «Obwohl ich letztens das Gefühl hatte, dass doch.»

Ja, dachte ich. *Ja, hatte ich auch.*

Ich wollte noch etwas sagen, doch da klingelte sein Telefon und River sprang auf.

Obwohl es immer noch warm draußen war, überfuhr mich eine Gänsehaut. Fast, als wäre mir plötzlich kalt.

«Hallo?», zischte er und zündete sich eine Kippe an. «Ja, der bin ich … Wo ist sie? … Okay, bin gleich da.»

Er legte auf, fuhr sich über das Gesicht und lachte hart.

«Fuck. Ich muss nochmal weg.»

«Wohin?», fragte ich, obwohl es mich nichts anging.

Er warf mir einen kurzen Blick über die Schulter zu, bevor er die Arme auf dem Geländer verschränkte und seinen Kopf darauf ablegte.

«Auf's Revier. Mom einsammeln.»

Seine Mom? Scheiße.

«Soll ich … ich weiß nicht. Mitkommen?»

«Damit du noch mehr Tiefpunkte von mir siehst?», spottete er und drückte seine Kippe aus. Ohne mich noch einmal anzusehen, lief er an mir vorbei und zur Terrassentür.

Er war schon drin, als er doch noch einmal seinen Kopf zur Tür raus steckte.

«Weißt du was? Komm doch mit. Dann kannst du mich heute Nacht nach Hause bringen, wenn ich den Weg nicht mehr finde.»

Es würde also so eine Nacht werden.

Genau solche Nächte hatte ich auch schon zu oft gehabt. Nur war da niemand gewesen, der mich hätte nach Hause bringen können.

Ich stand auf, zog mir ebenfalls Schuhe an und folgte ihm aus der Wohnung. Er wirkte so routiniert, wie er vorher seinen Ausweis einsteckte, ein paar Scheine mitnahm und mit leerem Blick die Wohnung verließ. Als wäre das hier nicht das erste Mal, dass er seine Mom von einer Polizeiwache abholen musste.

«Ich komme mit, aber ich werde davor warten. Ich … ich kann da nicht rein, Riv.»

Konnte ich nicht und wollte ich nicht. Es war nicht so, dass ich in den ganzen Jahren nichts mit der Polizei zu tun gehabt hatte. Aber es war nie besonders gut gelaufen. Ich war ein Verräter. Jemand, der ihnen den Rücken zugewandt hatte, wo doch meine Eltern so hohe Positionen belegten.

«Warum hast du nicht schon längst eine neue Identität?», wollte er wissen und schob die Hände in die Taschen.

«Wenn das so einfach wäre, hätte ich sie. Glaub mir.» Aber so leicht war es nicht. Eine gefälschte Identität, die auch einer Polizeikontrolle standhielt, gab es nicht einfach an der nächsten Straßenecke. Dafür musste man Leute kennen, die andere Leute kannten. Und man brauchte Geld. Eine Menge Geld, was ich bis zu diesem Auftrag nicht gehabt hatte.

Ein weiterer Grund, warum ich noch hier war. Weil ich dieses Leben und alles, was damit zusammenhing, hinter mir lassen wollte.

Neuer Kontinent, neuer Name. Am besten alles neu. Alles außer Blake. Ihn wollte ich behalten, denn er war so etwas wie mein Bruder. Wir hatten so viel zusammen durch, dass es gar nicht anders ging.

Diese Camps … ohne ihn hätte ich das nicht überstanden.

«Lauf schneller», zischte Blake und warf sich in den Schlamm, um unter dem Netz hindurchkriechen.

Ich kannte ihn noch nicht lange, aber er war der Einzige, der mir hier half. Anfangs hatte ich gedacht, ich würde es allein schaffen. Mit Widerworten und einer leckt-mich-alle-am-Arsch-Einstellung. Aber mir wurde schnell klar, dass man hier drin allein verloren war. Jeder kämpfte für sich, nur Blake und ich, wir kämpften zusammen.

Ich zog das Tempo an, war aber so in Gedanken, dass ich den Moment verpasste und mit dem Gesicht gegen das Netz fiel.

«Ando!», brüllte der Aufseher und kam mit großen Schritten auf mich zu. «Was, verdammte Scheiße, soll das werden?!»

Ich richtete mich auf und obwohl ich wusste, dass es besser war, still zu sein, reckte ich das Kinn und erwiderte seinen harten Blick. «Ich bin ausgerutscht.»

Das Sir ließ ich weg, weil ich es nicht über mich brachte, mich so klein zu machen.

«Warum seid ihr hier?!»

Weil ihr uns fertig machen wollt, dachte ich, sagte aber nichts.

«Disziplin!», brüllte er und ein stechender Schmerz durchfuhr mich, als er mir mit seinem Schlagstock auf den Oberschenkel schlug.

Ich schrie nicht. Ich weinte nicht. Ich tat gar nichts, was ihn nur noch wütender machte.

Seine riesige Hand umschloss meinen Oberarm und drückte zu. «Du willst aufmüpfig sein? Zeigen, wie viel besser du als alle anderen bist? Na schön, dann komm mit und zeig es mir.»

Er schleifte mich hinter sich her und es war das erste Mal, dass ich die Dusche kennenlernte. Und ich wünschte mir mit jeder Faser, dass es nie so weit gekommen wäre.

«Canyon!»

Blinzelnd erkannte ich, dass River vor mir stand. Seine Hand lag um meinen Kiefer und er zwang mich so, ihn anzusehen.

«Was soll der Scheiß? Der Kerl hätte dich fast überfahren!», fuhr er mich an und deutete auf das Taxi, welches gerade davon fuhr und dessen Fahrer mir den Mittelfinger zeigte und irgendetwas aus dem Fenster brüllte.

Ich sah wieder zu River, der mich immer noch besorgt musterte.

«Mach das nie wieder. Scheiße nochmal.» Er ließ mich los und wandte sich ab. Mit beiden Händen fuhr ich mir über das Gesicht und versuchte, die Erinnerungen loszuwerden.

Aber es half nicht.

Den ganzen Weg über hingen sie mir nach. Als River mich weg führte von der bunten Glitzerwelt und hinein in eine ganz andere.

Las Vegas war bekannt für den Strip mit seinen unzähligen Casinos und Hotels, wie das Bellagio. Für die Freiheit, verruchten Partys und Alkohol. Für seine Freemont Street, dem riesigen überdachten Einkaufszentrum, welches sich über mehrere Blocks erstreckte und in dem eine LED Decke einen mit flackernden Bildern flutete und andauernd irgendwelche Shows und Konzerte gespielt wurden.

Aber da war noch mehr. Abseits dieser schillernden Fassade sah es hier ganz anders aus.

Da herrschten Armut und Hunger. Wenn man genauer hinsah, hier, wo River mich nun hinführte, da war von der bunten Welt nicht mehr viel übrig.

Frauen versuchten, sich mit illegaler Prostitution über Wasser zu halten, es wurde gedealt und gebettelt.

Las Vegas war die Stadt, in der auf der einen Seite mit Dollarscheinen geworfen wurde und auf der anderen Menschen auf der Straße lagen und niemanden interessierte es.

«Du gehst nicht weg, oder?», fragte River, als wir vor dem Revier ankamen und ich schüttelte den Kopf.

«Ich warte auf dich.»

Er wirkte unruhig, als er sich mit zitternden Händen doch noch eine Zigarette ansteckte und hektisch daran zog.

«Passiert das öfter?», wollte ich wissen und zündete mir selbst auch eine an, obwohl ich jetzt lieber einen Joint gehabt hätte.

«Zu oft», murmelte er und wippte auf der Stelle. «Das Ding ist, ich habe keine Ahnung, was mich erwartet. Hat ihr jemand was getan? Ist sie bloß zu high, um allein nach Hause zu finden? Wurde sie wieder dabei erwischt, wie sie es irgendeinem Kerl in seinem Wagen besorgt? Fuck. Ich hasse das.»

Ich wusste nicht, was ich sagen sollte. Ein *alles wird gut* war der größte Müll, den Leute in solchen Situationen von sich geben konnten. Denn oft wurde eben nicht alles gut. Manchmal war es das auch noch nie.

«Wie lange ist es schon so?»

«Wie?», fragte er und schnaubte. «Dass meine Mom sich für Drogen verkauft, oder dass ich sie anschließend abholen muss?»

Beides. Nichts. Alles, Riv.

Da ich nichts sagte, sprach er einfach weiter. «Schon immer. Es ist schon immer so. Aber das erste Mal abgeholt habe ich sie mit Vierzehn. Oder war ich Zwölf? Keine Ahnung, zumindest hat es nie jemanden interessiert. Wir sind arm gewesen, Canyon. Mein ganzes Leben lang, waren wir beschissen arm. Welch Ironie, wo doch das hier die Stadt des Glücksspiels ist.»

Er zog noch einmal an seiner Zigarette, warf sie weg und drehte sich um. Ich sah ihm nach, wie er ins Revier ging und mit jedem Schritt, den er tat, kleiner wirkte.

Mit dem Rücken lehnte ich mich an die Wand, zog mein Telefon aus der Tasche und rief Blake an.

«Can? Alles klar?», fragte er und wirkte alarmiert. Shit, das wollte ich nicht.

«Ja. Ja alles okay, ich … Fuck. Ich hatte gerade einen Flashback und musste deine Stimme hören.» So offen war ich noch nie zu ihm gewesen. Normalerweise versuchte ich, hart zu sein. Als wäre ich nicht von all dem komplett kaputt.

«Scheiße. Wie geht´s dir jetzt?»

Wie ging es mir jetzt? Gute Frage, auf die ich keine Antwort hatte.

«Erzähl mir was von dir. Lenk mich ab. Wo seid ihr gerade?», fragte ich, weil ich ihm nichts sagen konnte.

«In London. Oakley hatte einen Auftritt hier. Morgen geht's weiter nach Deutschland und dann nach Schweden und Dänemark.»

Verdammt, dann war es bei ihnen bereits früh am Morgen.

«Das *Smashed it!*», sagte ich und er lachte.

«Ja, wird bestimmt cool. Kit und Brooks kommen auch. Wir treffen sie vorher und fahren zusammen dorthin.»

Für sie würde es cool werden. River wirkte überhaupt nicht so, als könnte er sich darauf freuen. Was ich verstand, in Anbetracht der Tatsache, dass seine alte Band dort sein würde.

«Ich habe dort nichts verloren», meinte ich und sah zum Revier, in dem River noch immer war.

«Aber du kommst trotzdem», stellte er fest und ohne dass er es sah, nickte ich. Weil ich keine Wahl hatte und das verdammte Geld brauchte.

«Kennst du jemanden, der … der mir einen neuen Ausweis und so besorgen kann?»

Blake stockte und ich hörte eine Tür in seinem Hintergrund. «Bist du sicher?»

Scheiße, ja. Ein normales Leben war alles, was ich wollte.

«Wenn das hier vorbei ist, will ich neu anfangen. Ich kann das so nicht mehr, Blake.»

Ich wollte mich nicht mehr verstecken müssen und auch wenn ich meinen Job nicht hasste, wollte ich doch wenigstens die Chance haben, frei entscheiden zu können, was ich tat. Ohne, dass meine Familie immer die Möglichkeit hatte, alles zu verfolgen.

Ich war mir sicher, dass sie das taten. Kontrollieren wo ich lebte und was ich tat, sobald ich es mit meinem echten Namen tun musste.

Das Geld für diesen Job konnte meine Chefin mir nur überweisen, weil Blake ein Konto für mich eröffnet hatte. Für Notfälle, so wie diesen hier. Und um zu sparen. Um irgendwann davon wegzukommen.

Sonst nahm ich nur Bargeld, aber niemand wollte so viel Geld irgendwo zu Hause herumliegen haben.

«Ich werde mich umhören.»

«Danke», sagte ich und atmete erleichtert aus. «Ich muss los. Wir sehen uns bald.»

«Ja», bestätigte er. «Wir sehen uns bald, Can.»

Und dann legte er auf und ein kleiner Hoffnungsschimmer regte sich in mir. Dass all das hier irgendwie doch gut ausgehen konnte und ich irgendwann daran zurückdenken und mich fragen würde, ob es eigentlich echt gewesen war.

19.
River

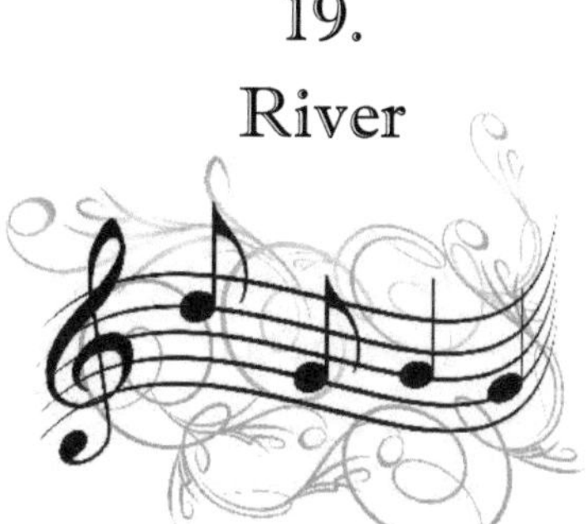

Lost in the void, I search for a spark,
To guide me through this endless dark.

Ich saß auf derselben Bank, auf der ich schon zu oft gesessen hatte, und wartete.

Ein Cop, sein Name war Miller, kam irgendwann zu mir und reichte mir eine Flasche Wasser.

Solange ich mich erinnern konnte, arbeitete er schon hier. Er kannte mich, meine Mom und unsere Situation. Früher war er ein paar Mal bei mir zu Hause gewesen, um nachzusehen, ob wir noch lebten. Meistens dann, wenn Mom zu lange nicht hier gewesen war.

Wie traurig, dass ein Cop sich Sorgen machen musste, weil jemand zu lange nicht festgenommen wurde.

Eigentlich sollte es doch andersherum sein.

Aber nicht bei Mom. Bei ihr hatten selbst die Cops die Hoffnung aufgegeben.

Was nicht verwunderlich war, wenn man bedachte, dass wir für eine kurze Zeit sogar in den Tunneln leben mussten.

Diese Tunnel … Fuck. Ich wollte nie wieder dorthin zurück. Nie mehr.

Die Tunnel waren wie eine eigene Stadt unterhalb der verfickten Leuchtreklame, die den Touristen zeigen soll, wie toll es hier ist.

Da unten gab es keinen Strom, kein fließendes Wasser, nichts. Im Winter war es dort arschkalt, im Sommer brüllend heiß. Es stank, überall waren Ratten und Ungeziefer und es war laut.

Menschen lebten in Zelten und selbstgebauten Hütten unter der Stadt, die oben mit Geld um sich warf und so tat, als wäre sie die beste Stadt der Welt.

Dabei war es außerhalb des Strips ein Höllenloch, wenn man nicht genug Kohle hatte, um sich eine Wohnung oder ein Haus zu kaufen.

Ich wusste, wovon ich sprach. Schließlich hatte ich meine gesamte Kindheit in eben dieser Hölle verbracht.

In dieser bunten Scheinwelt, die einen mit ihren funkelnden Fingern zu sich heranzog, um einem das *Glück* zu zeigen.

Las Vegas spielte ein Spiel. Ein perfides und komplett abgefucktes Spiel.

Oben war der Himmel, mit bunten Farben und Geld. Überall klimperten sie mit Geld.

Hatte man nichts? Dann lockten sie einen mit falschen Versprechen auf den großen Gewinn. Aber die Bank verlor nie. Das sagte einem hier bloß niemand.

Mom war darauf reingefallen und ich auch. Es ist die Hoffnung, die einen dazu treibt, immer weiter zu spielen und der Alkohol, der vergessen lässt, dass man doch eigentlich gar kein Geld mehr hatte.

Dann folgte der Absturz. In die Hölle, mit ihrer Dunkelheit und dem Gestank.

Unter der Stadt, wo niemand je suchen würde. Weil oben Obdachlose verboten waren. Sie ruinierten die perfekte Illusion von Reichtum und Gewinn. Niemand würde spielen wollen, mit solch einer Zukunft vor Augen.

Es gab so viele Wohnungslose und Suchtkranke hier. So viel Leid, Armut und Hunger.

Diese Stadt war ein Schaubild für das, was man unecht nannte.

Sie täuschte etwas vor, zog mit ihrer Fassade Menschen in ihren Bann und schiss sie dann wieder aus. Und wo landete das, was ausgeschissen wurde? In der Kanalisation. Da, wo die Menschen hinverbannt wurden, die für Vegas nicht gut genug waren.

Da, wo niemand sich mehr um sie kümmern musste. Weil wer kein Geld hatte, war für Vegas nutzlos.

Und nutzlos zu sein war das schlimmste Gefühl von allen.

«River, kommst du mal kurz», bat er jetzt und erschöpft stand ich auf.

«Deine Mom wurde festgenommen, weil …»

«Wie viel?», fragte ich bloß, weil er mir nicht sagen musste, dass Mom wieder rumgehurt hatte. Das wusste ich auch so.

«Da es nicht ihr erstes Vergehen war, müssen wir Strafanzeige stellen.»

So wie schon viel zu oft. Mom würde zum Gericht gehen und ich ihre Strafe zahlen. Bis jetzt war es nie so weit gekommen, dass sie in den Knast musste, weil sie doch schlau genug war, es nicht so zu machen, dass jemand es ihr eindeutig nachweisen kann.

«Wegen? Prostitution, Drogen oder was ist es diesmal?»

Miller warf mir einen mitleidigen Blick zu und sah zurück auf seine Zettel. «Sie steht unter Drogen und wurde dabei

erwischt, wie sie mit einem Mann intim war. Ohne Kondom und neben einer Kirche.»

Das Wort Kirche sagte er leiser, als gäbe es jemanden, der es ihm übel nehmen könnte.

Spoiler Alarm Officer: Würde es einen Gott geben, hätte er mir all das hier erspart.

«Also, wie viel?», fragte ich noch einmal, weil ich nur noch hier raus wollte.

«Vier tausend Dollar Kaution, dann kann sie gehen. Tut mir leid, dass es so viel ist. Aber es war nicht das erste Mal und …»

«Schon gut», unterbrach ich ihn und zog mein Portmonee aus der Tasche. Ich würde es bezahlen, so wie ich es immer bezahlte. Weil sie trotz allem meine Mom war. Weil ich sie liebte und gleichzeitig hasste.

Miller nickte und schob mir das Kartenlesegerät herüber. Ich unterschrieb ein paar Zettel, bezahlte und setzte mich wieder auf die Bank, um darauf zu warten, dass jemand sie bis hierher trug.

Es dauerte weitere zwanzig Minuten, bis ich endlich Stimmen hörte und dann ein Cop auftauchte, der Mom am Arm hielt, damit sie nicht fiel.

Seufzend stand ich auf und ging zu ihnen.

Mom blickte aus roten und verschleierten Augen zu mir, ihre blonden Haare waren zerzaust und ihr Make-up verschmiert. Sie stank nach Schweiß, Sex und Alkohol. Nach derselben Verzweiflung, wie ich sie auch schon viel zu oft auf meiner Haut getragen hatte.

«River», lallte sie und lächelte. «Es tut mir leid, Baby.»

Ach ja?, wollte ich schreien und wegrennen. Aber ich blieb, nahm ihren Arm und legte ihn mir über die Schulter.

Miller und dem anderen Cop nickte ich zu, sagte ein lautloses *Danke,* dass sie nicht bleiben musste, und schleppte sie nach draußen.

«Wo ist Hektor?», fragte sie und sah sich suchend um.

«Ist mir scheißegal, wo dein Kerl ist», knurrte ich und lief zusammen mit ihr über die Straße, wo ich Canyon an einer Wand lehnen sah.

Ein weiterer Tiefpunkt in dieser endlos langen Liste.

«Aber ich habe ihm versprochen, dass ich auf ihn warte. Ich habe ihm gesagt, du bezahlst seine Kaution.» Sie sah mich mit Tränen in den Augen an und ich blieb stehen.

«Du hast was?» Scheiße, nein. «Denkst du echt, ich würde für irgendeinen deiner Kerle auch nur einen Dollar zahlen? Hast du sie nicht mehr alle?»

Canyon kam zu uns, doch ich konnte ihn nicht ansehen. Dass er das hier sehen musste, war bereits zu viel.

«Du kannst gehen», sagte ich und rückte Mom zurecht, die drohte, mir von der Schulter zu rutschen. «Ich bekomme das schon hin.»

Sie war normalerweise ein wenig kleiner als ich, was mit meinen einen Meter achtundsechzig auch nicht schwer war. Allerdings überragte sie mich mit ihren extrem hohen Stiefeln jetzt, was es mir noch schwerer machte, sie zu tragen.

Canyon sagte nichts, ging schweigend auf Moms andere Seite und blieb vor ihr stehen. «Ich bin Canyon, ein Freund von River. Darf ich helfen?»

Fassungslos starrte ich ihn an, doch er sah nicht zurück. Stattdessen nahm er Moms anderen Arm, als sie nickte und ihm ein Lächeln schenkte.

«Du hast gar nicht erzählt, dass du einen Freund hast, Baby.» Ihre verwaschenen Worte drangen nur langsam zu mir

durch. Meine Gedanken hingen noch immer an ihrer Hoffnung, ich würde auch für diesen Hektor bezahlen.

«Hab ich auch nicht», murmelte ich bloß und schlug den Weg zu unserem alten Haus ein. Wir würden nicht den ganzen Weg laufen, aber ein Stück weiter stand immer eine Reihe Taxis.

Von meiner Wohnung aus war es nicht weit bis zum Revier. Keine halbe Stunde zu Fuß, aber bis zu unserem Haus? Das würde Mom nicht schaffen. Weder in ihrem Zustand, noch in den Schuhen. Unser Haus lag außerhalb, eben dort, wo die armen Menschen der Stadt lebten.

Ich wollte ihr ein Haus oder Wohnung woanders kaufen, aber sie weigerte sich, von dort wegzugehen. Deswegen hatte ich ihr dieses gekauft. Dort, wo wir schon immer gelebt hatten. Bei denen, die nie viel hatten.

Dort, wo es dreckige Straßen gab, kaputte Häuser und Geschrei. Dort, wo Alkohol oft schon zum Frühstück serviert wurde, weil sich der Tag sonst nicht aushalten ließ.

Wo Spritzen neben regungslosen Menschen auf dem Gehweg lagen, für die sich niemand interessierte.

Niemand hielt an und fragte nach, sondern man hob einfach das Bein ein Stück höher und stieg darüber. Weil es nichts besonderes war. Weil viele von uns schon dort gelegen hatten. Auf dem Gehweg, in der prallen Sonne ganz ohne Schutz.

Ich auch und Mom, manchmal sogar zusammen. Dann, wenn sie gedacht hatte, dass Drogen und Alkohol auch einem Teenager halfen, zu vergessen, was ihm passiert war.

Sie wurde immer langsamer und schwerer auf uns, was nie ein gutes Zeichen war.

«Ich weiß gar nicht, warum …», setzte sie an und zog die Nase hoch.

Sie heulte immer noch. Hoffentlich nicht um diesen Hektor.

«Warum?», fuhr ich sie an und blieb stehen. «Du fragst ernsthaft warum?»

«Wir haben doch nur … wir sind zusammen, Baby. Mit ihm ist es anders.»

Dass er noch da war, war das einzige, was sich verändert hatte. Alles andere war wie immer. Genauso beschissen und genauso schmerzhaft.

«Neben einer Kirche, Mom. Ihr habt es neben einer Kirche getrieben und dann auch noch ohne Kondom! Du weißt, dass das verboten ist!»

Sie lächelte und wedelte mit der rechten Hand, welche über Canyons Schulter lag. «Wir sind verheiratet.»

Nein. Nein, nein, nein, nein.

Ich griff nach ihrem Handgelenk und starrte auf den riesigen pinken Lutscher, der die Form eines Diamantringes hatte.

«Du wolltest doch immer, dass ich glücklich bin. Und du wolltest eine Familie.»

Eine Familie? So?

Sie sah auf den Ring und dann wieder zu mir. Und dann kotzte sie. Direkt hier auf der Straße und jeder starrte uns an.

«Ich wollte uns. Meinen Dad und … scheiße, was hast du nur getan? Mach das rückgängig.»

Canyon ließ sie los und reichte ihr ein Taschentuch. Sie taumelte von uns weg, wischte sich über den Mund und schüttelte den Kopf.

«Nein. Hektor liebt mich und ich ihn.» Glaubte sie auch nur irgendwas von dem, was sie da sagte?

Liebe? Sie wusste doch nicht einmal, wie Liebe überhaupt geschrieben wurde. Woher sollte sie dann wissen, was das war?

«Du willst doch nur seine Drogen und seinen Schwanz! Mehr hat dich doch nie interessiert! Liebe! Dass ich nicht lache!»

Ein Schmerz durchfuhr meine Wange, als sie ausholte und mich schlug. Nicht zum ersten Mal. Aber zum ersten Mal seit langem.

«Sprich nicht so mit mir! Ich bin immer noch deine Mutter!», brüllte sie verwaschen und fing wieder an zu heulen.

«Meine Mutter? Du bist eine Hure, die nie ein Kind hätte bekommen dürfen!»

Niemals. Hätte sie von Anfang an aufgepasst, wäre all das nie passiert.

Sie schlug mich noch einmal, hart traf ihre Hand meine Wange und ich biss die Zähne zusammen, um nichts zu tun oder zu sagen, was ich irgendwann bereuen würde.

Sie schlug mich, weil sie verzweifelt war. Manchmal würde ich sie auch gern schlagen und schreien, dass nicht nur sie am Ende war. Auch ich wusste oft nicht mehr weiter und doch schlug ich sie nie.

Aber ihre Schläge taten weh. Nicht auf meiner Wange, die war nach all den Jahren abgehärtet dagegen. Aber innerlich, da tat es weh.

Weil ich es nicht schaffte, auch innerlich gegen ihre Wut immun zu werden.

«Okay, das reicht.» Canyon zog sie zurück, als sie mich ein weiteres Mal schlagen wollte und dabei laut schluchzte.

Ich sollte Mitleid haben, meine Mom weinen zu sehen.

Es sollte mir egal sein, sie weinen zu sehen.

Aber es war weder egal, noch hatte ich Mitleid. Es machte nichts mit mir, was ich viel schlimmer fand.

Meine Augen brannten und ich blinzelte ein paar Mal, als ich ohne ein Wort wieder ihren anderen Arm nahm und sie bis zum nächsten Taxi schleppte.

«Wenn sie kotzt, macht ihr es sauber», grummelte der Fahrer und fuhr los. Mit verschränkten Armen saß ich neben ihr auf der Rückbank und sah nach draußen. Der Weg war mit dem Auto nicht weit und dennoch schaffte sie es, auf dem Weg einzuschlafen. Ihr Kopf sank gegen meine Schulter und machte mir das Herz noch schwerer.

Ich sah nach draußen, auf die Häuser, an denen ich jahrelang hatte vorbeigehen müssen.

Damals hatte ich es hier gehasst, bis Mom unser weniges Geld verspielt hatte und wir daraufhin rausgeworfen wurden.

Da lernte ich die Tunnel kennen und wollte nichts mehr, als hierher zurück kommen zu können.

Sie hatte uns retten können, weil sie es mit dem Vermieter getrieben hatte. Mehrmals. Zu oft.

Er war ekelhaft, sah aber im Gegensatz zu anderen nur Mom an.

Ich hatte ihr das Haus von meinem hart verdienten Geld gekauft. Nicht einen Dollar angerührt, bis ich genug zusammen hatte, um dem Schwein, der jahrelang meine Mom gefickt hatte, all das in den Rachen zu stopfen, um das Haus zu kaufen, welches für mich so viele negative Erinnerungen brachte.

«Soll ich warten?», fragte der Fahrer, doch ich schüttelte den Kopf. Natürlich bezahlte ich und nicht Mom ihn und sobald wir sie aus dem Wagen hatten, fuhr er davon.

Wir trugen sie zur Haustür, ich schloss auf und betrat das dreckige Wohnzimmer.

Diese Woche hatte ich es noch nicht geschafft, hierherzukommen und aufzuräumen. Auch nicht für sie einzukaufen, obwohl es längst Zeit dafür sein müsste.

«Da drüben», sagte ich und deutete auf die offene Tür, wo ihr Schlafzimmer lag. Canyon half mir, sie ins Bett zu legen und verließ den Raum. Ich zog ihr noch die Schuhe aus und nahm ihr die lange Kette ab, damit sie sich im Schlaf damit nicht erwürgte.

Es war wie ein Ritual, all das zu tun.

Ins Bett legen.

Schuhe aus.

Schmuck abnehmen.

Sie nach Drogen und scharfen Gegenständen absuchen.

Mom auf die Seite drehen und ein Kissen hinter sie legen, damit sie nicht auf den Rücken rollte und im Schlaf an ihrer Kotze erstickte.

Sie zudecken.

Die Klimaanlage einschalten.

Den Strom in der Küche abschalten, damit sie nicht im Rausch den Herd anstellte.

Ihr etwas zum Anziehen für morgen früh hinlegen.

Wasser und Aspirin holen.

Gehen und mich immer fragen, ob sie am nächsten Morgen aufwachen würde.

Es lief immer gleich ab. Seit ich denken konnte. Immer und immer wieder.

Irgendwann, da war ich fünf oder sechs, da hatte sie mir all das gesagt. Was ich tun musste, wenn es so war.

Du musst auf deine Mommy aufpassen, wenn du sie behalten willst, hatte sie immer gesagt. *Deine Mommy ist manchmal krank, dann musst du mich beschützen und dich um mich kümmern.*

Früher hatte ich wirklich geglaubt, dass sie krank sei. Bis ich irgendwann verstanden hatte, dass sie nicht auf die Art krank war, wie ich, wenn ich Fieber bekam.

Und ich hatte mich gekümmert. Um sie, wenn die Drogen stärker gewesen waren. Um ihre Verletzungen, wenn die Freier zu hart zugeschlagen hatten. Um die Männer, welche hier im Haus blieben, während sie völlig zugedröhnt in ihrem Bett lag.

Ich hatte mich immer um Mom gekümmert, aber nie um mich selbst. Und sie sich nie um mich.

Canyon saß am Küchentisch, als ich aus ihrem Zimmer kam und mich erschöpft gegen die Wand lehnte.

Er sagte nichts zu all dem.

Nicht, als ich wütend nach vorn stürmte und das dreckige Geschirr von der Arbeitsplatte fegte und auch nicht, als ich den überfüllten Aschenbecher nahm und ihn schreiend gegen die Wand warf.

Er sagte nichts, als ich gegen einen der Stühle trat und auch nicht, als ich das Bild von Mom und mir, welches mich mit einem billigen Kuchen zeigte, sie hinter mir, nahm und auf den Boden schmiss. Ich trat darauf, weil es etwas zeigte, was es nie wirklich gegeben hatte.

Er schwieg auch dann noch, als ich die Hände in meinem Haar vergrub und weinend an der Wand zu Boden rutschte.

Ich versteckte mein Gesicht zwischen den Knien und hielt mich selbst. Und dann kam er und zog mich in seine Arme.

Obwohl ich es eigentlich nicht mochte, ließ ich es zu. Lehnte mich gegen ihn und weinte still in sein Shirt.

Seine Hand strich über meinen Rücken, durch mein Haar und wieder über meinen Rücken.

Er blieb, während ich vor seinen Augen zerbrach.

Und ich tat nichts, weil es nur dieser eine Moment war, in dem ich verdammt noch mal nicht allein sein konnte.

Weil ich sonst daran verrecken würde.

Ich kannte nichts, was es besser machen konnte. Außer Drogen und Sex. Das war alles, was Mom mir beigebracht hatte.

Geht es dir schlecht, nimm Drogen. Dann wird es dir besser gehen. Und sie hatte recht. Bloß vergaß sie zu erwähnen, dass es danach noch schlimmer wurde.

Dass dieses Gefühl nicht für immer halten würde, obwohl es doch so gut sein konnte.

Besser als Sex, denn der war niemals wirklich gut. Nicht einmal mit Oakley.

Mit ihm war es nie mehr als angenehm gewesen. Aber gut? Nein, gut war es nie.

Ich rappelte mich auf, fuhr mir mit einem Arm über das Gesicht und ging zurück in die Küche.

Mom hatte immer etwas da. Irgendetwas, was dieses Gefühl aushaltbar machte.

Ich durchwühlte ihre Schränke, riss alles heraus und suchte nach dem Funken Hoffnung, den sie mir eingepflanzt hatte.

Als ich nichts fand, ging ich ins Bad, durchwühlte ihren Schrank und nach einer gefühlten Ewigkeit fand ich endlich das, wonach ich suchte.

Ich kippte mir welche von den Pillen auf die Hand und starrte sie an.

«Was machst du da?», fragte Canyon leise und ich sah ihn durch den Spiegel hinweg an.

«Versuchen, zu überleben.»

Er kam näher und blieb hinter mir stehen. «So?»

Ich sah wieder auf meine Hand und dann zurück zu ihm. «Ich kann nicht mehr, Can.»

«Ich weiß», flüsterte er und trat noch näher. So nah, dass seine Brust meinen Rücken berührte.

Und dann nahm ich sie.

Canyon hätte wütend sein können, auch wenn er kein Recht dazu hatte.

Er hätte gehen können, weil es das einzig richtige gewesen wäre.

Doch er blieb.

Mehr noch, er legte seine Arme von hinten um meinen Bauch und zog mich an sich. Schwer lehnte ich mich gegen ihn und schloss die Augen.

«Ich bin am Arsch», sagte ich heiser und konnte nicht verhindern, dass sich eine weitere Träne ihren Weg über meine Wange bahnte.

«Ich weiß», sagte er wieder und legte seine Wange an meine.

Einen Moment blieben wir so, verharrten mit dem Wissen, dass ich gleich high sein würde und es zu spät war, das rückgängig zu machen.

Irgendwann drehte ich mich zu ihm um und sah auf. «Warum bist du noch hier?»

Er hob die Hand und strich mir die Haare aus der Stirn. «Weil ich nicht gehen kann.»

«Weil du dafür bezahlt wirst?», fragte ich und war erleichtert, als er den Kopf schüttelte.

«Nein. Nicht deswegen.»

«Warum dann?» Warum war er noch da, wo er doch sah, was mit mir los war?

«Keine Ahnung. Vielleicht hasse ich dich nicht so sehr, wie ich sollte.»

Nein, dachte ich. *So sehr hasse ich ihn auch nicht.*

Ich legte meine Hand in seinen Nacken und dann küsste ich ihn. Er stockte kurz, bevor er eine Hand an meine Wange legte und den Kuss erwiderte.

Seine andere Hand stützte sich ans Waschbecken, doch ich griff danach und schob sie unter mein Shirt. Auf meine Rippen, weil ich es so sehr mochte, wenn er mich dort berührte. Sofort fing er an, über meine nackte Haut zu streichen und ein Schauer überlief mich.

Ich griff an den Bund seiner kurzen Jogginghose und schob meine Hand hinein.

Er stöhnte auf, als ich seinen harten Schwanz umschloss und diesen ein paar Mal auf und ab pumpte.

Mit dem Fuß trat er die Tür zu, schob mich dagegen und küsste mich noch tiefer.

Seine Zunge drang in meinen Mund und schmeckte nach blau. Nach hellblau, nach weiß, nach allem, was ich gerade sehen wollte.

Ich zog meine Hand zurück und griff an den Saum seines Shirts. In einer einzigen Bewegung hatte ich es ihm über den Kopf gezogen und auf den Boden geworfen. Ich küsste seinen Hals, die Tattoos auf seiner Brust und seinen flachen Bauch.

Er zog mir ebenfalls das Shirt aus und ich ihm seine Hose herunter. Er keuchte, als ich meine Hand nach hinten schob und mit dem Finger gegen seinen Eingang drückte.

«Shit, Riv.» Er schob mir meine eigene Hose über die Beine und küsste sich über meine Brust, meinen Bauch, bis zu meinen Schwanz.

«Mhm.» Meine Finger krallten sich in sein Haar, als er meinen Schwanz in den Mund nahm und ein paar Mal daran saugte.

Quälend langsam kam er wieder hoch, fuhr mit der Zunge über meine Haut bis zu meinem Mund. Ich küsste ihn und schmeckte meine eigene Lust.

Ich wollte mehr davon. Von ihm und dem hier. Ich wollte den Sex, der doch alles besser machen würde.

Der alles besser machen musste. So wie ich es gelernt hatte.

«Dreh dich um», bat ich und mein Schwanz zuckte, als er es tatsächlich tat. Ich griff nach einem Kondom aus Moms Schrank und nach einem Päckchen Gleitgel, zog es über und verteilte das kühle Gel darauf. Den Rest gab ich auf meine Hand und fuhr damit zwischen seine Hinterbacken, bis er fluchte, als ich einen Finger in ihn schob.

«Du bringst mich um», zischte er und drückte sich mir entgegen.

«Nein», widersprach ich, zog meine Hand zurück und positionierte meinen Schwanz. «Nein, Can. Heute nicht.»

Und dann drang ich in ihn ein, spürte seine heiße Enge und blau. Dieses verfickte Eisblau, wie sein Haar, überall in mir.

Seine Aura strahlte, pulsierte mit jedem Stoß und sein Stöhnen … Fuck. Sein Stöhnen war bunt.

Wie Musik, nur besser.

Weiß.

Blau.

Türkis.

Pink.

Lila.

Canyon stöhnte Farben und ich bekam nicht genug von dieser Melodie.

Er schaltete nicht nur das Licht ein, nein, er spielte Musik für mich. So, wie sie sein sollte.

Und jetzt verstand ich Mom.

Sex machte doch alles besser.

Zumindest mit ihm.

Hart stieß ich mich in ihn. Immer und immer wieder. Seine Haut wurde feucht unter meinen Händen und Schweiß rann mir über das Gesicht.

Die Drogen packten meinen Kopf in Watte, wie eine warme Decke, während Canyons Arsch dafür sorgte, dass ich nicht abdriftete.

Er sah über seine Schulter zu mir und ohne es zu wissen, hielt er mich damit hier.

In meinem alten Badezimmer, bei ihm.

«Dich zu ficken ist blau», keuchte ich und küsste seinen Rücken.

«Blau ist schön.»

Und das war es. Fuck. Das war es so sehr.

Er lächelte und ich kam. Hart und lang. Als würde das hier niemals enden wollen.

Mein Körper zuckte und mein Schwanz pulsierte in ihm. Er kam durch seine Hand und sah mich wieder an.

Und so verharrten wir. Kurz.

Aber lange genug, bis mein Körper sich beruhigt hatte und ich mich aus ihm zurückzog.

Er grinste, als ich mich gegen die Tür lehnte und das Kondom abstreifte.

«Wieso blau?», fragte er, als er sich die Hände wusch.

Doch ich schüttelte den Kopf und griff nach meinen Sachen.

«Einfach so», sagte ich leise. «Nicht so wichtig.»

«Bin ich blau?», wollte er wissen. «In deinen Farben? Bin ich da blau?»

Ich streckte die Hand aus und nickte.

«So wie dein Haar. Als hättest du es gewusst.»

«Hab ich nicht. Aber es gefällt mir.»

Ja, dachte ich. *Mir gefällt es auch.*

20.
Canyon

Haunted by demons, I fight alone,
In this cavernous abyss I call my own.

River wollte nicht mit einem Taxi zurückfahren, was im Nachhinein betrachtet eine ziemlich dumme Idee gewesen war.

Das, was auch immer er da von seiner Mom genommen hatte, zeigte seine Wirkung.

Seine Augen waren gerötet, die Pupillen riesig und er anders. Ich konnte nicht einmal genau sagen warum, weil ich ihn schon so oft high gesehen hatte, aber er war anders. Aufgedreht, hektisch, ja beinahe euphorisch.

Dabei hatten wir gerade erst seine Mom von der Polizei abgeholt.

Und seine Augen … da war nichts mehr von dem dunklen Braun. Da war nur noch Pupille.

Er schlug nicht den Weg zu seiner Wohnung ein, sondern zum Strip. Er schleppte mich ins *Dark Desire* und als Silvian uns entdeckte, grinste er.

«Ihr kennt euch besser, als ich dachte», meinte er und schob mir einen Drink über den Tresen.

«Frag besser nicht», murmelte ich und nahm diesen entgegen. River unterhielt sich mit einer der Tänzerinnen und sie wirkten vertraut miteinander. Als würden sie sich schon länger kennen.

«Eifersüchtig?», fragte Silvian und ich schnaubte.

«Wohl kaum.» Worauf auch? Das zwischen uns war nichts. Wir hatten zweimal gefummelt und es im Bad seiner Mom getan. Mehr nicht. Worauf zur Hölle sollte ich da eifersüchtig sein?

River kam zusammen mit ihr zu uns und legte einen Arm um ihre Schultern. «Canyon, das ist Stacy. Wir haben als Kinder zusammen gespielt und später zusammen geklaut.»

«Und jetzt ist er ein versoffener Musiker und ich tanze in einem dreckigen Club an der Stange», ergänzte sie und versuchte dennoch zu lächeln.

«Wir haben es weit gebracht, Stace», meinte River und hielt zwei Finger hoch.

Silvian starrte ihn an und ich konnte nicht anders, als zu lachen. «Du musst ihm sagen, was du willst, River.»

«Ach ja.» Er fing selbst auch an zu lachen und hielt erneut zwei Finger in die Höhe. «Zwei Shots.»

«Zwei Shots was? Whiskey, Orangensaft?», fragte der Barkeeper grinsend.

«Zwei Shots Alkohol.»

«Ich darf bei der Arbeit nicht trinken», warf Stacy ein, doch River winkte ab.

«Für dich ein Wasser. Die Shots sind für mich.»

Silvian reichte ihm die Getränke und River kippte direkt beide herunter.

Es würde eine dieser Nächte werden, in denen er allein den Weg zu seiner Wohnung nicht mehr fand.

Allerdings bestellte er jetzt die ganze Flasche und ein weiteres Glas für mich.

Vielleicht würden wir beide nicht mehr den Weg finden, sollte er mich abfüllen wollen.

«Trink mit mir», bat er und füllte mein Glas erneut. «Heute will ich nicht allein trinken.»

Und ich trank mit ihm. Viel zu viel. Viel zu schnell. Viel zu lange.

Ich wusste nicht, wie viel Zeit vergangen war, als Silvian uns die leere Flasche abnahm und den Kopf schüttelte, als River eine weitere forderte.

«Ihr bekommt ein Taxi von mir, mehr aber auch nicht.»

Irgendwann war Stacy auf die Bühne verschwunden, um zu tanzen, doch mittlerweile wirkte ihr glitzernder Bikini verschwommen und der Boden ganz schief.

«Ich muss raus», lallte ich, als die Musik mir zu laut wurde und das flackernde Licht mir Übelkeit bescherte.

«Euer Taxi müsste jeden Moment da sein.» Silvian nickte zu River. «Vergiss deinen Freund nicht.»

«Vergiss mich nicht, *Escort*», raunte River mir ins Ohr und lehnte sich schwer auf mich.

«Ich hasse es, wenn du mich so nennst», sagte ich, als wir gemeinsam aus der Bar wankten.

Tatsächlich stand ein Taxi davor, doch der Fahrer schien bei unserem Anblick Angst um seinen Innenraum zu bekommen.

«Wehe, ihr kotzt mir ins Auto», grummelte er wie schon der Fahrer vorhin und setzte sich nach vorn. Zusammen mit River rutschte ich nach hinten und gab ihm die Adresse, nachdem River es zwar versucht, aber nicht hinbekommen hatte.

Von der restlichen Fahrt bekam ich kaum etwas mit.

Wir hielten vor dem Gebäude, River bezahlte das Taxi und gemeinsam schleppten wir uns nach oben.

Wir sprachen kaum noch, weil wir beide so betrunken waren, dass wir eh keinen klaren Satz herausbrachten.

Dafür fielen wir samt Kleidung in sein Bett und ich schlief beinahe sofort ein.

«Was zur Hölle soll der Scheiß?!»

Ich schreckte hoch und fiel sofort wieder zurück in die Kissen.

«Warum, verflucht nochmal, liegt ihr beide noch im Bett? Und warum stinkt es hier wie in einem verfickten Pumakäfig?!» Colsons Stimme durchbrach mein Trommelfell und bohrte sich direkt in mein Gehirn.

Er kam zu uns und bevor ich wusste, wie mir geschah, riss jemand die Decke und das Kissen weg. Die Gardinen wurden geöffnet und helles Licht verbrannte mir die Augen.

«Mach das aus», murmelte River neben mir, bevor er hochgerissen wurde und ein dumpfer Aufprall erklang. Er schrie auf und ich sah ein Kissen fliegen.

«Was soll der Scheiß, Mann?» River wollte wieder ins Bett klettern, doch Colson versperrte ihm den Weg.

«Habt ihr schon mal auf die Uhr gesehen? Wir müssen in einer halben Stunde los!»

Mühsam rappelte ich mich auf und sah erst jetzt, dass Colson nicht allein war. Zwei Bodyguards standen in einer Ecke an der Wand und unterhielten sich.

«Wohin nochmal?», fragte ich und stöhnte leise, als ich aufstand und der Schmerz in meinem Kopf zunahm.

«Wohin?!», schrie Colson jetzt und wirkte immer verzweifelter. So wütend und fluchend hatte ich ihn noch nie erlebt. Was bedeutete, dass wir wirklich Mist gebaut hatten.

«Zum verdammten Flughafen! Und jetzt los!» Colson griff nach Rivers Arm und zerrte ihn auf die Füße. Mit einer Hand umschloss er sein Kinn und sah ihm in die Augen. «Einmal, River. Nur einmal hättest du nüchtern bleiben müssen.»

«Lass das», murmelte er und wollte sich von ihm losmachen. «Mom. Ich musste sie gestern aus dem Knast holen.»

Colson ließ seine Hand sinken und trat einen Schritt zurück. Ein Teil der Wut wich aus seinen Gesichtszügen «Mist. Wie geht´s dir?»

River stöhnte gequält und setzte sich auf den Rand des Bettes. «Mir ist schlecht und mein Kopf bringt mich um.»

Colson warf die Hände in die Luft und wirkte noch verzweifelter als eh schon. «Tut mir leid, das ist beschissen. Aber ihr müsst euch trotzdem beeilen. Wir kommen zu spät. Du bekommst im Jet eine Infusion und jetzt sieh zu.»

Ich wollte auch eine Infusion, wenn mir danach nicht mehr der Kopf platzte. Wie sollte ich meine Sachen packen, wenn ich nicht einmal wusste, wie ich in dieses Bett gekommen war?

«Los jetzt!», schrie Colson und wir zuckten zusammen. Nur widerwillig schleppte ich mich zum Sofa, wo meine Koffer und meine Sachen lagen. Wahllos stopfte ich irgendwas in einen davon, nahm mir Sachen, von denen ich glaubte, dass sie sauber waren und wankte ins Bad.

Ich stellte die Dusche an, zog mich aus und stellte mich mit meiner Zahnbürste im Mund darunter.

«Mach mal Platz», sagte River plötzlich und schob sich neben mich. Auch er hatte eine Zahnbürste im Mund, während er sich mit einer Hand die Zähne putzte und mit der anderen versuchte, die Haare zu waschen.

«Das hier sollte nicht so sein», murmelte ich, schob ihn zur Seite und spülte das Shampoo aus.

Er gab einen undefinierbaren Laut von sich und lehnte sich schwerfällig gegen die Wand. «Mir egal, wie es sein sollte. Colson soll aufhören, so herumzubrüllen.»

Da stimmte ich ihm allerdings zu. Sein Geschrei hatten wir zwar verdient, aber es fraß sich bis in den letzten Nerv meines Körpers und das war nach gestern Abend eindeutig zu viel.

Als ich fertig war, stieg ich aus der Dusche, warf die Zahnbürste in meine Kulturtasche und nahm mir ein Handtuch.

River folgte mir kurz darauf und wankte unter leisem Ächzen in seinen begehbaren Kleiderschrank.

«Warum ist mir kalt?», fragte er und wühlte in seinen Sachen herum.

«Weil du immer noch betrunken bist», erwiderte ich und trocknete mich ab.

«Selber.» Er zog einen Hoodie heraus und streifte ihn zusammen mit einer Jogginghose über.

Mir warf er auch eine zu, dazu ein Shirt und eine Sweatjacke. Als ich ihn verständnislos ansah, deutete er auf seinen Koffer. «Wir können auf dem Festival nicht waschen. Willst du in dreckigen Sachen dahin?»

Wollte ich nicht und ich hatte nicht daran gedacht, genug von meinem eigenen Kram vorher zu waschen.

Also zog ich seine Sachen an und ging zurück ins Wohnzimmer. Colson sah von seinem Telefon auf und seufzte so laut, dass selbst River es gehört haben musste.

Ich warf meinen Kulturbeutel in den Koffer, mein Ladegerät und meine Kopfhörer, bevor ich diesen schloss und zum Kühlschrank ging. Ich brauchte Wasser und Kaffee. Viel Kaffee.

«Das sind übrigens Luis und Asher. Sie werden euch ab jetzt begleiten. Luis ist für dich zuständig, River. Asher für Canyon, solange er bei uns ist. Und damit wir uns nicht falsch verstehen, die beiden werden bleiben. Luis immer, Asher, wenn wir ihn brauchen. Und ich will kein Geheul hören, warum du das nicht willst.»

River sah nur einmal kurz auf und nickte den beiden zu, während er seinen Koffer aufs Bett hievte und einen Laptop, ebenfalls zwei Ladekabel und zwei verschiedene Kopfhörer hineinwarf. Dann ging er zu seinem Schrank, holte eine kleine Kiste hervor und packte sie ebenfalls hinein.

«Ich bin zu müde für deinen Scheiß, Col.» Er brachte den Koffer zur Tür und lief zur Kaffeemaschine. Ich reichte ihm zwei Thermobecher, welche er mit Kaffee befüllte und mir einen davon zurückgab.

«Wollen wir dann los, oder was?», fragte er nun und Colson sah aus, als würde er River jeden Moment an den Hals springen.

Die beiden Bodyguards nahmen unsere Koffer, wofür ich ihnen wirklich dankbar war. Wahrscheinlich hätte ich meinen nicht einmal bis nach unten bekommen.

Eine Stunde später saßen wir endlich im Jet und befanden uns bereits in der Luft. Das war das Gute an Privatjets, sie hoben nie ohne die Leute ab, die sie bezahlten.

River lag auf dem Sofa und Luis hatte ihm tatsächlich eine Infusion gelegt. Nun kam er zu mir und sah mich fragend an. «Brauchst du auch eine? Ist nur Flüssigkeit und Elektrolyte.»

«Nimm sie», rief River undeutlich und klang so, als würde er schon wieder schlafen.

«Na schön, wenn es mir dann besser geht.» Ich hielt ihm meinen Arm hin, legte die Füße auf den Sitz gegenüber und schloss die Augen.

Luis legte mir die Infusion und ich hörte Colson murmeln: «Ausgerechnet heute müssen sie verkatert sein. Ausgerechnet heute.»

So ganz durchdacht hatten wir das nicht, aber gestern war gestern und heute war heute. Zu spät für Selbstmitleid.

Jetzt konnten wir nur noch hoffen, dass das Zeug wirkte.

Der Flug ging nur knapp drei Stunden, nicht lange genug, um sich auszuschlafen.

Ich sah noch einmal zu River, der auf dem Sofa lag, die Mütze seines Hoodies tief im Gesicht und einen Arm über den Augen. Er schien zu schlafen und ich sollte wegsehen.

Dennoch glitt mein Blick über sein dunkles Haar, die schönen Hände und den schmalen Streifen Haut, welcher sein hochgerutschter Pulli offenbarte.

Ich dachte an gestern Abend zurück. An mein Gespräch mit Blake, wie sehr mich die Erinnerungen mitgenommen hatten. Ich dachte an Rivers Mom, wie sie ihn geschlagen hatte und an seinen Gesichtsausdruck.

Es schien so, als hätte sie das nicht zum ersten Mal gemacht und dennoch hatte er geschockt ausgesehen.

Ich dachte daran, wie high sie gewesen war und fragte mich, wie oft er sie schon so hatte sehen müssen.

Er hatte all das so selbstverständlich hingenommen, als wäre es Alltag für ihn und das brach mir das Herz.

Shit, Rivers Schicksal ging mir nah. Das war nicht gut.

Aber nicht nur sein Schicksal, auch er. Ich spürte noch immer seine Haut unter meinen Händen. Seine Lippen auf meinen und ihn in mir.

Wie er mich genommen hatte, in diesem scheiß dreckigen Badezimmer. Wie er geklungen hatte und seine Finger auf mir. So hatte ich mir das nicht vorgestellt.

Mit ihm hätte es mies sein müssen. Allenfalls mittelmäßig. Aber nicht so gut.

So verflucht gut, dass mein Schwanz bei der Vorstellung in meiner Hose zuckte.

Ich war hier als sein Escort, fühlte mich aber die ganze Zeit wie Canyon.

Bei ihm konnte ich nicht Ghost sein, selbst wenn ich es versuchte. Ich wurde doch immer wieder zu Canyon und fragte mich jedesmal, warum ich bei ihm keine Grenze ziehen konnte. Wieso ging es mit jedem anderen Kunden, nur bei ihm, der niemals mehr werden durfte, da ging es nicht.

Weil er meinen Kopf kickte und einfach nicht damit aufhörte.

Schlagzeile:

Russel Hogan
Las Vegas Times

River Lost auf dem Polizeirevier. Wurde er schon wieder verhaftet?

River Lost wurde gestern von Passanten dabei beobachtet, wie er auf einem Polizeirevier saß. Wurde der Sänger wegen seines Drogenkonsums verhaftet oder hat er sich in einen anderen Skandal verwickelt?
Viele seiner Fans wissen, dass River Lost früher spielsüchtig gewesen war. Jetzt wurde er erneut auf einem Polizeirevier gesehen und natürlich fragen sich viele: Ist er wieder rückfällig geworden? Oder war es doch wegen seines andauernden Drogenkonsums?
Ein paar Stunden später wurde er zusammen mit dem unbekannten Mann, mit dem er in letzter Zeit öfter gesehen wurde, völlig betrunken von einem Taxi nach Hause gebracht.
Wer ist der Unbekannte, der in letzter Zeit so oft zusammen mit dem Musiker gesehen wird? Befindet sich River wieder in einer Beziehung?
Nachdem er lange gebraucht hatte, um über die Trennung von Oakley Hall, dem Frontsänger der Colliding Angels, hinwegzukommen, würden viele seiner Fans ihn gern wieder in festen Händen sehen. Auch immer mit der Hoffnung, dass er dadurch über sein Suchtproblem hinwegkommen könnte.
Heute startet Lost zu seiner ersten kleinen Solotournee. Den Anfang nimmt diese auf dem Smashed it!, dem weltbekannten Promi-Festival in Dänemark. Dort wird er auf

seine ehemalige Band, die White Falls, treffen und wir werden natürlich berichten, wie das erste aufeinandertreffen der ehemaligen Freunde und Bandkollegen ablaufen wird.

(32.783 Kommentare)

@bibi_record Ich sehe ihn schon am Ende, wenn der Film rauskommt. Armer River, halt durch.

@musiclover33 Wer zur Hölle, ist der Kerl da bei ihm? Warum hat noch niemand seinen Namen gedroppt?

@river.is.my.life Hört seine Musik, solange es noch geht. Ich sehe es kommen, Leute. Er wird die Tour nicht überstehen 😳

@my_ears4music Seht ihr es alle nicht? Der Kerl ist total hinüber! Warum jagt er sich nicht endlich eine Kugel in den Kopf? Dann sind wir ihn los!

@dana_222 Ich feiere seine Musik, aber er ist so lost. Ernsthaft, das ist doch nicht normal.

@starlight.luna River und der Fremde! Sie passen so gut zusammen! Ich liebs! Ich will mehr davon!

@borris.boy Ich will weniger davon! Häng dich endlich weg, Lost!

Weitere Kommentare laden ...

21. River

**Each step I take, I sink deeper still,
Into the void, where time stands still.**

Sobald die Tür hinter uns ins Schloss gefallen war, klopfte Colson mir auf die Schulter.

«Das war gut», meinte er und grinste zufrieden. Und tatsächlich hatte ich auch das Gefühl, dass das Interview gut gelaufen war.

Die ganze Zeit über hatte ich mir Gedanken darüber gemacht, wie ich reagieren würde, sollten sie mich auf den Film ansprechen. Aber sie hatten sich an die Regeln gehalten und es nicht getan. Stattdessen wollten sie über mein neues Album sprechen, über das Cover und meine Musik. Sie waren nicht herablassend und ihr Interesse wirkte ehrlich.

Was in dieser Branche allerdings einen Scheiß bedeutete, denn Interesse vortäuschen zu können war ihr verfluchter Job.

Colson hatte verlangt, alles noch einmal gegenzulesen, bevor auch nur ein einziger Satz daraus veröffentlicht werden durfte und sie hatten zugestimmt. Er würde dafür sorgen, dass ich gut dastand.

Colson war der Letzte, der mir in den Rücken fiel und es beruhigte mich, wenigstens ihn an meiner Seite zu haben.

Canyon hatte zusammen mit seinem neuen Bodyguard im Hotel gewartet und ich war froh, als auch wir nach einer Stunde Fahrt endlich wieder dort ankamen.

Wir trafen uns alle unten im Restaurant, um die nächsten Tage zu besprechen. Auch Luis und Asher waren dabei, denn ich hielt nichts davon, meine Sicherheitsleute auf Abstand zu halten. Zumindest nicht, wenn ich ihnen vertraute. Und die beiden kamen von Alex, was bedeutete, dass ich mir bei ihnen keine Sorgen machen musste.

Ich war nicht begeistert darüber, dass ich sie jetzt immer mit mir rumschleppen musste. Aber ich war auch nicht dumm und wusste, wie gefährlich es sein konnte, ohne Personenschutz aus dem Haus zu gehen. Erst recht, weil gerade immer mehr Aufmerksamkeit auf mir lag und Canyon dabei war. Die Leute spekulierten über den Film, was sie dort zu sehen bekommen würden und warteten auf mein neues Album. Sie wollten mehr von meiner Musik und mehr von mir.

Hin und wieder postete ich ein neues Bild in den sozialen Medien. Am meisten liebten sie Bilder oben ohne. Und ich gab sie ihnen, weil ich stolz darauf war, wenigstens meinen Körper im Griff zu haben. Er war das einzige, was ich mir hatte zurückholen können und mir bedeutete es etwas.

Also zeigte ich meine Tattoos und meine leichten Bauchmuskeln und bekam dafür eine Menge Likes und Aufmerksamkeit.

So lief dieses Geschäft. Gib ihnen etwas und du bekommst etwas zurück.

Ich sollte vielleicht mal wieder für sie singen. Einen kleinen Teil aus den Texten, die ich schrieb und die noch niemand

kannte. Die gehörten mir und mit diesen Songs konnte ich machen, was immer ich wollte.

«Wir fliegen heute Nacht noch nach Dänemark», sagte Colson, gerade als unser Essen gebracht wurde.

«Heute Nacht?», fragte ich und hoffte, mich verhört zu haben.

«Ja, heute Nacht. Der Flug dauert vierzehn Stunden, ihr könnt im Flieger schlafen.»

Das war eine verdammt lange Zeit. Vierzehn Stunden in einem Jet. Zur Hölle mit Dänemark.

«Erster», rief ich und lachte, als Colson die Augen verdrehte.

«Du kannst es haben. Niemand von uns will das Schlafzimmer», grummelte er, was jetzt auch die anderen zum Lachen brachte.

«Hört sich aber anders an», bemerkte Luis mit seiner tiefen Stimme.

«Du musst zweiter sagen.»

«Zweiter?», fragte er und ich lachte noch lauter.

«Tja Col, sieht aus, als bekäme er das andere Bett.» Man konnte aus dem Vierersitz ein Bett machen, indem man den Tisch runter fuhr und die Rückenlehnen als Matratzen nutzte. Natürlich konnte man auch jeden anderen Sessel komplett zurücklehnen und daraus ein Bett machen. Aber es war dann eben ein kleines Bett.

«Dritter», warf Asher ein und schob sich Pizza in den Mund. Er würde das Sofa bekommen.

Ich sah zu Canyon, der uns musterte und lehnte mich zu ihm herüber. «Keine Angst, du darfst mit zu mir.»

«Darf oder muss?», fragte er grinsend und lachte auf, als ich ihm in die Seite boxte.

«Darfst. Bei mir gibt es Filme, Joints und ein echtes Bett. Außerdem liegen hinten die besten Snacks.» Das stimmte. Irgendwann hatte ich mich beschwert, weil es im ganzen Jet keine vernünftigen Chips und keinen guten Süßkram gab. Seitdem lagen hinten immer genügend, wenn ich damit flog.

«Wie großzügig von dir, dass du mit mir teilen willst», spottete er und ich legte meinen Arm hinten über die Lehne seines Stuhls.

«Er will nur nicht mit mir teilen müssen.» Colson schnaubte und wir alle lachten.

Es war der erste Abend seit langem, an dem wir uns so befreit unterhalten konnten. Und das gefiel mir. Es war schön auch einfach mal zu lachen, ohne all das Schlechte immer im Kopf zu haben.

«Was passiert nach Dänemark?», fragte Canyon und schob seinen leeren Teller zur Seite.

Colson tupfte sich den Mund an einer Serviette ab und richtete sich auf. Wenn es ums Planen ging, war er in seinem Element. Wahrscheinlich war er nur deswegen Manager geworden. Um sich abends auf seine ganze Planerei einen runter zu holen.

«Ihr fliegt weiter, River hat ein paar Auftritte und Termine und dann geht es wieder zurück.» Wie schaffte er es, alles so klingen zu lassen, als wäre es in ein paar Tagen abgearbeitet?

«Wir sind eine ganze Weile unterwegs, Col. Wie lange? Einen Monat, zwei?»

Zu lange, um so zu tun, als wäre das alles hier nur eine kurze Fahrt in die Ferien.

«Zwei. Im Dezember sind wir zurück, da hast du deine letzten Termine mit *MusicIn,* bevor du über Weihnachten frei hast und Neujahr dann dein letzter Termin ist.»

Es war nicht mehr lange und fühlte sich doch wie eine Ewigkeit an. Warum verging die Zeit, die man nicht missen wollte, immer so schnell und die, bei der es sich lohnte, zu verharren, die verflog.

Die schönen Momente hielten meistens nicht lange an. Einen Wimpernschlag und dann waren sie schon wieder vorbei und man blickte ihnen mit Sehnsucht hinterher.

So wie den Gesprächen mit Canyon. Ich sagte es ihm nicht, aber es war ein weiterer Grund, weshalb ich wollte, dass er zu mir kam. Ich unterhielt mich gern mit ihm.

Es war so leicht, mit ihm zu reden und bei ihm konnte ich frei sein. Er hörte sich meine bescheuerten Fragen an, die mir nie jemand beantwortet hatte und die ich stellte, weil ich für richtige Gespräche zu nervös war.

Er machte das. Canyon Ando machte mich nervös und ein bisschen hasste ich ihn dafür.

Niemand sollte die Macht haben, mich nervös zu machen. Nicht auf diese Weise, wie er es tat.

Ich hatte nicht geschlafen, obwohl ich unglaublich müde war. Aber als ich nach dem Essen auf meinem Zimmer ankam, war ich hellwach.

Das *Smashed it!* stand kurz bevor und allmählich bekam ich Schiss.

Die Jungs aus meiner alten Band wiederzusehen, würde hart werden. Nachdem ich den Film gesehen hatte, noch härter.

Wie sollte ich ihnen gegenübertreten, nachdem sie mich so hintergangen hatten?

Was sollte ich tun? Auf sie losgehen? Mich mit ihnen Prügeln? Sie ignorieren?

Bis jetzt hatte ich mich davor drücken können, immer einen Grund gehabt, nicht zu dieser oder jener Show gehen zu können, weil sie auch da waren.

Ich hatte Colson so viele Ausreden geliefert und er hatte nicht einmal gefragt. Wahrscheinlich, weil er sich denken konnte, was der Grund für meine Ablehnung gewesen war.

Aber nun konnte ich mich weder drücken noch verstecken, außer ich würde mich zum Affen machen wollen. Und das wollte ich nicht.

Niemand würde sehen, wie es mir ging, weil meine scheiß Maske außerhalb dieser kleinen Blase perfekt saß.

Wir bestiegen den Jet, setzten uns alle und warteten, bis wir in der Luft waren. Erst dann stand ich auf und ging nach hinten. Colson fuhr sich bereits seinen Sitz zurück und kramte eine Decke aus dem Fach über ihm.

Luis machte sich sein Tischbett fertig und Asher legte sich auf das Sofa.

Im Schlafzimmer trat ich mir die Schuhe von den Füßen, zog mir den Hoodie über den Kopf und warf mich auf das Bett.

Irgendwann kam Canyon und ich machte ihm Platz. Er zog ebenfalls Schuhe und Pulli aus und legte sich dann neben mich.

«Willst du einen Film sehen?», fragte ich, doch er schüttelte den Kopf.

«Eigentlich will ich bloß schlafen. Aber das hätte ich auch nebenan gekonnt.»

Ja, hätte er. Aber dann wäre er nebenan und nicht hier.

«Irgendwann werden wir wach und dann willst du vielleicht einen Film sehen», meinte ich und drehte mich auf die Seite.

Er lachte leise und nickte.

«Ja, irgendwann werden wir wach. Was würden wir dann nur ohne Fernseher machen?»

Wenn er wüsste. Im Tourbus war das Ding manchmal das einzige, was die Zeit irgendwie rum brachte. Erst recht jetzt, wo ich keine Band mehr hatte, die mit mir fuhr.

«Kann ich dir was erzählen?», fragte ich und sah ihn an. Er drehte sich ebenfalls auf die Seite, erwiderte meinen Blick und nickte.

«Am liebsten würde ich absagen. Ich habe so Schiss davor, die Jungs zu sehen, dass ich nicht hinwill.»

«Verstehe ich», sagte er und ich spürte seine Finger, die über meinen schwebten. Ich hob die Hand und drückte meine Fingerspitzen an seine. Er sah mich aus seinen dunklen Augen an, doch ich konnte nur seine Sommersprossen zählen.

Vielleicht half es. Vielleicht aber auch nicht.

«Sie haben mich verraten», flüsterte ich. «Wie geht man damit um, Canyon? Ich weiß nicht, was ich tun soll.»

Wusste ich nicht und das ärgerte mich am meisten.

Er fing an, mit unseren Fingern zu spielen und schickte damit ein warmes Gefühl durch meine Hand.

«Willst du wissen, warum sie es getan haben?» Er schob seine Finger zwischen meine und es war okay. Mit ihm hielt ich diese Nähe aus.

«Mhm», setzte ich an und suchte nach einer Antwort.

Und fand keine.

Nicht bei ihm und schon gar nicht bei mir selbst.

«Lass es auf dich zukommen. Egal, wie viele Möglichkeiten du durchspielst, wie viele Variablen du berechnest, es kann immer anders kommen. Du brauchst keinen Plan dafür.» Er hob unsere ineinander verschränkten Hände und fuhr mit seinem Daumen darüber. «Warte einfach, bis es soweit ist und dann schau, wie es dir damit geht, sie zu sehen. Wenn du es nicht erträgst, oder weg willst, dann kannst du zu mir kommen. Ich bin auch da, vergiss das nicht.»

Wie könnte ich? Seine Nähe war alles, woran ich denken konnte.

Jetzt neben ihm zu liegen, darauf freute ich mich seit der Nacht bei Oakley und Blake.

«Warum bist du nach Las Vegas gegangen?», fragte ich und in meiner Brust kribbelte es, als er näher zu mir heranrückte

«Wegen des Jobs. Dort verdiene ich besser als in anderen Großstädten. Las Vegas hat so viele Touristen, die nicht allein sein wollen. So viele Geschäftskunden, die nicht allein irgendwo auftauchen wollen. Es lohnt sich.»

«So wie einen Musiker, der niemanden sonst hat?»

«Sag das nicht. Du hast Oakley und Blake, Colson und mich. Du bist nicht allein, River.»

Und warum fühlt es sich dann oft genau so an?, fragte ich mich selbst.

«Bist du glücklich in Vegas?»

Er lachte bei meiner Frage und schüttelte schließlich den Kopf. «Nein, ehrlich gesagt nicht. Es gibt schönere Städte und leisere. Vegas ist so laut, dass man nie das Gefühl hat, einmal durchatmen zu können.»

«Wo würdest du leben wollen?», wollte ich wissen und ließ es zu, dass er seinen Arm um mich legte und mich an sich zog.

Mein Kopf ruhte nun auf seiner Brust und ich hörte sein Herz, welches gegen seine Rippen schlug.

Ich legte meine Hand darauf und schloss die Augen, roch sein Waschmittel und spürte seine Wärme unter meiner Wange.

«Ich mag Kanada», sagte er leise und zog mich enger an sich.

«Kanada? Aber dort ist es kalt und es gibt nichts.»

«Das ist genau das, was ich will. Einen Ort, an dem es nicht viel gibt. Wo die Menschen nett sind und ich leben kann, wie ich will.»

Kanada. Ganz schön weit weg von Vegas.

«Ich kann nicht aus Vegas weg, selbst wenn ich wollte.» Ich mochte die Stadt nicht und gleichzeitig hatte sie mich in ihren Fängen. Mit ihren Casinos, den Bars und der Hitze. Ich mochte das Death Valley, die Landschaft drum herum und die Freiheit, dort alles zu haben. Wollte ich wandern gehen und in die Natur, konnte ich fahren. Hatte ich Lust, die Nacht im Casino zu verbringen und mir jeden Gedanken mit Alkohol und Drogen zu betäuben? Dort kein Problem.

Es gab immer jemanden, der für eine schnelle Nummer bereit war oder mir den Schwanz bei den Glory Holes blies.

«Wegen deiner Mom?», fragte er und ja. Mom war der Hauptgrund.

Meine Beziehung zu Las Vegas war genauso toxisch, wie die zu meiner Mom. Wir taten uns nicht gut und wussten es, aber zu gehen schien unmöglich.

Wir machten uns krank und halfen uns gleichzeitig, nicht vollkommen den Verstand zu verlieren.

«Auch», gestand ich leise. «Aber nicht nur.»

«Willst du wissen, was ich denke?» Er sah mich an und ich wusste, es würde mir nicht gefallen. Dennoch nickte ich, weil ich es nicht ertrug, es nicht zu wissen.

«Diese Stadt und deine Mom … irgendwann, da wird diese Stadt dich fertig machen. Wenn du nicht auf dich aufpasst, dann … Shit. Du bist zu jung, um am Ende zu sein.»

Zu jung zum Sterben, wollte er sagen und hatte recht. Irgendwann würde die Stadt gewinnen.

Aber wenn ich ging, würde Mom sterben. Verhungern oder an einer Überdosis, von einem ihrer Freier verprügelt oder irgendwo auf einem Gehweg liegend, während alle über sie drüber hinweg stiegen und es nicht einmal mitbekamen.

Und ich wäre nicht da gewesen, um ihr zu helfen und würde es mein ganzes Leben bereuen.

«Deine Gedanken gefallen mir nicht.»

Er legte seine Lippen auf mein Haar und nickte. «Ich weiß, tut mir leid.»

Mir auch, dachte ich. *Ja, mir auch.*

Wir landeten in Dänemark und Canyon fing an zu lachen, als er unseren Tourbus sah.

«Einen größeren hatten sie nicht?», fragte er und wusste nicht, dass Kit *scheiß auf ihn* Bellamy oder Oakley mit einem ganzen Haus herumfuhren.

«Warte ab, bis du die der anderen siehst», meinte ich bloß und wuchtete meine Koffer die Stufen hoch.

«Wir sind nicht lange hier drin, ihr braucht euch also gar nicht einzurichten», bemerkte Colson und drängte sich an mir vorbei nach oben, wo es ein Schlafsofa gab. Im Gegensatz zu den anderen Bands schliefen wir alle in einem Bus. Wir blieben

nur für das Festival und waren bloß zu fünft. Wozu dann einen zweiten Bus mieten, der unnötiges Geld kostete.

«Du hast nur Angst, dass wir nicht mit Packen fertig werden», widersprach ich, als er wieder herunterkam und Colson lachte.

«Das auch.»

Luis und Asher brachten ihre Sachen nach vorn, dort gab es eine Schlafkabine mit zwei Betten. Sie würden uns fahren, so war es am einfachsten. Colson verzog sich direkt in die Sitzgruppe, welche neben der kleinen Küche lag und packte den Tisch mit Mappen und seinem Laptop voll.

Es gab noch ein kleines Bad mit Dusche, direkt neben der Tür, dann kam ein schmaler Gang, an dem Links und rechts acht Schlafkojen waren und dahinter befand sich das Schlafzimmer.

Alles war in schwarz und grau gehalten und ich mochte es, dass es dadurch etwas rockiges hatte.

Ich brauchte keinen Tourbus, der auf hochglanz poliert war, sondern wollte mich darin wohlfühlen. Und das konnte ich nicht, wenn ich immer Angst haben musste, etwas zu zerkratzen oder dreckig zu machen.

«Schläfst du bei mir?», fragte ich Canyon, als er in dem schmalen Gang stehen geblieben war.

«Möchtest du das denn?»

«Sonst hätte ich nicht gefragt.» Es waren nur diese paar Tage. Nach dem Festival hatten wir Hotelzimmer. Jeder sein eigenes und dort waren überall fremde Leute. Ich konnte es mir nicht Leisten, wie Oakley oder Kit eine ganze Etage zu buchen und *MusicIn* würde nie so viel Geld in mich investieren, nur damit ich keine Unannehmlichkeiten hatte.

Denen war es scheißegal wie es mir ging, hauptsache sie verdienten an mir.

«Dann okay», sagte er und legte seinen Koffer, wie ich auch, auf eines der Betten im Gang.

Niemand schlief hier und ich wollte nicht das kleine Schlafzimmer mit Koffern vollstellen.

«Und jetzt?», fragte Canyon und warf sich auf das mit schwarzer Bettwäsche bezogene Bett.

Jetzt müsste ich eigentlich meinen Auftritt planen, aber allein die Vorstellung davon gefiel mir nicht. Ich wollte nichts planen oder auch nur an den Auftritt denken. Allein auf einer Bühne war etwas ganz anderes, als wenn man eine Band hinter sich hatte. Zusammen war man stark und unterstützte sich gegenseitig. Ich aber war nun allein und hatte niemanden, der mich unterstützte. Natürlich hatte ich musikalische Begleitung, aber die kannte ich nicht. Nicht so wie die Jungs damals.

Sie kannten die Songs, die ich spielen würde, aber mehr auch nicht. Wir hatten zusammen mein Album aufgenommen und waren Kollegen. Aber keine Freunde.

Zusammen mit fast Fremden dort oben zu stehen mochte für manche gehen, für mich war es hart.

Normalerweise fühlte ich mich auf einer Bühne unbesiegbar und stark. Ich fühlte mich hot, zog mich gern aus und zeigte, was ich hatte. Weil ich immer wusste, dass die Jungs da waren.

Aber jetzt? Fuck, jetzt hatte ich Schiss.

«Jetzt», sagte ich und warf mich zu ihm auf das Bett, «machen wir nichts. Die nächsten Tage werden anstrengend genug. Ich will wenigstens die nächsten vier Stunden noch meine Ruhe.»

Er grinste, griff nach der Fernbedienung und klopfte neben sich auf die Matratze. «Dann gucken wir jetzt einen Film.»

Ein Film klang gut. Nur hier liegen, auf den Bildschirm starren und vergessen, was uns dort erwartete.

«Weißt du, was noch besser wäre?», fragte ich und rutschte neben ihn.

Er fing an zu lachen und startete Batman. «Ich kann es mir denken.»

«Du bist immer so abgeneigt. Gefällt dir mein Schwanz nicht?»

Knurrend rollte er sich auf mich und drückte meine Arme über meinem Kopf in die Matratze. «Du hast keine Ahnung wie sehr, Riv.»

Nein, dachte ich. *Er hat keine Ahnung, wie sehr ich es nochmal mit ihm tun will.*

«Warum sagst du dann immer nein?», fragte ich und konnte nicht verhindern, dass ich hart wurde. Er auf mir, das war zu viel. Da konnte ich nicht anders, als ihn zu wollen.

«Weil ich nicht irgendeiner deiner Typen bin, die dir hinter einer Ecke oder irgendwo einen Blowjob geben. Ich will niemand von denen sein.»

War er nicht. Wenn er wüsste …

«Wer willst du dann sein?», wollte ich wissen und sah zu ihm auf.

«Ich weiß es nicht. Aber niemand von denen. Keiner deiner dahergelaufenen Kerle, die du danach nicht einmal mehr ansiehst und vergisst.»

Wenn er wüsste, wie gern ich ihn ansah. Dass er der erste Mann seit Jahren war, mit dem ich Sex gehabt hatte. Den ich geküsst hatte. Der es schaffte, das Licht einzuschalten.

So lange hatte ich in der Dunkelheit gesessen, dass es mir fast normal vorgekommen war. Aber jetzt, wo ich wusste, wie es sein konnte, wenn das Licht an war … Ich wollte keine Dunkelheit mehr.

«Bist du nicht», sagte ich leise und meinte es auch so. Bei ihm wollte ich nicht lügen und Dinge sagen, nur damit ich bekam, was ich wollte. «Dich zu ficken war blau. Du hast Musik gestöhnt, Can. Und das werde ich nie vergessen.»

Wie auch? In dem Moment, war er zu meiner liebsten Melodie geworden. Und das, obwohl ich vorgehabt hatte, ihn auf ewig zu hassen.

«Zeigst du mir deine Farben? Irgendwann einmal?»

Nein, war das erste, was ich schreien wollte. Die Farben, die ich sah, wenn ich diese Art von Musik machte, gehörten nur mir. Genauso wie die Farben, die ich sah, wenn ich mehr tat, als mir einen Blowjob geben zu lassen.

«Vielleicht irgendwann einmal», sagte ich dennoch, um ihn nicht zu enttäuschen.

«Dann warte ich auf irgendwann.»

«Kann sein, dass du sehr lange darauf warten musst.»

Ein Lächeln legte sich auf seine Lippen, als er damit meinen Mundwinkel streifte.

«Nicht schlimm», flüsterte er. «Ich bin ein geduldiger Mensch.» Noch einmal streifte er über meine Lippen, bevor er von mir herunter rollte und sich wieder neben mich legte.

Fast war ich enttäuscht, dass er mich nicht geküsst hatte. Aber warum? Wichsen und ein Fick, das durfte mir nicht mehr bedeuten.

Durfte es auf keinen Fall.

22.
Canyon

The darkness within consumes my light,
An abyss of sorrow, endless night.

Durch das Fenster sah ich, wie wir dem Festivalgelände immer näher kamen. Mittlerweile war es später Abend und bereits schon wieder dunkel draußen.

Wir fuhren an roten, reetgedeckten Häusern vorbei, an großen Wiesen und eine Zeit lang konnte ich sogar das Meer sehen.

«River», sagte ich und rüttelte an seiner Schulter.

«Mhm?», knurrte er in sein Kissen und drehte sich auf die Seite. Eines seiner Beine lag über meinem und er vergrub das Gesicht an meiner Schulter.

«Wir sind gleich da. Ich kann das Gelände schon sehen.»

«Schön für dich.» Er schlief weiter, doch als es an der Tür klopfte, stöhnte er genervt.

«Was ist?», schnauzte er in Richtung der angelehnten Tür und wir hörten Colson davor lachen.

«Darf ich reinkommen?», fragte Colson und wartete, bis River noch einmal fluchte.

Sein Blick fiel auf uns und er schmunzelte, als er River sah, der noch immer halb auf mir lag.

«Ich unterbreche eure Kuschelstunde ja nur ungern, aber wir sind gleich da.»

«Und?» River hob den Kopf und sah Colson an.

«Wollen wir nicht alle zusammen noch etwas essen?»

Ich nickte, denn ich hatte wirklich Hunger. «Ich bin dabei. Sind Blake und so schon da?»

Ich freute mich darauf, ihn wiederzusehen. Nach den *Camps* hatten wir uns eine ganze Weile nicht sehen können und nun hatte ich das Gefühl, die verpasste Zeit aufholen zu müssen.

«Elijah schreibt, sie warten bereits auf uns. Also los, macht euch frisch und kommt dann raus.»

Elijah war Oakleys Manager und so wie ich es mitbekommen hatte, standen er und Colson sich als Freunde ziemlich nah.

Colson ging und River warf ein Kissen gegen die Tür, sodass sie ins Schloss fiel.

«Endlich», murmelte er, stützte sich auf meiner Brust ab und sah aus dem Fenster. «Rate, welcher Bus Oakley gehört.»

Ich folgte seinem Blick und fing an zu lachen. Dort stand ein riesiger türkisfarbener Tourbus. Daneben war Platz, bevor ein etwas kleinerer schwarzer Bus folgte, auf dem in großen Lettern *Last Acts* geschrieben stand.

«Unser wirkt dagegen wie der kleine Bruder, der auch mal zum Spielen raus darf», meinte ich aus Spaß, doch Rivers Miene verdunkelte sich und er stand auf.

«Bin ich das nicht? Neben ihnen bin ich der kleine Sänger, der auch mal bei den Großen mitmischen darf.»

Ich folgte ihm und drehte ihn wieder zu mir herum. «Vielleicht wart ihr das mal. Du und die *White Falls*. Deren Bus übrigens scheiße aussieht. Aber jetzt? Nein, River. Jetzt nicht mehr. Deine Songs stehen ganz oben in den Charts. Deine

Lieder werden Millionen mal gestreamt und geliebt. Jetzt bist du nicht mehr der kleine Bruder, den keiner kennt. Du bist River Lost und scheiße, du wirst deiner alten Band so derbe in den Arsch treten, dass es ihnen oben wieder rauskommt.»

«Werde ich das?», fragte er und ein schiefes Lächeln hing in seinem Mundwinkel.

«Wirst du», bestätigte ich und küsste ihn kurz. Warum ich das tat? Scheiße, ausversehen.

«Und jetzt komm.» Ich ließ ihn los und ging zur Tür. Damit er nicht sah, wie geschockt ich über die Selbstverständlichkeit dieses Kusses war.

Als ich aus dem Bus stieg, entdeckte ich Blake und Oakley, die vor ihrem eigenen standen und sich unterhielten. Als sie mich sahen, unterbrachen sie ihr Gespräch und kamen mir entgegen.

«Wo ist River?», fragte Oakley und zog mich kurz an sich.

Ich deutete hinter mich auf den Bus, er nickte und lief los.

«Ihr seid hier», meinte Blake und lachte. «Es ist seltsam, dich hier zu sehen und dann auch noch zusammen mit River. Der einzige Ort, an dem ich euch je zusammen vermutet hätte, wäre vor Gericht.»

«Vor Gericht?»

Blake zuckte mit den Schultern und ließ sich vor ihrem Bus in einen der Stühle fallen. «Na ja, ihr habt euch immer so gehasst, da wäre es nicht verwunderlich gewesen, wenn einer von euch den anderen versucht zu überfahren, oder so.»

Da gab ich ihm recht. Wir hatten uns tatsächlich immer gehasst.

«Ich glaube, wir hassen uns nicht mehr», meinte ich leise und setzte mich neben ihn. Es war zu viel in der kurzen Zeit passiert, was es mir unmöglich machte, ihn noch länger zu hassen.

«Ach nein?» Blake zog eine Augenbraue hoch und musterte mich. Dann sprang er plötzlich auf und starrte mich an. «Nein! Fuck, Can. Ich fass es nicht!»

Er fing an zu lachen und sah abwechselnd zu mir und unserem Bus.

Scheiße.

«Lass das!», zischte ich und zog ihn hinter mir her und damit aus dem Sichtfeld unseres Busses.

«Du und River?», fragte er ungläubig. «Das kann nicht dein Ernst sein. Hast du nicht schon genug Probleme?»

Natürlich hatte ich die, aber ein bisschen Spaß würden sie nicht schlimmer machen.

«So ist es nicht und jetzt hör auf.»

Er verschränkte die Arme vor der Brust und blieb stehen. «So ist es nicht? Wie ist es denn dann?»

Wenn ich das wüsste.

«So nicht», sagte ich bloß und zündete mir eine Kippe an. «Du weißt, warum ich hier bin.»

«Ja und ich weiß auch, dass du nicht mit deinen Kunden ins Bett gehst.»

Auch wieder wahr. Aber als River und ich … da war er kein Kunde. Mit River war es etwas anderes und …

«Mache ich einen Fehler, Blake? Mit River?»

«Ich weiß nicht, machst du? Was läuft da zwischen euch?»

Ich suchte seit Tagen nach einer Antwort auf die Frage und fand keine. Wenn ich mit River zusammen war, fühlte es sich leichter an.

«Nichts. Wir reden bloß und es ist schön.»

Warum zur Hölle erzählte ich ihm das überhaupt?

«Ist da mehr?», wollte er wissen und zündete sich selbst auch eine Zigarette an.

«Willst du wissen, ob wir gefickt haben?» Ich seufzte müde und nickte. «Ja, haben wir.»

«Einmal?»

Ich verzog das Gesicht und sah zum dunklen Himmel, an dem man hier sogar die Sterne sehen konnte. «Mhm, nicht ganz. Spielt das denn eine Rolle?»

Er legte mir einen Arm um die Schultern und zusammen gingen wir zurück zum Bus. «Wir werden sehen. Ich weiß nur, als Oak und ich … es hat eine Rolle gespielt. Eine ziemlich große sogar.»

«Das ist was ganz anderes», widersprach ich. «Ihr zwei und River und ich, das kann man nicht vergleichen. Zwischen uns ist nichts.»

Und das musste auch so bleiben. Es würde meinen und seinen Ruf ruinieren, wenn rauskam, dass er mit einem Escort herumfuhr.

«Wenn du das sagst. Aber sollte sich das ändern, dann sei vorsichtig. Sie werden dich hassen und Dinge über dich schreiben. Du kennst das und weißt, wie sie über mich geredet haben. Oder über Brooks, als er mit Kit zusammenkam. Ist nicht schön, also stell dich darauf ein.»

Ich erinnerte mich noch an die ganzen Kommentare und Postings über Blake. Einige Fans hatten ihn gehasst, weil er Oakley haben konnte und sie nicht. Dass die beiden aber zusammen gehörten, das sahen sie nicht.

«Da komm ich schon mit klar.»

Er deutete mit dem Kinn zu unserem Tourbus. «Du vielleicht, aber was ist mit ihm? Ich kenne River nicht so gut, aber Oakley schon und er macht sich Sorgen um ihn.»

«Bittest du mich, ihn nicht zu verletzen, oder auf ihn aufzupassen?» Ich wollte ihm nicht weh tun und auch nicht, dass ihm etwas geschah. Früher war es mir egal gewesen, jetzt nicht mehr. Jetzt sollte es ihm gut gehen, auch wenn dieser Zustand ein unüberwindbares Hindernis darstellte.

«Beides. Es würde Oak zerstören, sollte dem Kerl etwas passieren.»

Er sah nach vorn und als ich seinem Blick folgte, entdeckte ich Oakley und River. Sie saßen vor Oakleys Bus, ihnen gegenüber Brooks und Kit. Brooks hielt eine Gitarre in der Hand und spielte darauf, ohne zu singen.

Wir gingen zu ihnen und ich setzte mich zwischen Brooks und River. Blake setzte sich zwischen Oakley und Kit und lächelte, als Oakley sich bei ihm anlehnte.

«Spiel weiter», bat Kit, als Brooks Finger langsamer wurden und die Töne immer leiser.

«Macht mit», erwiderte Brooks und setzte zu einer neuen Melodie an.

River fing an zu summen und ein Schmunzeln erschien auf seinen Lippen. «Das ist einer von meinen Songs», sagte er leise und Brooks nickte.

Er spielte ihn anders. Ruhiger und eine Spur höher, aber es klang dennoch wirklich schön.

Und dann tat River etwas, das mich überraschte.

Er sang. Zum ersten Mal hörte ich ihn singen. Nicht über irgendwelche Kopfhörer oder Boxen, sondern ganz echt und direkt neben mir.

Und verdammt, ich war froh, dass ich es jetzt zum ersten mal hörte und nicht bei seinem Auftritt.

Seine Stimme fuhr mir direkt ins Herz und wenn ich ehrlich war, auch in den Schwanz. In echt klang er noch heiserer, noch schmerzerfüllter, noch echter.

Und ich wollte mich zu ihm herüber beugen und jeden dieser Töne mit einem Kuss in mir aufnehmen.

23.
River

Lost in the void, I search for a spark,
To guide me through this endless dark.

In the depths of my soul, a darkness resides,
A shadowy veil where my spirit hides.
Whispers of despair echo through the night,
As I wander through this endless plight.

The darkness within consumes my light,
An abyss of sorrow, endless night.
Lost in the void, I search for a spark,
To guide me through this endless dark.

Haunted by demons, I fight alone,
In this cavernous abyss I call my own.
Each step I take, I sink deeper still,
Into the void, where time stands still.

The darkness within consumes my light,
An abyss of sorrow, endless night.
Lost in the void, I search for a spark,
To guide me through this endless dark.

But even in darkness, there's a glimmer of hope,
A faint ray of light, a way to cope.
I'll rise from the depths, I'll break free,
From the chains of darkness that bind me.

The darkness within begins to fade,
As I embrace the light, unafraid.
No longer lost, I've found my way,
Through the darkness within, to a brighter day.

Brooks Töne wurden leiser und ich passte meine Stimme seiner Lautstärke an.

Oakley beugte sich vor und zog mich an sich.

«Du solltest viel öfter singen», flüsterte er und küsste mein Haar. «Ich mag das so.»

Ja, dachte ich. *Ich mag es auch.*

Und es fehlte mir, so frei singen zu können wie hier. Ohne jemanden, der daneben stand und alles bewertete, was ich tat.

Aber vielleicht lag es auch an den Pillen, die ich im Bus noch geschluckt hatte, um das hier zu überstehen.

«Ich glaube, ich habe verlernt, wie das geht», gestand ich und sah auf den Boden zwischen meinen Knien.

«Hast du nicht», meinte Kit und grinste. «Glaub mir, hast du nicht, Lost.»

Kit *fucking* Bellamy, sei still.

Er sollte nichts sagen, was mich dazu bringen würde, ihn nicht mehr zu hassen.

Ich konnte schon Canyon nicht mehr hassen, da wollte ich wenigstens noch Kit haben, mit dem ich mich streiten konnte.

«Was ist?», fragte ich und legte so viel Spott in meine Stimme, wie es mir möglich war. «Wirst du plötzlich nett zu mir?»

Er fing an zu lachen und stützte sich auf die Ellenbogen. «Träum weiter. Dafür müsstest du mir schon den Schwanz lutschen und dir besonders viel Mühe geben, damit ich nett zu dir werde.»

Brooks verzog angeekelt das Gesicht und auch Canyon sah angewidert aus.

«Ihr Rockstars habt echt ein gestörtes Verhältnis zu Blowjobs», meinte er und wir alle fingen an zu lachen.

«Nein», widersprach Oakley und hob einen Finger. «Ich nicht. Nur die beiden da.»

«Er auf jeden Fall», meinte Canyon und zeigte auf mich.

Ich trat nach ihm, doch er wich aus und griff nach meinem Bein. «Was? Hab ich unrecht?»

«Hast du nicht», mischte Brooks sich ein und fing wieder an, leise Töne auf seiner Gitarre zu spielen.

Kit zog ihn an sich und vergrub sein Gesicht in Brooks Haaren. «Gestörtes Verhältnis, ja?»

«Dein Schwanz hat eine eigene Fan- und eine Hassseite. Ich kenne die Beiträge dort und ja, definitiv gestört.»

Brooks hatte recht. Kit war schon so oft nackt irgendwo zu sehen gewesen und ich kannte die Seiten. Dort schrieben Typen darüber, wie er sie behandelt hatte, nachdem sie ihm einen geblasen hatten. Er war ein Wichser gewesen, bevor er Brooks kennengelernt hatte. Aber seit die beiden zusammen waren, gab es keinen einzigen Artikel mehr über ihn und irgendwelche anderen Männer. Zumindest keinen, der stimmte. Natürlich gab es über jeden von uns irgendeinen Mist in der Klatschpresse. Ob es darum ging, wer wieder abgestürzt war, wer Vater wurde, oder mit wem wir wieder Streit hatten. Irgendwas saugten die sich immer aus den Fingern. Was davon stimmte, wussten nur wir selbst. Aber auch wenn ich ihn hasste, war Kit niemand, der Brooks betrügen würde.

«Das war vor dir», sagte Kit nun und Brooks lächelte.

«Ich weiß, aber deswegen muss es mir noch lange nicht gefallen.»

Es würde niemandem von uns gefallen. Erst recht nicht, wenn man jemanden an seiner Seite hatte. Ich würde die Person vor allem schützen wollen und ich wusste, dass es Kit und Oakley ebenso ging. Aber manchmal war man machtlos und konnte nur hoffen, dass die anderen stark genug dafür waren.

Brooks und Blake waren es. Trotz all der Artikel, den Spekulationen und dem Hass, waren sie immer noch da.

«Kennt ihr die Fanfiction Seiten über uns?», fragte Oakley und zog sein Handy aus der Tasche.

Ich schüttelte den Kopf. «Die will ich nicht kennen, Oak.»

Er lachte und auch Blake stimmte mit ein. «Glaub mir, das willst du lesen.»

Wollte ich nicht. Ganz sicher nicht.

Trotzdem stand er auf und räusperte sich, als würde er einen wichtigen Vortrag halten. Alex und Rick, Kit und Brooks Bodyguards kamen zusammen mit Asher und Luis zu uns.

«Gut, dass ihr da seid, es geht auch um dich, Alex», sagte Blake und lachte nicht mehr.

Alex fluchte leise und fuhr sich mit einer Hand über das Gesicht, als Oakley sich auf die Treppe seines Busses stellte und auf unseren kleinen Kreis hinabsah.

«" Kit und Alex
Unerwiderte Liebe"

Kit rennt von der Bühne, Schweißperlen rinnen über seinen stahlharten Waschbrettbauch, und nimmt seinen Bodyguard Alex in den Arm. Dieser kann es nicht fassen, seinem Idol endlich so nah zu sein. Es ist wie ein wahrgewordener Traum.
Kits Degen drückt sich gegen sein eigenes Schwert.
Sanft fährt er mit den Händen über Kits muskulösen Rücken und als er sieht, dass Brooks gerade nicht hinsieht, küsst er seinen Star.
Schon so lange hatte er sich diesen Moment herbeigesehnt und endlich …»

«Noch ein Satz und ich nehm dir das Handy weg», knurrte Alex finster.

«Aha!», rief Kit, sprang auf und umarmte Alex. «Das ist es also, was du dir wünscht.» Er sprang hoch, so dass Alex ihn fangen musste und leckte ihm über das Gesicht.

«Runter von mir, Kit.» Alex schob ihn von sich und Kit griff sich ans Herz.

«Was? Jetzt liebst du mich nicht mehr? Was ist mit Kit und Alex und unserer unerwiderten Liebe?»

Alex schnaubte wütend. «Brooks, schaff ihn weg, oder ich muss ihm weh tun.»

Grinsend griff Brooks nach Kits Arm und zog ihn wieder zu sich auf den Boden. «Komm her, sonst kannst du bald bei Alex im Bett schlafen.»

«Niemals», murmelte Kit und küsste Brooks.

Oakley räusperte sich noch einmal. «Ich habe noch mehr, wenn ihr wollt.»

Wollte ich nicht. Auf keinen Fall.

«"Oakley ist Lost zwischen River und Blake."

Oakley liegt ganz allein in seinem türkisen Tourbus und denkt darüber nach, wie verloren er doch ist. Immer mit den Gedanken irgendwo zwischen Blake und River gefangen. Wen von beiden will er? Kann er sich wirklich ganz von River trennen, oder wird er für immer eine Sehnsuchtsvorstellung bleiben?

Nein, sagt Oakley sich eines Tages. Nein, noch einmal.

Er ruft River zu sich in den Tourbus und bevor dieser weiß, wie ihm geschieht, hat er ihn schon geküsst und seine Hand in seine Hose bis vor zu seiner Lustwurst geschoben.

River ist überrumpelt, kann aber nicht nein sagen, weshalb er mitmacht und die beiden sich ausziehen, bis ihre stahlharten Schwengel sich anstupsen können.

Doch o Schreck, auf einmal steht Blake in der Tür. Er sieht die Szenerie und ist enttäuscht. Dann wird ihm aber klar, dass Oakley sie beide braucht und er zieht sich auch aus. Schwengel werden gerieben, Lustlöcher erkundet und dann sind alle drei nackt und lieben sich in Oakleys Bett.»

«O Schreck?», fragte Blake und sah zu mir.

«Ey», warnte ich und zeigte mit dem Finger auf ihn. «Komm hier jetzt nicht auf komische Ideen. Das da wird nie passieren.»

«O Schreck, auf keinen Fall», mischte Oakley sich ein und sprang lachend von der Treppe.

«Es gibt noch mehr. Blake und Brooks, Kit und ich, Alex und Rick. Aber das Beste, wir alle in einer wilden Orgie. Wie wir uns nackt im Schlamm des Festivals suhlen und es dann ausversehen mit einander treiben.»

«Wie treibt man es aus Versehen mit über sieben Leuten?», fragte Brooks und sah zu Oakley.

«Bist wohl noch nie ausgerutscht und stecken geblieben», meinte ich und zwinkerte ihm zu.

Canyon gab ein würgendes Geräusch von sich, doch Oakley schüttelte den Kopf. «Denk nicht, du wurdest vergessen. Es gibt ein paar neue, da darfst du auch mitspielen.»

Canyon in einer Fanfiction? Die Vorstellung gefiel mir nicht, außer sie handelte von mir und ihm.

«Ich will das nicht hören», sagte er und hielt sich die Ohren zu.

Kit griff nach seinem Arm und zog seine Hand herunter. «Du bist hier, also bist du jetzt einer von uns. Und jeder, der zu uns gehört, muss da durch. Ich mein, sieh dir Alex an.»

Alex knurrte schon wieder, murmelte etwas von Essen holen und ging. Rick und die anderen folgten ihm und blieben zwar in unserer Nähe, aber gaben uns genug Raum.

«Vielleicht will ich ja gar nicht zu euch gehören», widersprach Canyon. «Ihr habt Seiten für eure Schwänze oder mit hunderten Bildern von euch ohne Oberteil.» Sein Blick huschte zu mir und grinsend lehnte ich mich zurück.

«Neidisch?»

«Siehst du», meinte er und deutete auf mich. «Deswegen will ich das nicht.»

Jetzt waren es Brooks und Blake, die beide lachten und ihm auf die Schulter klopften.

«”Ein Kampf zu viert.

Oakley kann es nicht fassen, als er seinen Ex zusammen mit einem neuen Kerl sieht. Wer ist der geheimnisvolle Mann mit den Eisblauen Haaren? Und was will er von River, den er immer noch heimlich anschmachtet?

Blake kommt in den Backstageraum, wo er gerade Oakley dabei sieht, wie dieser den Fremden und River beobachtet, während seine Hand seine Eier massieren und er aufgegeilt schlürft.

Bist du immer noch nicht über ihn hinweg?, schreit Blake und fängt an zu weinen. Oakley will ihn trösten, doch da ist auch noch River und der Neue.

Da hat Oakley eine Idee.

Blake, sieh mal der Kerl da. Er hat auch bunte Haare und könnte dir gefallen.

Blake wischt sich die Nase ab und sieht noch einmal zu dem Kerl.

Kann Oakley recht haben? Sind bunte Haare wirklich alles, was ihn aufgeilt und festhält?

Der Fremde geht auf ihn zu und lächelte verzückt.

Ich bin der Fremde, sagte er und Blake nickt.

Ich weiß, du gefällst mir.

Und Blake gefällt dem Fremden auch, der jetzt auf ihn zugeht und ihn küsst.

River und Oakley beobachten, wie der Fremde die Hand in Blakes Hose bis zu seiner aufgerichteten Lunte schiebt und sich beide ausziehen. Erst als die beiden beschäftigt sind, fallen River und Oakley sich in die Arme und küssen sich. Und dann ziehen auch sie sich aus, weil sie es nicht länger aushalten können und ihre Ruten schon schmerzhaft pochen. Und so finden sich neue Paare, die viel besser zueinander passen.»

Ich sah zu Canyon, der mit angewidertem Gesichtsausdruck zu Oakley und Blake sah.

«Ist es wahr?», fragte er und griff nach Blakes Arm. «Hauptsache bunte Haare? Mehr zählt für dich nicht?»

«Scheiß auf alles andere», raunte Blake und zog ihn an sich. «Aber färb dir für immer die Haare.» Er drückte Canyon einen Kuss auf die Wange und verstrubbelte ihm das Haar.

Ich verstand nicht, warum die Leute immer noch über Oakley und mich schrieben. Es war nicht so, dass wir ein Traumpaar gewesen wären. Nicht wie er und Blake.

«Wollt ihr noch mehr?», fragte Oakley, doch ich schüttelte den Kopf. Ich wollte nichts mehr darüber hören, wie Canyon es mit anderen Typen trieb. Die Vorstellung von ihm, wie er einen anderen küsste … Fuck. Er hatte es geschafft, dass mich selbst die Vorstellung davon wütend machte.

Die anderen lachten noch, doch ich stand auf. Colson und unsere Bodyguards hatten Pizzakartons auf dem kleinen Tisch vor ihnen stehen und als ich zu ihnen kam, reichte Luis mir einen davon.

«Alles klar?», fragte er und ich sah ihn an. Eine bissige Antwort lag mir auf der Zunge, aber ich schluckte sie mit einem Bissen der Pizza herunter. Er konnte nichts dafür, dass ich von mir selbst genervt war.

«Ich will gleich eine Runde über das Gelände drehen», meinte ich und er nickte.

Natürlich musste er mitkommen, aber hier war es keine Seltenheit. Auch die anderen Künstler reisten mit ihren Bodyguards und auch wenn momentan nur wir hier waren, weil die Gäste erst morgen anreisen würden, bestand doch immer die Gefahr, dass jemand uns angreifen könnte.

Während ich aß, ließ ich meinen Blick über die anderen Busse schweifen, auch zu dem der White Falls, aber ich sah niemanden aus meiner alten Band. In ihrem Bus brannte zwar Licht, aber niemand von ihnen war draußen.

«Hast du sie schon gesehen?», fragte ich Colson, doch er schüttelte den Kopf.

«Noch keinen von ihnen, außer ihrem Manager.»

Wenigstens das. Auf der einen Seite wollte ich es unbedingt hinter mich bringen und dann wäre es erledigt, andererseits ertrug ich nicht einmal die Vorstellung, einem von ihnen zu begegnen.

Jack und Jonas waren wie Brüder für mich gewesen. Waren, nun wusste ich es besser.

«Habt ihr noch Pizza?» Canyon kam zu uns und Colson hielt auch ihm einen Karton hin.

«Warte», meinte ich, stellte meinen eigenen Karton zur Seite und zog Canyon mit mir. «Ich muss dir vorher was zeigen.»

«Und was?», wollte er wissen, sobald wir hinter unserem Bus waren.

Doch für das, was ich ihm zeigen wollte, gab es keine Worte.

Nein, aber ich konnte es ihm erklären. Auf meine Weise.

«Diese Geschichte», knurrte ich und drückte ihn mit dem Rücken gegen die Fahrertür, «die hat mir nicht gefallen.»

«Ach nein?», fragte er und keuchte, als ich meine Hände in sein Shirt grub.

«Nein.» Und ihn küsste.

Überrascht zog er die Luft ein, doch ich schob meine Zunge in seinen Mund und dann spürte ich seine Hände. Eine schob sich über meinen Hals bis zu meiner Wange, die andere unter mein Shirt, wo sie sich auf meine Rippen legte.

Im Hintergrund spielte überall Musik, doch Canyon stellte sie für mich ab. Jetzt sah ich nur noch ihn und seine Farben.

Das war besser.

«Du bist high, oder?», fragte er und ich nickte. «Würdest du das hier auch tun, wenn du nicht high wärst?»

«Ich weiß es nicht», gestand ich und küsste ihn noch einmal. Seine Finger drückten sich fester in meine Haut als er mich näher an sich zog.

Seine Hand glitt über meinen Rücken, zurück zu meinen Rippen und über meinen Bauch.

Mein Körper zuckte unter seinen Berührungen und ich trat einen Schritt zurück. Mit dem Daumen fuhr ich über seine Unterlippe und er grinste, als ich anschließend darüber leckte.

«Du bist gefährlich, Lost. Für mich und meine Selbstbeherrschung.»

War ich das? Was sollte ich denn sagen? Am liebsten würde ich noch hier und jetzt seinen Schwanz auspacken und uns beiden bis zum Höhepunkt wichsen.

Aber ich tat es nicht. Dafür drehte ich mich um und ging. Doch bevor ich um den Bus herum trat, zog ich meine Jogginghose hinten herunter und zeigte ihm meinen nackten Arsch.

Ich drehte mich nicht zu ihm um, hörte ihn aber hinter mir fluchen und dann sein leises Lachen.

«Luis!», rief ich und lief direkt auf das Tor zu, welches den Parkplatz der Künstler vom Gelände trennte. «Lass uns einen Spaziergang machen.»

Ich brauchte etwas Abstand und Zeit für mich. Oder besser gesagt: Zeit ohne die anderen, denn ich wollte nicht, dass Luis hinter mir lief wie eine räudige Katze, die unbedingt gerammelt werden wollte.

So liefen wir schweigend nebeneinander her über das momentan noch fast leere Gelände.

Auf unserem Parkplatz gab es Essenswagen, wo wir uns immer Getränke und warmes Essen kostenlos holen konnten.

Hier würde es ab morgen für die Gäste alles geben und wenn ich die Preise sah, wusste ich auch, warum unseres umsonst war.

«Nur reiche geben für ein Stück Pizza so viel Geld aus», meinte ich und schüttelte den Kopf. «Weißt du wie viel Dollar das sind?»

Er sah zurück auf das Schild. «Irgendetwas um die zwanzig.»

Schnaubend lachte ich auf. «Zwanzig Dollar. Weißt du, was wir früher für zwanzig Dollar gekauft haben? Einen ganzen verfickten Wocheneinkauf.»

Zwanzig bis dreißig Dollar, das war das, was Mom damals für einen Blowjob bekommen hatte.

Mehr hatten wir nicht, denn das Geld, was sie für *mehr* bekam, brauchte sie für ihre Drogen.

Ich blinzelte gegen die Erinnerungen an, aber es half nicht. Sie kamen dennoch und rissen mich zurück in meine Vergangenheit.

«River! Baby komm her, du musst nochmal los!», rief Mom und nur widerwillig kam ich aus meinem Zimmer.

Ihre Haare waren zerzaust und der Kerl, der gerade aus ihrem Schlafzimmer kam, war gerade dabei, seine Hose zu schließen.

«Wohin?», fragte ich und versuchte, den fremden Mann nicht zu beachten.

Mom drückte mir eine Tüte und einen zwanzig Dollar Schein in die Hand. «Du musst uns etwas zu Essen kaufen. Aber denk dran, es muss für sieben Tage reichen.»

«Warum gehst du nicht?» Ich wollte nicht allein durch die Hitze laufen und die schwere Tüte hierher zurück schleppen müssen.

Sie strich mir über das Haar und lächelte. «Ich muss nochmal weg. Gus hat noch etwas für mich und das muss ich bei ihm abholen.»

«Sobald du dafür bezahlt hast», knurrte der Fremde und Mom nickte.

«Natürlich nur dann. Ich zahle immer für meine … ich zahle immer.»

Sie schob mich zur Tür und kurz darauf fand ich mich in der prallen Mittagssonne wieder.

Der Laden war nicht so weit weg. Mom hatte gesagt, nur eine halbe Stunde zu Fuß, aber es kam mir viel länger vor.

Dort angekommen, stopfte ich alles, was wir für eine Woche brauchen würden, in die Tüte. Ich kannte das schon, denn Mom hatte es mir beigebracht.

Aber kurz vor der Kasse fiel mir eine kleine Piratenfigur auf.

Ich sah auf dem Schild, dass sie zwei Dollar kostete. Genau die Zwei Dollar, die ich für den Reis brauchte.

Also sah ich mich um und dann steckte ich die Figur ein. Es war das erste Mal, dass ich etwas klaute und ich wusste schon jetzt, dass es nicht das letzte Mal gewesen sein würde.

Ich war sechs Jahre alt und hasste mein Leben. Mit sechs!

Für den Rückweg brauchte ich doppelt so lange, weil die Griffe der Tüte mir in die Hand schnitten. Der Wein von Mom war zu schwer und der Reis und die Nudeln auch. Alles war zu schwer.

Schweiß rann mir über das Gesicht und die Sonne verbrannte mir den Nacken.

Aber ich schaffte es bis nach Hause und ich hatte es auch geschafft, für zwanzig Dollar einzukaufen.

«Du bist zurück», murmelte Mom, als ich die Tür aufschloss und die Tüte reintrug. Sie saß am Küchentisch, eine Flasche Wein vor sich und sie rauchte. Aber keine Zigaretten, sondern das andere. Es roch eklig und von dem süßen Gestank wurde mir schlecht.

«Räum das weg, Baby. Mommy muss sich hinlegen.» Sie stand auf und wankte zu ihrem Schlafzimmer.

Ich sah ihr nach und erst als sie ihre Tür geschlossen hatte, fing ich an, schnell alles wegzuräumen. Außer ein paar Nudeln, die ich heute Abend für sie kochen würde.

Erst, nachdem ich alles vorbereitet hatte, schlich ich mich in mein Zimmer, schloss die Tür und holte den kleinen Pirat hervor.

Er trug ein rotes Tuch um den Kopf und hatte einen Säbel in der Hand. Eine Augenklappe bedeckte die Hälfte seines Gesichts und ein Holzbein saß dort, wo sein zweiter Schuh hätte sein sollen.

Er war nicht größer als mein kleiner Finger, aber ich wusste, ich würde ihn nie wieder hergeben.

Dieser kleine Pirat war ab jetzt mein einziger Freund.

«Alles klar bei dir?», fragte Luis und musterte mich.

Nein war es nicht, aber wen interessierte das schon. Ich zündete mir einen Joint an, weil Alkohol dieses Wochenende wegen Oakley und Brooks tabu war, und nahm einen tiefen Zug. Die Pillen wirkten noch und machten mich ruhiger.

Dank ihnen war ich noch nicht vollkommen ausgeflippt.

«Wenn du einen von den *White Falls* siehst, warn mich vor», bat ich und schob meine freie Hand in die Tasche.

«Okay, vorgewarnt», sagte er und griff nach meiner Schulter, damit ich stehen blieb.

Ich sah auf und fuck.

«River.» Das war Jonas, mein ehemaliger Bassist.

«Wir wussten nicht, ob du kommen würdest», sagte Jack, der einmal mein Drummer gewesen war.

Ich schluckte den Drang, weglaufen zu wollen, herunter und zog stattdessen an meinem Joint.

«Wieso sollte ich nicht?» Dachten sie echt, ich würde ihnen zeigen, wie oft ich mit mir gehadert hatte? Niemals. «Wegen euch?»

«Können wir reden?», fragte Jonas und kam einen Schritt auf mich zu. «Ich glaube, wir haben etwas zu besprechen.»

Besprechen? Ich wüsste nichts, was ich mit ihnen noch zu besprechen hatte. Da war so viel zwischen uns, was nicht mehr besprochen werden konnte.

Ich warf den Joint weg und verschränkte die Arme vor der Brust. Luis trat näher und zeigte mir so, dass er da sein würde, sollte ich ihn brauchen.

«Worüber? Ich habe den Film gesehen. Die Videos, die ihr *MusicIn* von mir gegeben habt. Die Bilder und eure Interviews.»

Jonas sah zu Boden und wirkte verlegen. «Die haben uns Geld geboten, Riv. Eine Scheiß Menge Geld und …»

«Es hat dich doch eh schon jeder so gesehen», warf Jack ein. «Wir wollten dir etwas von dem Geld abgeben, aber du hast unsere Nummern blockiert.»

«Ich habe mir in die Hose gepisst!», schrie ich und ging auf Jack los. «Ihr habt denen Videos gegeben, wo ich mit einer Überdosis in meiner eigenen Kotze liege! Vollgepisst und halb nackt! Ich war da am Ende und ihr habt denen das verkauft? Für gutes Geld?! Habt ihr sie nicht mehr alle?!»

Ich schlug zu und in dem Moment wusste ich, was ich wollte. Sie sollten genauso leiden wie ich. Denselben Schmerz spüren, den ich ertragen musste. Aber ich würde ihnen das nie antun können. Egal wie sehr sie mich erniedrigt hatten, ich könnte es nicht.

Jack schlug zurück, doch ich ging bereits auf Jonas los. «Ihr wart meine Familie! Ihr wart alles, was ich hatte! Und dann werft ihr mich raus und verkauft mich an *MusicIn*?! Als wüsstest ihr nicht, was sie mir angetan haben?!»

«Du hast es dir selbst versaut!», brüllte Jack zurück und traf mich hart im Gesicht. Luis fluchte und zog Jack von mir weg. Ich hörte ihn irgendetwas in sein Headset murmeln, doch ich war zu beschäftigt damit, auf Jonas loszugehen.

«Du warst wie mein Bruder», zischte ich und schlug zu. Seine Nase blutete, doch es dauerte nicht lange, bis er auch meine zum Bluten brachte.

«Es tut mir leid, Riv. Aber sie haben gedroht, unsere Band rauszuwerfen.»

«Meine Band!», schrie ich. «Es war meine Band!»

Bevor all das passiert war, da waren die *White Falls* meine Band gewesen.

Jetzt stand ich hier, mit meinen ehemaligen Freunden, auf dem Festival, auf dem wir immer mal auftreten wollten, und prügelte mich mit ihnen.

«Das hier war immer unser Traum», sagte ich und ließ meine Hände sinken. Jonas sah es zu spät und seine Faust traf mein Gesicht. Luis ging dazwischen und zog mich an sich. Ich hörte Asher hinter uns, der kurz darauf Jonas von mir weg zog.

«Jetzt leben wir diesen Traum», meinte Jack und ging mit erhobenen Händen zurück. «Nur nicht zusammen.»

Nein, nicht zusammen. Nicht mehr und nie wieder.

«Verschwindet.» Ich machte mich von Luis los und wischte mir über das Gesicht. «Ich wusste, dass ich schlecht mit Menschen bin. Aber so … Fuck. Nein. Ihr habt mir gezeigt, warum ich niemandem vertrauen kann.»

Weil jeder Mensch, dem ich mein Vertrauen schenkte, mich früher oder später enttäuschen würde.

Weil Vertrauen mehr war als Nähe. Mehr als ein kurzer Moment.

Vertrauen war der Rhythmus einer Beziehung. Ihr eigener Herzschlag, der alles am Laufen hielt.

Fast wie bei Musik. Solange ich die Farben noch sah, wusste ich, dass sie echt war.

Ich konnte sie spielen, sie sehen, sie schmecken.

Doch wenn die Musik ging, dann nahm sie die Farben mit.

So war es auch bei Vertrauen. Wurde es gebrochen, nahm es den Herzschlag mit und alles, was dieses Konstrukt zusammenhielt.

24.
Canyon

But even in darkness, there's a glimmer of hope,
A faint ray of light, a way to cope.

Luis und Asher kamen mit River zurück und bei seinem Anblick blieb mir das Herz stehen.

«Was zur Hölle?», murmelte Colson und stand auf. «Was ist passiert?»

«Gar nichts», murmelte River, lief an uns vorbei und direkt in unseren Bus.

«Er hat sich geprügelt», meinte Luis und sah zu Boden. «Seine alten Freunde waren da und …»

Na ganz toll. Ich deutete zum Bus und stand auf.

«Ich rede mit ihm.»

Colson nickte und ich folgte River in den Bus. Er durchwühlte gerade den Kühlschrank und tauchte mit einer Flasche Tequila wieder daraus auf.

«Du hast also herausgefunden, wie du reagierst, wenn du sie wiedersiehst», sagte ich und lehnte mich gegen die Wand.

Er schnaubte bloß und warf mir einen wütenden Blick zu. «Ich brauche keine klugen Sprüche von dir.»

«Bekommst du auch nicht», meinte ich und zuckte mit den Schultern. «Ich wollte nur gucken, wie du deine Probleme löst.»

«Und? Zufrieden?» Er öffnete die Flasche und setzte diese an.

Es wunderte mich nicht, dass er so darauf reagierte. So war er nun einmal und wer war ich, dass ich das Recht hätte, etwas dazu zu sagen?

«Nein, aber auch nicht überrascht.»

Er fuhr zu mir herum und funkelte mich an. In seinen dunklen Augen stand Wut und ich wusste nicht, ob auf mich oder seine ehemaligen Freunde.

«Was soll das heißen? Dass River Lost seine Probleme nur in Alkohol ertränken kann? Na und? Was geht´s dich an?»

Er nahm die Flasche mit und lief damit ins Schlafzimmer. Ich folgte ihm und blieb in der Tür stehen.

«Nichts. Betrinke dich, fluche und sei wütend. Du kannst dich ja melden, wenn du damit fertig bist.»

Ich wandte mich ab, doch er riss mich zurück. «Wo willst du hin?»

Mit dem Kinn nickte ich zu den Kojen. «Ins Bett.»

Sein Blick zuckte zu den Betten und dann zurück zu mir. «Du hast gesagt, du bleibst hier.»

Es klang vorwurfsvoll, als wäre ich derjenige, der ihn verraten hätte. Aber das war ich nicht.

«Was geht´s mich an, schon vergessen? Du willst dich lieber betrinken, anstatt mit mir zu reden? Klar, dein Ding. Ich halte dich nicht auf. Aber so mit dir in einem Bett pennen? Nein danke.»

Er lachte ungläubig auf. «Erpresst du mich?»

Warum sollte ich ihn erpressen wollen? Womit? Dass ich nicht in seinem Bett schlief?

«Nein.»

«Dann bleib hier.»

Ich sah wieder auf die Flasche und schüttelte den Kopf. In mir drin war zu viel los, als dass ich es ertrug, wieder eine Nacht mit ihm zu verbringen, von der ich nicht wusste, was davon er und was der Alkohol gewesen war.

«Nicht so, Riv. Ich … Shit. Ich will das nicht. Mich immer fragen müssen, ob es nur der Alkohol und die Drogen sind, die das machen.»

Er ließ die Flasche sinken und fuhr sich durch die Haare. «Fuck. Du meinst das ernst, oder?»

Meinte ich, aber ich wollte nicht, dass er sich entscheiden musste. Nicht so und nicht wegen mir.

«Gute Nacht, Riv.» Ich drehte mich um, doch er zog mich zurück und lief in die Küche, wo er die Flasche abstellte, und ohne zurückkam.

«Bleibst du jetzt?»

«Was ist passiert?», fragte ich und schloss als Antwort die Tür hinter uns.

Er zog sich bis auf die Boxershorts und sein Shirt aus und legte sich ins Bett. Abwartend sah er mich an und schmunzelnd tat ich es ihm gleich.

Erst als ich auch im Bett lag, fing er an zu reden.

«Sie haben mich verkauft, weil *MusicIn* ihnen gutes Geld gegeben hat. Und weil sie gedroht haben, die Band aus dem Label zu werfen, haben sie ihnen gegeben, was sie wollten. Für Geld, Can. Scheiße.»

Seine Freunde hatten eine Wahl gehabt und sich für die falsche Seite entschieden.

«Hast du es ihnen gezeigt?», fragte ich und drehte mich auf die Seite.

Er wischte sich über das Gesicht und nickte. «So gut ich konnte.»

«Dann hast du es gut gemacht. Sie haben es verdient.» Natürlich war eine Prügelei nicht die Lösung aller Probleme, aber sie hatten River verkauft. Wer so etwas tat …

«Heute, als wir mit den anderen draußen gesessen und Musik gemacht haben, da war es das erste Mal wieder normal», sagte er leise. «Ich hatte Spaß daran, zu singen.»

«Du solltest immer Spaß daran haben, Riv. Nur deswegen solltest du es überhaupt machen.»

Er sah an die Decke und seufzte. «Ich glaube, irgendwann in den letzten Jahren, da hat *MusicIn* es geschafft, mir selbst das zu nehmen. Als hätten sie sich nicht schon genug von mir genommen.»

Noch bis Neujahr, dachte ich. Dann war er endlich frei. Und ich auch.

«Wenn du morgen da hoch gehst, dann hab Spaß. Mach es, weil du es willst und nicht, weil sie dich dazu zwingen, hier zu sein.»

Seine Mundwinkel zuckten und er stützte sich auf einen Ellenbogen. «Jetzt gerade fühle ich mich nicht gezwungen.» Er strich mir die Haare aus der Stirn und brachte damit etwas in meinem Inneren durcheinander. Als würde darin ein Flugzeug wohnen, welches gerade dabei war zu starten.

«Ich mich auch nicht», gestand ich und legte meine Hand in seinen Nacken.

«Bist du immer noch Canyon?»

Ich schob meine andere Hand unter sein Shirt und zog ihn zu mir heran. «Mit dir bin ich immer Canyon. Ghost, gibt es nur bei denen. Bei dir bin ich Canyon.»

«Okay», sagte er leise und küsste mich. Seine Hände schoben sich unter mein Shirt und als er mit der Zunge über meinen Hals fuhr, seufzte ich auf.

«Früher mochte ich es, wenn ich nichts sehe», sagte er und zog meine Hose herunter. «Aber jetzt will ich alles sehen.»

Er beugte sich vor und plötzlich war mein Schwanz in seinem Mund. Warm und heiß legte sich seine Lippen darum und ich spürte seine Zunge, welche um meine Eichel kreiste.

«Heilige gefickte Mutter», keuchte ich und bäumte mich auf.

«Hattest du gerade Sex mit Mutter Teresa?»

«Halt die Klappe und mach weiter.»

Sein Lachen vibrierte an meiner empfindlichen Haut und ein Schauer überlief mich.

Seine Zunge fuhr über meinen Schwanz und als er mir in die Innenseite meines Oberschenkels biss, stöhnte ich auf.

Und dann konnte ich nicht mehr denken.

Da war nur noch sein Mund. Seine Zunge. Seine Hände.

Überall und doch reichte es nicht.

Saugen. Lecken. Beißen. Streicheln. Wichsen.

Alles und noch mehr und doch zu wenig.

Ich wollte River. Aber mehr als das hier.

«Zieh das aus, Riv.» Ich griff an sein Shirt und zog es ihm über den Kopf. «Ich will mehr. Von dir.»

Er verharrte und in seinen Augen blitzte Unsicherheit auf. «Ich weiß nicht, ob ich das kann.»

Meine Hände legten sich um sein Gesicht und ich küsste ihn. «Du musst nicht. Nichts, was du nicht willst. Niemals.»

«Das ist es nicht», flüsterte er. «Ich will. Aber ich hab noch nie … nicht bei mir. Nicht so, wenn …»

Scheiße. Ich konnte nicht derjenige sein, der es zum ersten Mal bei ihm tat.

«Ist nicht schlimm», sagte ich und küsste ihn noch einmal. «Du kannst auch bei mir.»

Er schüttelte den Kopf und zog mich mit sich, sodass er nun auf dem Rücken lag und ich über ihm.

«Ich habe viel durch, Can. So viel, dass ich es selbst kaum noch ertrage. Aber wenn» - er stockte und sah mich an - «wenn dann mit dir.»

«Warum mit mir?» Wir kannten uns doch kaum. Wir waren nicht zusammen und …

«Weil du von den Piraten weißt», sagte er leise und zog mich zwischen seine Beine.

Mein Herz schlug hart gegen meine Rippen, als meine Brust sich zusammenzog und ich nicht wusste, ob ich nun derjenige war, der verreckte.

Ganz langsam zog ich ihm die Hose aus und hörte, wie er zitternd einatmete.

«Du bist so schön, Riv», sagte ich und küsste seine mit Tattoos bedeckte Haut. Alles an ihm war schön.

Sein nackter Schwanz drückte sich an meinen und als er mir jetzt ein Kondom und Gleitgel reichte, war ich es, der zitterte.

Er sah mir dabei zu, wie ich das Kondom auspackte und überstreifte. Und auch, als ich das Gleitgel darauf und auf meinen Fingern verteilte.

«Hast du Angst?», fragte ich und sah ihn an.

Er biss sich auf die Unterlippe und schüttelte den Kopf. «Nicht mit dir.»

Ich fuhr mit den Fingern über seinen Schwanz, knete seine perfekten Eier und schob sie schließlich bis zu seinem Eingang.

Er stockte und ich hörte auf.

«Nicht», bat er heiser und küsste mich. «Nicht aufhören.»

«Bist du sicher? Du kannst jederzeit nein sagen.»

«Ich weiß und ich bin sicher. Mach weiter.»

Ganz vorsichtig fing ich an, seinen Eingang zu massieren, bevor ich sanft mit einem Finger in ihn eindrang.

Er seufzte leise und ich wartete, bis er sich entspannte. Erst dann machte ich weiter, erkundete ihn und spürte meinen eigenen Schwanz verlangend zucken.

«Okay», sagte er irgendwann und ich zog meine Hand zurück und positionierte meinen Schwanz.

Wir sahen uns an, die ganze Zeit über, während ich langsam in ihn eindrang und ihm die Zeit gab, die er brauchte.

«Alles okay?»

Seine Mundwinkel zuckten, als er nickte und seine Hand in meinem Haar vergrub. «Fuck, ja. Mehr als das.»

Ja, dachte ich. *So viel mehr als das.*

Sein heiseres Keuchen vibrierte an meiner Brust, als ich mich ganz in ihn schob.

Seine Hände gruben sich in meinen Rücken, während ich mich in ihm bewegte. Erst langsam, dann ganz allmählich schneller.

«Stöhn für mich Musik, Can», bat er und sah mich an.

«Zeigst du mir dann deine Farben?»

Ich wollte sie sehen, hören, nur ein einziges Mal. Ich wollte River *sehen,* so wie er mich sah.

«Rot», hauchte er und ein Schauer überlief mich. «Und orange. Ein bisschen Pink und Lila.»

Zu wissen, dass er so bunt war, während wir es taten, setzte ein neues Gefühl in mir frei. Eines, das ich bis jetzt noch nicht kannte und von dem ich wusste, dass ich es nicht mehr los werden würde. Shit, nie mehr.

«Und ich?», wollte ich wissen und konnte ein weiteres Stöhnen nicht unterdrücken.

River so nah zu sein, auf diese Weise, war berauschend. Es war mit nichts zu vergleichen und würde sich nie überbieten lassen.

«Blau. Immer blau, Can.»

Blau. Dieses verdammte blau.

Und dann machten wir zusammen Musik. In seinen Farben, auf seine Weise. Auf unsere Weise.

Und als ich kam, da wusste ich, es war zu spät.

Für mich und auch für ihn.

Dafür, jetzt noch zu gehen.

Wir komponierten einen Song und auch wenn ihn nie einer hören würde, wäre er für immer mein Platz eins.

Wie Feuer und Eis, dachte ich. Nur bunter.

Und als ich meine Hand zwischen uns schob und seinen Schwanz umfasste, da kam auch er.

«Grün», keuchte er und ich küsste ihn.

River kam in Grün, während ich in meinem Blau versank und nur noch seine Farben wollte.

«Kannst du ein Lied daraus machen?», fragte ich. «Aus unseren Farben?»

Schmunzelnd sah er zu mir auf und ich strich ihm die verschwitzten Haare aus dem Gesicht.

«Aber ohne Gesang.»

Den brauchte ich nicht, ich wusste ja, wie es klang.

«Nur deine Farben. Mehr nicht.»

Wer brauchte schon mehr, wenn er meine Welt neu färben konnte?

«Das genügt», flüsterte er und hatte recht. Ja, es genügte.

Und während er von dem Song sprach, redete ich von so viel mehr.

In dem Moment wurde River zu meinem Künstler, der mich lehrte, dass Farben so viel mehr waren als bunt.

Ich wusste, dass es falsch war. Aber in dem Augenblick wollte ich in seiner Melodie ertrinken und Rot atmen.

Ich wollte Orange fühlen und Pink bluten. Ich wollte Lila weinen und mich für immer daran erinnern.

25.
River

I'll rise from the depths, I'll break free,
From the chains of darkness that bind me.

Ich starb hier oben, während ich sang und hoffte, es irgendwie zu überleben.

Es war schon spät, ich war der letzte Act und meine Lieder ließen die Leute melancholisch werden.

Sie standen vor mir, das erste Mal nur vor mir allein, und hielten Feuerzeuge und Smartphone-Taschenlampen in die Höhe.

Bis jetzt hatte ich immer eine Band hinter mir gehabt, aber jetzt nicht. Da war ich schutzlos und allein vor dieser riesigen Menge.

Sie standen hier nur für mich.

Fuck. Für mich ganz allein.

Weil sie meine Songs hören wollten, weil sie mich sehen wollten.

River Lost. Ohne Band.

Es war surreal und dieses Gefühl überwältigte mich.

Hier oben zu stehen, die Musik in meinen Farben zu sehen und meine Songs zu singen.

Meine, nicht die der White Falls, sondern nur meine allein.

Ein letztes Mal sah ich auf die glühenden Lichter, atmete tief ein und schloss meine Augen.

Und dann sang ich. Über den Schmerz, der mich auf ewig begleiten würde und den ich nie loswurde.

Der Schmerz meiner Seele, der wie ein zerbrochener Spiegel vor mir lag. Über den Funken, auf den ich so sehr wartete und der meine ganze Hoffnung trug.

Ich sang für sie und für jeden, der es hören wollte.

Ich sang, um *MusicIn* zu zeigen, dass ich es konnte. Dass ich irgendwann ohne sie berühmt sein würde und es überleben konnte.

Und ich sang für mich. Nur für mich.

Weil es meine Farben waren und ich sie in diesem Moment nicht hasste.

Within the depths of my soul, a pain resides,
Hidden behind a smile, it silently abides.
An echo of anguish reverberates within,
As darkness consumes me, beneath its grim din.

The pain of the soul, an endless dance,
A fiery waltz in a cold expanse.
In silence, it cries out for release,
Enveloped in an ominous, relentless crease.

Like shattered glass, my soul feels torn,
Tears flowing freely, a heart forlorn.
Scars of the past ache with every beat,
An endless struggle, feeling incomplete.

The pain of the soul, an endless dance,

A fiery waltz in a cold expanse.
In silence, it cries out for release,
Enveloped in an ominous, relentless crease.

Yet in the darkness, a glimmer of light,
A beacon of hope, dispelling the night.
Perhaps in the stillness of the night,
The pain of the soul will ease, taking flight.

The pain of the soul, an endless dance,
A fiery waltz in a cold expanse.
But in tranquility lies redemption,
For the tormented soul, a soothing exemption.

Die Farben verblassten, die Musik fror ein. Der Bass hörte auf, in meiner Brust zu vibrieren und für einen kurzen Augenblick stand alles still.

Mein Herz, meine Atmung, die Welt um mich herum.

Meine zitternden Hände sanken auf meinen Schoß und verharrten dort. Ungesehen, weil jeder nur zugehört hatte.

Mir.

Sie hatten mir zugehört und vielleicht hatten sie sogar meine Farben gespürt.

Und dann explodierte der Applaus und holte mich zurück in die Wirklichkeit, die ich gern noch etwas länger verdrängt hätte.

Ich stand auf, steckte das Mikro zurück und winkte ihnen zu. Sie schrien noch lauter, als ich von der Bühne rannte und das Adrenalin durch meinen Körper rauschte.

Hände griffen nach mir und plötzlich fand ich mich in einer Umarmung mit zu vielen Menschen wieder. Es war nicht nur

Oakley, sondern auch Canyon, Kit, Blake, Colson und Brooks. Sie freuten sich für mich und fast wurde mir schlecht von der ganzen Liebe, die sie mir entgegen brachten.

«Okay, das reicht», sagte ich irgendwann lachend und tauchte unter ihren Armen hindurch. «Das ist unnötig.»

«Ist es nicht», meinte Kit und grinste. «River-Boy hat uns ganz schön alt aussehen lassen. Rahm dir den Moment ein, das wird das letzte Mal gewesen sein.»

Oakley fing an zu lachen. «Ach ja? Fühlst du dich in deinem Ego angekratzt?»

«Aber hallo. Kit Bellamy ist der Geilste und wird es auch immer bleiben.»

Brooks prustete los und schüttelte den Kopf. «Kit Bellamy ist zumindest der mit dem größten Egoproblem hier.»

Das war er. Aber was wollte man bei Kit *fucking* Bellamy auch erwarten?

Ich würde sagen, dass ihm der Ruhm zu Kopf gestiegen war, aber laut Oakley war Kit schon immer so gewesen.

«Hast du gut gemacht», raunte Canyon mir von hinten ins Ohr und schmunzelte, als ich ihm einen kurzen Blick zu warf.

Colson klopfte mir auf die Schulter und wirkte äußerst zufrieden. «Wir müssen los, wenn du noch auflegen willst.»

Wollte ich. Darauf freute ich mich schon die ganzen Tage.

Also gingen wir alle zusammen zu der großen Wiese, die als Tanzfläche diente, und Sicherheitsleute brachten uns zum DJ-Pult.

Hiervor war ich nicht nervös, denn ich wusste, dass die Farben mich leiten würden.

Deswegen mochte ich es so sehr, DJ zu sein.

Ich wurde nach oben gelassen und nahm die Jungs mit. Ich wollte, dass sie bei mir waren.

Auf der Treppe warf ich mir zwei Pillen ein, weil es ohne doch nicht ging und ich nicht trinken konnte.

Die Leute fingen an zu schreien, als ich die Empore betrat und der aktuelle DJ überreichte mir die Kopfhörer. Ich sah zu den Jungs, die bereits anfingen zu tanzen und dann zu Canyon. Er schenkte mir ein Lächeln und als er mir zuzwinkerte, kribbelte es überall.

Und dann drehte ich mich um, übernahm das DJ-Pult und sah zu.

Ich sah meinen Farben zu, die vor meinen Augen explodierten und mein Herz zum Rasen brachten.

Auf eine gute Art.

Auf die Art, die ich liebte und wollte.

Ich sah der Menge unter mir zu, die vor Erregung pulsierte. Der Rhythmus, den ich ihnen gab, wurde zu allem, was sie hatten.

Zu ihrem Atem, ihrem Herzschlag, ihrem Leben.

Hier oben konnte ich Gott sein, der den verfickten Boden ebnete, auf dem sie tanzten.

Sie rissen die Arme nach oben, als ich die Tasten der Tastatur drückte und den Beat veränderte.

Ihre Auren leuchteten in bunten Farben vor mir auf und mischten sich mit denen der Klänge, die ich ihnen schenkte.

Zu wissen, dass sie nur wegen mir hier waren, nur ich ihnen dieses Gefühl geben konnte, war alles.

Es war alles und doch nicht genug.

Ich jagte einem Gefühl hinterher, welches ich nicht fand.

Egal, wie sehr ich ihre schwitzenden Körper an ihre Grenzen trieb, sie mir zu eigen machte, es reichte nicht.

Ich griff nach dem Joint, den ich in meiner Tasche hatte, und zündete ihn an. Oakley hatte mir gesagt, Joints waren okay. Also nahm ich, was ich kriegen konnte.

Mein Atem passte sich dem Takt an, den ich jetzt immer schneller werden ließ, nur um ihn dann anzuhalten.

Niemand atmete oder rührte sich, alle sahen nur zu mir. Zu dem einzigen Menschen, der ihnen gerade geben konnte, was sie brauchten.

Und dann sah ich zu Canyon. Sein Blick ruhte auf mir und ich bedeutete ihm, näher zu kommen.

«Hör gut zu», raunte ich nah an seinem Ohr und inhalierte seinen Duft. «Das hier, das sind wir.»

Wir beide, wie wir Musik gemacht hatten.

Und dann ließ ich los. Die Musik schwoll an, die Luft vibrierte, die Menge rastete aus.

Ich zeigte ihnen etwas, das noch nie zuvor jemand je gesehen hatte.

Ich zeigte ihnen mich. So nackt und verletzlich, wie noch nie zuvor.

Nicht einmal, als damals Moms Kerle da waren. Oder Garry Fox.

Niemand war je so nah an mich herangekommen. Niemand außer Canyon.

In meinem Kopf nannte ich dieses Lied *Lyrics - The Song of my Moment*.

Weil es genau das war. Der Moment, der mich für immer verändert hatte, ohne dass es je jemand erfahren würde.

Elektronische Musik hallte über die Wiese, während ich meinen Kopfhörer mit einer Hand festhielt und mit der anderen die Tasten bediente.

Canyon stand neben mir, ich spürte seinen Blick, doch ich sah nicht hin.

Seine Hand schob sich in meine hintere Hosentasche und ich ließ es geschehen. Nur er wusste, dass die Leute unter uns gerade zu ihm und mir tanzten.

Er leuchtete blau und obwohl alles um mich herum bunt war, würde ich ihn unter tausenden Farben erkennen.

Das hier war bunter, als Vegas es je sein könnte.

Ich zeigte ihnen mein *Rot.* Ließ sie zu meinem *Orange* schwitzen und sie mein *Pink* und *Lila* fühlen.

Ihre Augen wurden immer glasiger, als ich meine Farben mit Canyons blautönen mischte. *Hellblau, dunkelblau und eisblau.* Bis hin zu *weiß*.

«Gefällt es dir?», fragte ich leise und sah ihn an. Doch er antwortete nicht und als er mich jetzt küsste, gab ich ihnen *Grün*.

Ich fickte sie mit meiner Musik und sie liebten es. Und jetzt, als Canyon mich küsste, fühlte ich es auch.

Den Rausch der Musik. Die Macht, all die Leute unter mir zu kontrollieren.

Sie tanzten für mich, gaben sich mir hin und ich gab es ihnen.

Diesen einen Fick der Melodie, den sie so sehr brauchten.

Ich gab es ihnen hart, bis ihre Glieder schwer wurden und ihre Körper unter dem Bass bebten.

Über Stunden drang ich immer wieder in sie ein, bis nichts mehr von ihnen und mir übrig war.

Bis sie ausgeleuchtet waren und die Farben zu viel wurden. Erst dann wurde ich langsamer, gab sie frei und ihnen die Chance durchzuatmen.

Wir waren fertig miteinander.

Es war heftig gewesen, hart und intensiv.

Doch irgendwann endete selbst der beste Fick. Und damit entließ ich sie am frühen Morgen. Mit dem Wissen, bei niemandem je wieder so fühlen zu dürfen. Außer bei mir, denn ich war der einzige, der ihnen Canyon geben konnte.

Wir würden übmorgen abreisen und ich hoffte, dass sie sich an mich erinnerten.

Morgen und auch nächste Woche noch. Nächstes Jahr und auch das danach. Immer, wenn sie Musik hörten.

Mit derselben Wehmut, wie ich es tun würde, weil jede Session einmalig war und ich Canyon und mich nie wieder so spielen könnte.

Und über all dem vergaß ich fast, dass heute mein Film erschien.

Schlagzeile:

Russel Hogan
Las Vegas Times

River Lost überrascht auf dem *Smashed it!*

River Lost, der ehemalige Frontsänger der White Falls und Solokünstler, überraschte gestern auf dem dänischen Festival *Smashed it!*
Nachdem er schon mit seinem Auftritt überzeugte, toppte er das ganze noch einmal mit seinem Auftritt als DJ.
Die sozialen Medien sind voll mit Videos davon, wie er dort die Menge zum Tanzen brachte.
Viele seiner Fans sind überrascht, dass er seine bisherigen Auftritte ohne Zwischenfälle überstanden hat.
Aber eines sei ihm sicher: Eine Menge neuer Fans nach dem gestrigen Auftritt.
Es war nicht das erste Mal, dass Lost als DJ auftrat und den Reaktionen seiner Fans nach, auch nicht das letzte Mal.
Natürlich war er nicht allein dort oben. Auch hier war der unbekannte junge Mann an seiner Seite und diesmal gab es sogar einen Kuss. Damit wäre die Frage zu ihrem Beziehungsstatus für viele wohl geklärt.
Seine Fans freuen sich, dass der Künstler endlich wieder in festen Händen ist und es mit ihm bergauf zu gehen scheint.
Heute feiert außerdem sein Film weltweit in den Kinos Premiere und schon jetzt übersteigen die Verkaufszahlen die Millionengrenze.
Wie erfolgreich der Film tatsächlich wird und wie der Künstler darauf am Ende reagiert, wird sich heute bei seinem letzten Auftritt zeigen.

(76.838 Kommentare)

@lenny_the_rock* Ich habe ihn gesehen und es war krass. Der Typ hat es am Mischpult echt drauf. Probs dafür.

@haley.orginal* Ich war nie ein Fan, aber dieser Abend war unglaublich! Noch nie Musik so sehr gefühlt wie da.

@bayker_harrison* Heute letzter Tag *Smashed it!* :´(Hoffentlich kommt er nächstes Jahr wieder. Die WF´s haben ohne ihn voll abgeschissen. Bin mega enttäuscht.

@mu_si_c422 Krasses Festival! Werde ab jetzt jedes Jahr herkommen, wenn das Line-Up so gut ist. Und Lost als DJ ... holy shit. Ihr habt was verpasst, wenn ihr nicht dabei wart.

@lost_with_rivers_beats Ich habe nur Videos gesehen, aber ich bin traurig. Ich würde ihn so gern mal live sehen.

@L.my.H123 Ganz ehrlich, wie lange hält das an? Wenn der Typ jetzt normal wird, hört den bald kein Schwein mehr. Lost steht für Skandale und ohne interessiert sich niemand mehr für den.

@beat.me466 Sehe ich auch so. Lost ohne Skandale ist so langweilig, wie seine Person an sich. Häng dich endlich weg, dann gibt es wenigstens mal interessante News über dich!

Weitere Kommentare laden ...

26.
Canyon

The darkness within begins to fade,
As I embrace the light, unafraid.

Jemand warf sich auf unser Bett und ich stöhnte auf, als mich ein Fuß traf.

«Was soll das?», knurrte River und zog sich die Decke über den Kopf.

«Macht Platz, der King ist da.»

«Elvis?», fragte ich und rutschte zur Seite. «Ich dachte, der wäre längst tot.»

«Ich!», rief Kit und drängte sich noch weiter in unser Bett. Doch er war nicht der einzige. Auch Oakley kam dazu und als River aufstöhnte, wusste ich, er hatte sich auf ihn gelegt.

«Geh weg», murrte River, doch Oakley lachte bloß.

Ich rieb mir über das Gesicht und sah neben Kit und Oakley auch Blake und Brooks in unserem kleinen Schlafzimmer. Sie lehnten beide an der Wand und grinsten.

«Heute nicht, Riv», meinte Oakley und kroch zu ihm unter die Decke. «Heute lenken wir dich ab.»

«Wenn er nackt ist», meinte Blake und deutete auf die beiden, «bring ich ihn um.»

Blake war eifersüchtig. Wie niedlich. Obwohl … Shit. Wenn er nackt war, musste ich Oakley umbringen. Dann wären beide tot und Blake musste doch mich nehmen, weil ich bunte Haare hatte.

Kit hob die Decke an und schüttelte den Kopf. «Ist er nicht.»

River trat nach ihm, doch er wich aus und rollte sich dabei halb auf mich.

«Seit wann stehen wir uns so nah?», fragte ich und schob ihn von mir herunter.

Kit zuckte mit den Schultern. «Jeder, der zu uns gehört, steht uns nah. Da kommst du nicht raus.»

Gehörte ich denn zu ihnen? Ich, der eigentlich nur hier war, weil er dafür bezahlt wurde?

«Ich hasse das, Oaky», meinte River und kam unter der Decke hervor. Er wollte aufstehen, doch Oakley zog ihn zurück ins Bett.

Heute war der Tag, an dem sein Film erschien. Jeder würde darin River in seinen schlimmsten Momenten sehen. Wir alle wussten, wie sehr ihn dieser Tag belastete. Weshalb die Jungs sich anscheinend vorgenommen hatten, ihn den ganzen Tag über abzulenken.

«Also», begann Oakley und zog sein Handy aus der Tasche, «lasst uns zu den Fanfictions kommen.»

«Bitte nicht», murmelte Blake und legte sich eine Hand über die Augen.

Oakley ging lachend auf die Knie, griff nach Blakes Arm und zog auch ihn ins Bett.

River nutzte die Gelegenheit, kletterte über Kit hinweg und zu mir. Kit holte auch Brooks ins Bett und so fanden wir uns alle sechs auf der dafür viel zu kleinen Matratze wieder.

«Ich habe ein paar neue gefunden, die wirklich … verstörend sind.» Oakley lachte jetzt schon und ich wusste nicht, ob ich noch mehr davon ertrug.

«Kannst du mir die Lampe da über den Kopf ziehen?», fragte River und sah zu mir auf. Ich drehte mich auf die Seite, stützte den Kopf in die Hand und zog ihn zu mir heran.

«Ist angeschraubt», sagte ich nah an seinem Ohr und er seufzte genervt.

«Nicht mal k.o geschlagen werden kann man hier.»

Diesmal stimmte ich ihm zu. Erst recht, weil Oakley schon wieder grinste und uns alle ansah. Doch Kit richtete sich auf und nahm ihm das Telefon aus der Hand.

«Ich will auch mal eine vorlesen. Was haben wir denn da?» Er scrollte durch Oakleys Handy und lachte mit jeder Sekunde mehr. «Also: "River and the Ice-Hair Man", "Kit und die verbotene Frucht", "Vier Fäuste für Blake" oder mein Favorit "Das schwarze Loch".»

Ich wollte gehen und zwar so schnell wie möglich. Wer zur Hölle dachte sich so etwas aus und die viel größere Frage war: Wieso?

«Mach das nicht, Kilian», bat Brooks leise, doch es war zu spät. Er hatte bereits angefangen.

«"Das schwarze Loch"

Es ist einer dieser Tage, an dem Oakley traurig und allein im Tonstudio sitzt und auf seiner Gitarre spielt.»

«Awww, Oak», unterbrach Kit und griff sich an die Brust. Oakley verdrehte bloß grinsend die Augen.

«Er schluchzt leise und merkt nicht, dass plötzlich die Tür hinter ihm aufgeht.
Oakley?, fragt River und streichelt seinem Freund über den Kopf.
Was hast du denn? River kann es nicht ertragen, seinen Freund so zu sehen und kniet sich vor ihn. Oakley sieht ihn an und gesteht dann: Ich habe mich von Blake getrennt.»

Blake knurrte leise und legte Oakley eine Hand aufs Bein. «Zur Hölle mit denen.»

Als würde Oak sich jemals von Blake trennen. Das war lächerlich.

«Warum denn?, fragt River und kann seine Freude kaum noch zügeln.
Oakley blickt ihm tief in die Augen und lächelt ihn an.
Na wegen dir, sagt er und sie küssen sich. River weiß gar nicht, wie ihm geschieht. Aber da ist Oakley schon nackt und präsentiert seine Tattoos. Rivers Herz schlägt bis zum Hals, als er sich auszieht und mit den Händen Oakleys weiche Haut streichelt.
Lass mich an dein schwarzes Loch, denn du bist mein Weltall, sagt er und schiebt seine Finger in Oakleys Hose, um diese unbekannte Dimension zu erkunden.
River, japst Oakley und wird immer wuschiger.
Das hier will ich schon so lange, grinst River und erschaudert überall, bis in seinen Penis.
Oakley will…»

«Stopp!», rief Blake und gab ein würgendes Geräusch von sich. «Was zur Hölle ist das? Sind das alles Pornos?»

Kit scrollte weiter und nickte schließlich. «Jap, fast ausschließlich.»

«Mein Weltall», raunte River und streckte seinen Finger aus.

«Schwarzes Loch zu River teleportieren», erwiderte Oakley und drückte seinen Zeigefinger dagegen.

Wir alle fingen an zu lachen und ich drückte meine Hand fester auf Rivers Bauch, um es noch intensiver zu spüren.

Sein Lachen, das ich so mochte.

«Das reicht, ich kann nicht noch mehr davon hören.» Brooks sah sehnsüchtig zur Tür, aber Kit hielt ihn bei sich.

«Du meinst, es haut dich so sehr um?», wollte ich wissen und grinste, als er mir einen bösen Blick zuwarf.

«Ich bin dran.» River riss Kit das Telefon aus der Hand und lehnte sich mit dem Rücken an meinen Bauch.

«"Kit und die verbotene Frucht"

Verschwitzt nimmt Kit sein Handtuch und legt die
Boxhandschuhe weg. Er hat heute wieder trainiert, bis ihm
Schweißtropfen in Bächen über seine harte Brust fließen.
Er guckt in den Spiegel und leckt sich bei seinem Anblick
selbst über die perfekten Lippen.
Was bin ich geil, schwärmt er und fasst sich an den Dödel.
Mit geschwollenen Eiern schreitet er in die Umkleidekabine,
mit der Absicht, sich in der Dusche einen zu schleudern. Doch
was ist das?
Er ist nicht allein! Da stehen doch tatsächlich Oakley Hall
und River Lost.
Sie sind beide nackt und seifen sich bereits ein.
Was ist hier los?, fragt Kit mit vor Wolllust zittriger Stimme.
Wir haben auf dich gewartet, erschaudert River und kommt
mit seinem steil aufgerichteten Degen auf Kit zu.
Kit kann es nicht fassen. River ist Single, aber Oakley und er
haben doch Partner.
Wir können das nicht machen, versucht er sich
herauszureden. Aber als sein lüsterner Blick auf Oakleys großes
Schwert fällt, ist es um ihn geschehen.

Kit will nur noch von dieser verbotenen Frucht kosten und seinen Dödel in den beiden versenken.
Er sieht nach unten, auf seinen riesigen fast dreißig Zentimeter langen und mit Adern überzogenen Prügel, den er sogleich diesen beiden in den …»

Jetzt war ich es, der River das Telefon zuhielt, weil ich keinen einzigen Satz mehr davon ertrug.

«Ey!», rief Kit. «Ich will wissen, was ich mit meinem Pferde-Prügel alles machen kann!»

Brooks zog eine Augenbraue hoch und schnaubte. «Pferde-Prügel?»

Kit beugte sich vor und küsste Brooks. «Gefällt dir Riesendödel besser?»

Ich sah über Rivers Schulter und musste lachen, als ich sah, was er gerade las.

«River and the Ice-Hair Man?», fragte ich, woraufhin er seinen Kopf drehte und mich angrinste.

«*Und sie kreuzen ihre Schwerter, ohne zu wissen, wer sie eigentlich sind. Dabei will River doch nur das. Endlich sein Schwert mit jemandem kreuzen, von dem er auch den Namen kennt*», las er vor und schnaubte.

«Es wird poetisch, Ice-Hair Man. Wie gut, dass ich deinen Namen kenne.»

«Nicht nur du», erklang Luis Stimme von der Tür. Er reichte mir ein Tablet und da sah ich es. Mein Gesicht und das Logo der Agentur.

"Lost´s unbekannter Begleiter als Escort identifiziert", stand dort als Überschrift.

«Tja, eins steht zumindest fest», meinte River und nahm mir das Tablet weg. «Du wirst dich danach vor Anfragen kaum

noch retten können und wir sollten heute beide keine News mehr lesen.»

Ich wollte danach nicht mit Anfragen überrannt werden. Was aber auch eher unwahrscheinlich war, weil jetzt jeder wusste, dass ich als Escort arbeitete. Die meisten Kunden wollten das geheim halten und nicht an die große Glocke hängen. Aber noch weniger wollte ich, dass meine Familie nun sicher wusste, wo ich war.

«Wollt ihr den ganzen Tag im Bett verbringen?», fragte Luis nun und musterte uns alle. «Oder habt ihr vor, eure Rockstarärsche nochmal aus diesem Bus zu bewegen?»

River streckte sich und lachte. «Da ist heute jemand grummelig. Was hat dir den Morgen versaut, Lu?»

Rivers Bodyguard hielt das Tablet hoch, als wäre diese Frage völlig überflüssig.

«Die machen uns nur Probleme mit ihren Artikeln», grummelte er und drehte sich um. «Und macht mal ein Fenster auf, hier drin sind es tausend Grad!»

27.
River

No longer lost, I've found my way,
Through the darkness within, to a brighter day

Die Jungs schafften es tatsächlich, mich den Tag über so weit abzulenken, dass ich nicht zu meinem Handy griff, um etwas über den Film oder Canyon zu lesen.

Bis zum Abend, als wir gerade zusammen mit den anderen vor Kits Bus saßen. Kit und Oakley hatten ihre Auftritte bereits hinter sich, meiner war in zwei Stunden. Die Bands der beiden hatten sich bereits verabschiedet und so waren nur wir sechs geblieben.

Bis auf einmal jemand meinen Namen rief und ich erstarrte.

Geht weg, bat ich stumm und hoffte, sie würden es tun.

Doch natürlich taten sie es nicht.

«River?», fragte Jonas und ich hörte, wie er näher kam.

«Was?», knurrte ich, ohne mich zu ihm umzudrehen. Sein Gesicht zu sehen, wäre zu viel. Ich wollte das nicht.

«Können wir uns unterhalten?»

Nein! Nein, ich wollte nicht mit ihnen reden.

Kit stand auf und ich sah Alex auf uns zukommen, der mit verschränkten Armen und mit etwas Abstand hinter ihm stehen blieb.

«Ihr solltet gehen», meinte Kit dunkel. «Bleibt weg von ihm.»

Jonas und Jack kamen näher und ich sah, dass sie nicht allein waren. Sie hatten meinen *Ersatz* dabei. Theo, der neue Sänger der *White Falls*.

«Riv, bitte. Es ist wichtig», bat Jack nun.

Ich sprang auf und stürmte auf die drei zu. Aus dem Augenwinkel nahm ich Luis war, der sich seitlich von ihnen aufbaute. Aber ich brauchte ihn nicht. Diesmal hatte ich nicht vor, mich mit ihnen zu prügeln.

«Na schön, redet.» Ich verschränkte die Arme und ignorierte diesen Theo, so gut ich konnte. Ich hasste ihn allein dafür, dass er mich ersetzen sollte. Als könnte man mich ersetzen, so ein Bullshit.

«Wir haben den Film gesehen», begann Jonas und wirkte tatsächlich beschämt. «Wir wussten nicht, dass die so etwas daraus machen würden.»

Zur Hölle mit ihnen.

«Ach nein? Was habt ihr denn gedacht, was Garry draus macht? Was dachtet ihr, machen die mit den Videos und Bildern?!», brüllte ich jetzt und schubste ihn doch. «Ihr wusstet, dass die mich am Ende sehen wollen und habt mich verkauft!»

Jack verzog den Mund, doch dafür war es zu spät. Ich wollte keine Reue von ihnen und Mitleid schon gar nicht.

«Hat es sich wenigstens gelohnt?», fragte ich und stieß ihn erneut. «Habt ihr genug Kohle dafür bekommen?»

Ich sah, wie immer mehr Leute uns beobachteten und da ich nicht noch mehr über mich im Internet lesen wollte, wandte ich mich ab und lief zu meinem Bus.

«Warte!», rief Jonas, als sie mir folgten.

«Er nicht!» Ich deutete auf Theo, bevor ich die Treppen hoch stapfte und die Tür aufstieß.

«Garry hat uns angerufen. Er hat nach dir gefragt

und … er hat uns Geld geboten. Mehr Geld, wenn wir ihm einen Skandal von dir liefern.»

Ich sah zwischen den beiden hin und her und lachte auf. Das war so typisch Garry, dass es mich nicht einmal überraschte.

«Habt ihr es genommen?»

«Nein», widersprach Jonas, als wäre es selbstverständlich. «Wir haben einen Fehler gemacht, Riv. Mit den Videos und so. Es tut uns leid und» - er zog etwas aus seiner Tasche und legte es vor mir auf den Tisch - «wir wollen es wieder gut machen.»

Fassungslos starrte ich auf das Geld, das nun aufgerollt auf meinem Tisch lag. Als würde ich auch nur einen Dollar von dem Geld haben wollen, das sie genommen hatten. Von Garry und Tom, von *MusicIn*. Den Menschen, die mich von Grund auf zerstört hatten.

Als hätte ich ihr Geld überhaupt nötig. Lieber würde ich zurück in die Tunnel ziehen, als auch nur daran zu denken, es zu behalten.

«Nimm es da weg», warnte ich dunkel. «Bevor ich mich vergesse.»

«Jetzt sei nicht so, Mann. Nimm es einfach. Ist doch bloß Geld.» Jack hielt es mir vor die Nase und ich riss es ihm aus der Hand.

Mit dem Bündel lief ich zur Tür und zurück nach draußen. Ich löste das Gummiband und drehte mich zu den dreien um.

«Ist doch bloß Geld?!», schrie ich und warf die Scheine in die Luft. «Dann kann es euch ja egal sein!»

«River!», brüllte Jack und rannte los. «Was soll der Scheiß, verdammt?»

Ich schob mir die Hände in die Taschen und zuckte mit den Schultern.

«Ist doch nur Geld, oder nicht? Also los! Bückt euch dafür, ihr Wichser! Kriecht für das, was euch wichtiger war als ich!»

Jetzt war es mir egal, dass Leute uns beobachteten und auch, dass einige der fremden Roadies ihre Telefone in der Hand hielten. Sollten sie doch ihre Bilder und Videos über mich ins Internet stellen. Es war mir egal! Ab heute würde mich eh jeder so sehen, warum ihnen dann nicht das geben, was sie so sehr wollten?

«Ich gebe einen Fick auf euch!», schrie ich, jetzt aber zu allen und nicht nur zu den dreien. «Ist es nicht irgendwann genug? Reicht es nicht irgendwann? Was wollt ihr denn noch? Mich abstürzen sehen? Bitte! Könnt ihr haben!»

Ich drehte mich um und rannte zurück in den Bus. Als ich kurz darauf mit einer Flasche und Pillen wieder herauskam, standen Oakley und die anderen vor dem Bus.

Aber ich war so wütend und verletzt, dass ich sie kaum wahrnahm. Ich war in meinem eigenen kleinen Tunnel, der mir alles um mich herum dunkel erscheinen ließ.

Bis auf die Farben, denn die leuchteten kaum aushaltbar zur Musik im Hintergrund vor mir auf.

Hört auf, dachte ich und wischte mir über die Stirn. *Bitte hört auf.*

«Du bist so erbärmlich, River», sagte dieser Theo und lachte mich aus. «Falls du dich je gefragt hast, warum du aus der Band geflogen bist, das ist der Grund. Du bist so bedauerlich, Lost.»

Ach ja? War ich das?

Ich ging an den anderen vorbei und auf ihn zu. Direkt vor ihm blieb ich stehen und spuckte vor seine Füße.

«Bedauerlich, ja?», fragte ich, schluckte die Pillen und spülte alles mit Schnaps herunter. «Dann geh und kriech vor Garry und Duvall, damit du auch bleiben kannst. Er steht drauf, weißt du? Wenn du machst, was er sagt und so richtig Angst vor ihm hast. Wenn du zitterst und flehst. Aber wenn du weinst, dann geht ihm erst richtig einer ab.»

Theo starrte mich an, doch es war nicht mehr wichtig.

Nichts war mehr wichtig in diesem Moment.

«Was meinst du damit, Riv?», fragte Jonas und kam auf mich zu.

Ich lachte auf und setzte die Flasche erneut an, weil ich mit den Erinnerungen, die gerade dabei waren, meinen Kopf einzunehmen, nicht klar kam.

Garry baute sich vor mir auf und ich fühlte mich dadurch noch kleiner.

«Ich kann nicht mehr in euch investieren, River», sagte er und tat so, als würde es ihm wirklich leidtun. «Du als Solokünstler und die Band, ihr rentiert euch nicht.»

Er wollte uns rauswerfen? Aber er war unsere einzige Chance! Ohne MusicIn waren wir wieder ganz am Anfang.

«Ich stecke eine Menge Geld in dich und deine kleine Band, und was ist der Dank?»

«Wir strengen uns mehr an», versprach ich, doch er lachte bloß.

«Manchmal reicht sich anzustrengen aber nicht. Es gibt Momente, da muss man mehr tun, als sich bloß anzustrengen.»

Mehr tun? Was denn noch? Wir taten doch schon alles, was wir konnten.

Garry kam auf mich zu und griff nach meiner Hand. «Ich weiß, was dir passiert ist und glaub mir, so etwas will ich nicht noch einmal für dich. Aber es gibt etwas anderes, was du tun kannst.»

Ich schluckte den Würgereiz und die Angst herunter, während ich unentwegt auf seine Hand starrte, die noch immer um mein Handgelenk lag.

«Und was?», presste ich hervor und wollte vor ihm zurückweichen.

«Du weißt, dass du selber Schuld bist, oder?»

Nein, wusste ich nicht. Woran war ich Schuld? War taten doch alles, was sie wollten. Brachten Auftritt um Auftritt hinter uns und komponierten einen Song nach dem nächsten.

«Was …», setzte ich an, doch da schubste er mich, sodass ich hart gegen die Wand stieß.

«Zieh dich aus.»

«Was?», fragte ich. Mein eigenes Blut rauschte mir so laut in den Ohren, dass ich ihn kaum noch verstand.

«Ich will, dass du dein Shirt ausziehst. Keine Angst, ich will nur gucken, den Rest erledige ich allein. Es ist alles gut, River. Du willst das hier doch und ich habe schon so viel Geld in dich investiert. Wie willst du mir das jemals zurückzahlen? Wir sind noch lange im Minus mit dir.»

Es ihm zurückzahlen? Indem er sich auf mir einen runterholte?

«Solltest du das hier jemals jemandem erzählen, werde ich dich fertig machen.»

Bitte töte mich vorher, dachte ich und sah zu ihm auf. Er zog gerade seinen Gürtel aus der Hose und ich zuckte zusammen, als er ihn schnalzen ließ.

Er lachte und griff grob in mein Haar. «Na, warum schaust du denn so? Ich tu dir doch nichts. Hier, nimm das. Dann wird es leichter.»

Er verteilte Pillen auf seiner Hand und streckte sie mir entgegen. Als ich den Kopf schüttelte, wurde er noch wütender.

«Wenn du sie nicht nimmst, überlege ich mir das mit dem nicht anfassen noch mal.»

Und da nahm ich sie. Aus Angst, auch er könnte mich so ansehen, wie manche Typen von Mom es getan hatten.

Ich wusste nicht, was ich da nahm und es war mir egal. Solange er mich bloß nicht berührte.

«Braver Junge. Und jetzt ausziehen.»

Jemand riss an meinem Arm und ich prallte gegen eine harte Brust.

«Riv», flüsterte Canyon und zog mich zurück. «Du musst hier weg.»

Nein, dachte ich. Ich musste auf die Bühne zu meinem Auftritt.

Noch einmal setzte ich die Flasche an und trank. Ich trank, bis ich würgen musste, aber hörte auf, bevor ich kotzte.

«River, was hast du damit gemeint? Was hat Garry getan?», wollte Jonas wissen, doch es war nicht mehr wichtig. Nichts war noch wichtig in diesem Moment.

Erneut setzte ich die Flasche an und deutete damit in seine Richtung. «Vergiss es. Ihr habt eure Band mit dem Label hinter euch und ich bin auf Pillen. Gern geschehen.» Garry hatte mich dahin gebracht. Nur wegen ihm nahm ich diesen harten Scheiß, weil ich ohne nicht mehr klar kam.

«Was hat er dir angetan?» Jonas wollte auf mich zugehen, aber da kam Oakley.

Er schubste ihn zurück, griff nach meinem Arm und zog mich an sich.

«Ich habe getrunken, Oaky», sagte ich heiser und wollte ihn von mir schieben. Aber er ließ es nicht zu, hielt mich stattdessen noch fester und nahm mich gleichzeitig mit hinter unseren Bus.

Dahinter, nicht rein, denn das wäre auch für ihn zu viel.

«Ich hasse mich, Oak. Das hier, das bin nicht ich.»

«Ich weiß», sagte er leise und küsste mein Haar. «Ist Garry der Grund? Dass du … dass du das nicht kannst? Nähe und so?»

Garry und Moms Typen, meine Kindheit und alles zusammen.

Es war fucking alles zusammen.

Ich nickte und nahm noch einen Schluck von dem Zeug, was mich von innen heraus verbrannte.

«Alles, Oaky», flüsterte ich und lehnte meine Stirn an seine Schulter. Ich hatte noch nie jemandem davon erzählt. Nicht einmal ihm. «Er und Moms Kerle. Die Drogen, die ich nehmen musste.»

«Es tut mir so leid», flüsterte er und ich hörte, dass er weinte. «Dass ich es nicht habe besser machen können.»

Mir auch, dachte ich.

«Ich wollte dich lieben, Oaky. Wollte ich wirklich, aber ich konnte nicht. Ich hasse mich selbst so sehr, dass da kein Platz für mehr ist.»

Seine Hand strich durch mein Haar und immer wieder spürte ich seine Lippen an meiner Schläfe.

«Es ist noch nicht zu spät, Riv. Für uns hat es nicht gereicht, aber du und Canyon, ihr habt noch eine Chance.»

Eine Chance? Worauf? Dachte er wirklich, ich könnte Canyon lieben? Nein. Ich mochte ihn, er hat das Licht eingeschaltet und mir *Lyrics* geschenkt. Aber ihn lieben?

«Ich kann niemanden lieben», gestand ich und trat einen Schritt von ihm zurück. «Die Pillen machen das und Moms Freier. Garry und Duvall. Die haben mich kaputt gemacht.»

Ich sah auf seine Hände, die zitterten und wusste, ich musste gehen. Wenn ich Oakley nicht mit in den Abgrund ziehen wollte, dann musste ich gehen.

«Blake!», rief ich, weil ich wusste, dass er irgendwo da hinter dem Bus stehen würde, weil ich Alkohol dabei hatte und er auf Oakley aufpasste.

«Was ist los?», hörte ich seine Stimme hinter mir und trat einen Schritt zur Seite. «Bring Oaky hier weg, bitte. Er muss duschen und …»

Ich spürte Blakes Hand auf meiner Schulter und dann war er bei Oak.

«Geh», sagte ich wortlos und trat noch einen Schritt zur Seite. «Ist schon gut, Oaky.»

«Es tut mir leid, Riv», flüsterte er und ging mit Blake. Ich verstand es, er hatte schon zu viel für mich ertragen.

Bevor noch jemand kommen konnte, ging ich auf die andere Seite, suchte nach Luis und nickte ihm zu. Er folgte mir, als ich alle anderen hinter mir ließ und meinem persönlichen Absturz entgegen ging.

Ich sah die Fans und hörte ihre Schreie, als ich hinter der Bühne stand und mich fragte, was zur Hölle ich hier tat.

Die Drogen verteilten sich in meinem Kreislauf, während mein Herz den Alkohol mit jedem Schlag weiter durch meinen Körper pumpte.

Sie warteten auf mich, doch ich konnte nur denken: *Das hier bin nicht ich!*

«Luis», sagte ich heiser und warf die fast leere Flasche weg. Er stand neben mir, weil ich allein kaum noch dazu in der Lage war.

«Du solltest hier weg», meinte er und hielt meinen Arm fester.

«Ich weiß, aber ich kann nicht.»

«Du kannst und du wirst», erklang Kits Stimme hinter mir. Neben ihm lief Oakley und sie hielten beide ihre Gitarren in der Hand.

«Canyon bringt dich von hier weg», sagte er und legte mir eine Hand an die Wange. «Wir gehen für dich.»

Und dann war er da. Canyon.

Er zog mich in seine Arme und ich brach zusammen.

An seiner Brust ging ich auf die Knie und er hielt mich fest.

Kit und Oakley rannten auf die Bühne und zogen eine Show ab, welche die Leute zum Ausrasten brachte.

Ich hörte sie singen und die Fans feiern. Sie retteten mir den Arsch, weil ich selbst dazu nicht in der Lage war.

«Wir müssen hier weg», sagte er leise und half mir auf. Ich war zu voll und zu high, um selbst zu laufen.

Er legte mir seinen Arm um die Schultern und ich sah Mom vor mir. Es war wie bei ihr, wenn sie auch wieder zu high oder zu voll war, um noch selbst zu gehen.

«Ich bin wie sie», lallte ich und stolperte. Luis fing mich auf und mit einem traurigen Seufzen nahm er mich auf seine Arme.

«Ich werde auch wie sie enden, oder?»

«Nein», knurrte Luis und hielt mich fester. «Das kann ich nicht zulassen.»

Canyon sprach mit jemandem, war es Colson? Ich nahm fremde Stimmen wahr, Blitzlicht und dann Geschrei.

Blake. Er schrie jemanden an, aber ich war zu fertig, um es richtig zu verstehen.

Blake schrie nicht oft, nur wenn er jemanden beschützen wollte, der ihm wichtig war.

War es so weit gekommen, dass ich ihm wichtig geworden war? Scheiße.

«Luis, schaff ihn hier weg!», schrie Colson von irgendwo her und dann wurde ich durchgeschüttelt.

Wir waren noch nicht am Bus, als ich kotzend auf seinen Armen hing.

«Lass alles raus», sagte er und setzte mich hinter einem der Busse ab. «Der Scheiß muss raus, River.»

Nicht nur der, dachte ich. Alles in mir musste raus.

Ich wollte immer nur berühmt werden. Ein Star, so wie Oakley und Kit es waren. Erfolgreich und geliebt.

Wenn mich schon meine Mom nicht lieben konnte, dann wenigstens meine Fans. Es musste doch Menschen auf dieser verschissenen Welt geben, die mich lieben konnten. Auch wenn ich sie nicht kannte, waren sie doch besser als niemand.

Mein ganzes Leben hatte ich mir gewünscht, dass es Menschen auf der Welt gab, die mich sahen. Und dann fing ich an zu singen und der Wunsch wirkte plötzlich gar nicht mehr so unrealistisch.

MusicIn hatte mir Hoffnung geschenkt, als sie auf uns zugekommen waren. Sie hatten mir echte Träume gegeben und sie dann platzen lassen.

Ohne sie wäre ich nicht mehr hier und nun wollte ich weg, wegen ihnen. Welch traurige Ironie mein Leben doch war.

«Bringen wir ihn in den Bus.» Das war Canyon und kurz darauf halfen er und Luis mir auf die Beine und schleppten mich rein.

Canyon stellte die Dusche an und schickte alle anderen nach oben.

«Lauf weg», sagte ich, als er mir das Shirt über den Kopf zog.

Er ignorierte es und reichte mir stattdessen eine Zahnbürste. Träge putzte ich mir die Zähne, während er sich vor mich kniete, mir die Hose und Shorts auszog.

Als ich fertig war, nahm er mir die Zahnbürste wieder ab und schob mich unter die Dusche.

«Leg deinen Kopf zurück», bat er und verteilte Shampoo in seinen Händen.

Ich tat es, obwohl ich hoffte, er würde gehen.

«Ich mein's ernst, lauf weg.»

«Weil du durchgedreht bist? Glaub mir, ich hab Schlimmeres gesehen.»

«Was?», fragte ich und sah ihn durch den Schleier aus Alkohol hindurch an.

Seine Finger massierten meine Kopfhaut und über mein Haar, als er das Shampoo wieder ausspülte.

Er nahm sich einen Waschlappen, noch mehr Duschgel und drehte mich herum.

«Meine Eltern sind Cops. Meine Mom und auch mein Dad haben hohe Positionen bei der Polizei und dem FBI und sie wollten, dass ich auch so werde wie sie», begann er und wusch mir den Rücken.

«Aber du wolltest nicht?»

Er lachte freudlos auf und verharrte kurz, bevor er mich wieder zu sich drehte. «Nein. Nie, aber es war ihnen egal. Also haben sie mich in diese Camps geschickt. Als Kind waren es Erziehungscamps, die uns Manieren und Anstand beibringen sollten. Später dann Vorbereitungscamps, die uns Disziplin lehren sollten.»

Disziplin, so eine Scheiße.

Ich hob die Hand und legte sie an seine Taille. Ein kleines Lächeln erschien in seinem Mundwinkel und er hielt inne.

Gern hätte ich mehr mit ihm gemacht, weil er mir gezeigt hatte, dass Sex helfen konnte. Zumindest mit ihm. Aber dafür war ich zu fertig. Deswegen beugte ich mich bloß vor und hauchte ihm einen Kuss auf die Lippen.

Überrascht sah er mich an, bevor er mit dem Waschlappen über meine Brust fuhr.

«Die haben uns da geschlagen, Riv. In diesen Camps. Unter dem Vorwand, dass es uns helfen würde. Aber es hat alles nur schlimmer gemacht.»

Natürlich hatte es das. Schläge machten Dinge nie besser.

«Ich werde nie jemanden lieben können», gestand ich und blinzelte die Tränen weg, die sich mit dem warmen Wasser mischten. «Niemals und ich hasse das. Ich will doch nur wissen, wie es sich anfühlen kann. Nur einmal.»

Er warf den Waschlappen zur Seite und trat zu mir unter den Wasserstrahl.

Seine Hände strichen über meine Rippen, meine Brust, bis er sie an meinem Hals liegen ließ.

«Irgendwann», sagte er leise und küsste meinen Mundwinkel, «da wirst du es erfahren.»

Nein, auch nicht irgendwann.

«Ich hasse mich so, Canyon. So sehr, dass da einfach kein Platz für etwas anderes ist. Die haben das gemacht und jetzt … an manchen Tagen will ich mich weghängen, Can. Zu Ende bringen, was sie angefangen haben und endlich vergessen. Ohne die Pillen. Ohne Xanax, das mich runterbringt und ohne Alkohol.»

Und da weinte auch er. Hier mit mir zusammen unter der Dusche.

Und ich wünschte, dass er bleiben könnte. So lange, bis Blumen auch im Dezember blühten und Schnee im Sommer vom Himmel fiel.

Ich wollte betäubende Worte von ihm, die sich wie eine Decke über meinen zitternden Körper legten.

Mehr Duschmomente und weniger Tränen, die wie Regenschauer über unsere Gesichter rannen.

«Vielleicht», sagte er nun und küsste mich noch einmal, «kann ich dir zeigen, wie es geht.»

«Du?», fragte ich, obwohl …wer, wenn nicht er?

«Nur wenn … Shit. Du musst es nicht Liebe nennen, wenn du nicht willst. Du musst es gar nichts nennen. Aber vielleicht, irgendwann einmal, könnte ich es dir zeigen. Und dann schreiben wir daraus einen Song in deinen Farben, den sonst niemand versteht.»

Er sagte, er wollte einen Song schreiben und wusste nicht, dass es den längst gab.

Jeder Moment mit ihm, jeder Kuss, jedes verfickte Licht einschalten. Sein scheiß perfektes Blau und er, wie er immer wieder den Moment einfror. Das alles wurde immer mehr zu einem Track, dem ich mich nicht länger entziehen konnte.

«Wir kennen uns kaum und du willst einen Song mit mir schreiben?»

Und es Liebe nennen, wenn ich nicht hin höre, dachte ich und stellte das Wasser aus.

«Manchmal», flüsterte er, «da brauchen Dinge Zeit. Viel Zeit. Aber ab und zu, ganz selten, da reichen auch ein paar Farben und Momente, um wenigstens schon mal die Melodie zu finden.»

Ja, vielleicht reichte es, erst einmal die Melodie zu haben. Aber vielleicht auch nicht, und dann hatte man nichts.

Schlagzeile:

Russel Hogan
Las Vegas Times

River Lost stürzt ab

Es wäre sein letzter Auftritt auf dem Smashed it! gewesen, doch von Lost fehlte jede Spur. Stattdessen tauchten Kit Bellamy von den Last Acts und Oakley Hall von den Colliding Angels auf der Bühne auf und versetzten die Fans in Hochstimmung.

Seit ihrem gemeinsamen Album wünschen sich die Fans schon mehr von beiden zusammen und das haben sie jetzt bekommen.

Sie präsentierten einen neuen und unbekannten Song und besänftigten damit die Fans, die sich eigentlich auf Lost gefreut hatten.

Dieser hatte sich zuvor mit seinen ehemaligen Bandkollegen gestritten und war dabei vollkommen ausgerastet.

Es kursieren Videos, wie der Sänger sich lautstark mit ihnen stritt und anschließend mit Geld um sich warf.

Auf einem der Videos sieht man sogar, wie er erst Tabletten schluckt und anschließend jede Menge Alkohol trinkt.

Während seine Freunde für ihn auf der Bühne spielten, wurde Lost gesehen, wie sein Bodyguard und sein Begleiter, Canyon Ando, der als Escort bei *Couple Solutions* arbeitet, ihn zurück zu seinem Bus trugen.

Erst gestern wurde bekannt, dass der Unbekannte, über den seit Wochen spekuliert wird, als Escort arbeitet.

Bis jetzt gab es noch kein Statement des Managements, aber die Fans fragen sich natürlich, ob all das nur eine Show gewesen war, oder die beiden sich tatsächlich nahe stehen.
Für Lost geht es nun weiter auf seine Solo Tour, dabei fragen sich viele, ob ein Aufenthalt in einer Entzugsklinik nicht der bessere Ort für ihn wäre.
Wie und ob er die Tour ohne weitere Skandale übersteht, wird sich in den nächsten Wochen zeigen. Aber selbst wenn er es nicht schafft, werden ihm die Einnahmen von seinem Film wahrscheinlich mehr als genug Geld einbringen.

(103.737 Kommentare)

@slayer636 Es war so klar, dass Lost es wieder versauen muss. Gehe heute Abend erstmal in den Film, um mir noch mehr davon zu geben.

@brick.miller Kommt jetzt nicht überraschend, dass er wieder abgestürzt ist. Manche schaffen es halt einfach nicht.

@lost_have_my_heart River wieso? Es ist so traurig. Ich habe so gehofft, dass er es endlich schafft.

@g.b.h2722 Ein Escort? Hat er es so nötig? Es gibt tausende Fans und er nimmt sich einen Escort?

@jeany96 River, nimm lieber mich! Du brauchst keinen Escort.

@mira.white11 Ich hoffe so, dass es echt ist. Die beiden passen so gut zusammen.

@angel_oakley Ich will Roakley zurück. #riverandoak4eva

Weitere Kommentare laden ...

28.
Canyon

Within the depths of my soul, a pain resides,
Hidden behind a smile, it silently abides.

Vier Wochen später …

Ich sah River dabei zu, wie er auf der Bühne stand und seinen Auftritt beendete. Und obwohl er da oben unglaublich war, konnte ich doch nur an das *Smashed it!* denken.

Er hatte einmal gesagt, dass er gern DJ sein würde und seit seinem Auftritt verstand ich auch, warum.

Das, was er da oben getan hatte, war magisch gewesen.

Noch nie hatte ich jemanden so etwas erschaffen gesehen und ich sehnte mich danach, es noch einmal zu erleben.

Die letzten vier Wochen hatten allerdings daraus bestanden, mit dem Jet herumzufliegen und Termine wahrzunehmen.

Ein paar Auftritte, ein Fotoshooting und Interviews. Noch immer wurde sein Ausfall auf dem *Smashed it!* erwähnt und wie Oakley und Kit für ihn eingesprungen waren.

Wir schliefen weiterhin in einem Bett und redeten. Manchmal küssten wir uns auch, aber meistens redeten wir bloß.

Ich hatte es ernst gemeint, als ich zu ihm sagte, dass ich es ihm zeigen könnte. Wie man liebte.

Ich mochte ihn, wahrscheinlich etwas zu sehr.

Die Medien spekulierten weiterhin darüber, warum ich bei ihm war und Colson verweigerte jede Aussage dazu.

River kam von der Bühne und wirkte müde. Als hätte er auch daran den Spaß verloren.

«Du warst gut», meinte ich, doch mehr als ein kurzes Zucken seiner Mundwinkel hatte er nicht dafür übrig.

«Wohin jetzt?», fragte er und sah zu Colson.

«Zum Hotel, morgen geht es dann nach Boston und dann zurück nach Vegas.»

River nickte und gemeinsam machten wir uns auf den Weg zum Hotel.

Der Wagen wartete bereits und zusammen mit River setzte ich mich nach hinten.

«Schläfst du bei mir?», fragte er leise, so wie jeden Abend. Als hätte er Angst, ich würde plötzlich doch noch nein sagen.

Ich griff nach seiner Hand und sah ihn an. «Natürlich.»

«Okay», sagte er und drückte meine Finger.

Wir fuhren durch das nächtliche Seattle und waren alle erleichtert, als wir am Hotel ankamen. Die letzten Wochen war es stressig gewesen und ich freute mich sogar darauf, übermorgen endlich wieder nach Vegas zu kommen.

Colson und die Bodyguards hatten ihre Zimmer neben unseren, denn obwohl wir immer zusammen schliefen buchte Colson auch für mich ein Zimmer. Falls River es sich anders überlegen sollte. Und um *MusicIn* eines auszuwischen.

«Erinnerst du dich an das Shooting für den Designer, dessen Sachen wir anhatten?», fragte River, sobald wir in seinem Zimmer waren und warf seinen Koffer in eine Ecke.

Natürlich erinnerte ich mich daran. Ich hatte zusehen dürfen.

«Du sahst heiß aus dabei.»

Er lachte und zog sich gleichzeitig das Shirt über den Kopf. «Er hat mir geschrieben. Er arbeitet an einer neuen Kollektion und will uns für die Bilder.»

«Mach es. Du hattest doch Spaß dort, oder?»

Grinsend kam er zu mir und griff in meinen Pulli. «Du musst besser zuhören. Er will uns. Dich und mich.»

Mich? Zur Hölle, wieso?

«Ich bin kein Model», sagte ich und stellte meinen Koffer neben seinen. Außer für meine Mappe für die Agenturen, hatte ich noch nie vor der Kamera gestanden.

«Ich auch nicht. Aber es könnte lustig werden und … wir beide zusammen? Das hätte was.»

Ja, mit River zusammen auf einem Bild, das hätte wirklich etwas.

«Und wenn ich das nicht kann?», fragte ich, weil mich die Vorstellung schon nervös machte.

«Dann helfe ich dir.» Er grinste mich an und lachend nickte ich.

«Na schön, aber wehe nicht.»

Er beugte sich vor und küsste mich. Kurz und tief, fast schon selbstverständlich, bevor er sich zurückzog und im Bad verschwand.

Ich zog mich um und stellte den Fernseher ein. Es lief CSI, was definitiv besser war als der andere Kram. Aber trotzdem schaltete ich eine Talkshow an, weil ich wusste, dass River den Scheiß heimlich mochte.

Als er aus dem Bad kam, legte er sich zu mir, rief beim Zimmerservice an, um Essen zu bestellen und als ich ihn in meinen Arm zog, erlaubte er es mir.

«Colson sagt, dass ich auf Social Media ein paar Kooperationen verloren habe, seit der Film da ist.» Er machte für ein paar Produkte dort Werbung und bekam dafür das Produkt und Geld. Anscheinend gefiel nicht jedem, was er sonst noch so tat.

«Scheiße. Tut mir leid für dich», sagte ich und vergrub meine Nase in seinem Haar.

«Es war mir vorher klar, aber irgendwie ist es trotzdem beschissen. Eigentlich wären wir morgen noch nicht zurück nach Vegas geflogen. Aber es wurden auch Konzerte abgesagt bei verschiedenen Festivals und ein Shooting. Damit haben die ihr Ziel erreicht.»

«Aber dadurch verdient *MusicIn* doch auch weniger.»

Er lachte und es klang dennoch niedergeschlagen. «Aber ich verliere mehr. Das ist alles, was für die zählt.»

Wahrscheinlich hatte er recht. In der letzten Zeit gab es immer wieder Artikel über ihn, mit Behauptungen und Dingen, die ihn noch schlechter dastehen ließen. Dabei wusste niemand von denen, wie er wirklich war.

Wenn wir zusammen waren, nur wir beide, dann war er ganz anders. So wie jetzt. Nah und greifbar, tief verletzt und erschreckend echt.

Ich hätte nie gedacht, dass River so sein konnte. Jetzt wusste ich, dass nur das hier real war und alles andere eine Maske, die er trug, um sich zu schützen.

«Erzählst du mir von deinem Job als Escort?», wollte er wissen, sobald unser Essen da war und wir mit Pizza auf dem Bett saßen.

Ich biss mir auf die Unterlippe, denn auch wenn ich offiziell als einer hier war, hatte ich die letzten Wochen genau den Teil von mir verdrängt.

«Was willst du denn wissen?», fragte ich vorsichtig und hoffte, dass es nicht zu viel war.

River legte sich auf die Seite, griff nach einem weiteren Stück Pizza und legte den Kopf schief. «Mhm, was machst du da so?»

Ich fing an zu lachen, war erleichtert über seine leichte Frage und legte mich hin. «Hauptsächlich Leute irgendwo hinbegleiten. Zu Firmenfeiern, in Galerien, auf irgendwelche anderen Veranstaltungen. Selten gibt es Kunden, die mich zu sich nach Hause bestellen oder mit mir in den Urlaub wollen.»

«In den Urlaub? Scheiße, was macht ihr denn bei denen zu Hause oder im Urlaub?»

Ja, was machte ich mit meinen Kunden zu Hause? Wollte er das wirklich wissen?

Ich stöhnte auf und fuhr mir mit der freien Hand über das Gesicht.

«Abhängen», sagte ich vage, was ihn nun zum Lachen brachte.

«Abhängen? Nackt? Im Whirlpool oder im Bett?»

Ich ging nicht mit meinen Kunden ins Bett. Es gab ein paar Ausnahmen, aber nein. Das war der Grund, warum ich Escort geworden war und nicht …

«Nein.»

«Warst du schon mit Kunden im Bett?», fragte er nun und stellte seinen Teller auf den Boden.

«War ich», sagte ich ehrlich, weil ich von Lügen nichts hielt. «Nicht oft, aber ja.»

Er verzog das Gesicht und drehte sich auf den Bauch. «Die Vorstellung, du könntest das nochmal machen, gefällt mir nicht.»

Nein, mir auch nicht. Erst recht nicht, wenn er hier neben mir lag.

«Erinnerst du dich an das, was ich dir auf dem *Smashed it!* gesagt habe? Als du so durch warst?»

Er streckte die Hand aus und ließ seine Finger über meinen schweben. Obwohl er mich nicht berührte, kribbelte meine Haut dort dennoch.

«Dass du es mir zeigen willst? Wie man liebt?»

Ich nickte und griff nach seiner Hand. Für einen Moment verzog er das Gesicht, bevor er seine Finger zwischen meine schob.

«Genau das. Wenn ich es dir zeigen darf, dann werde ich nie wieder Kunden haben.»

«Warum sagst du das?», fragte er und ich legte mich auf die Seite, so dass wir uns ansehen konnten.

«Weil es so ist», flüsterte ich. «Wie sollte ich einen Abend mit einem Kunden verbringen, wenn ich doch wüsste, dass du zu Hause wärst?»

Jetzt war die Vorstellung schon surreal. Aber mit ihm

an … Shit. Mit ihm an meiner Seite undenkbar.

«Wieso hast du», setzte ich an und schluckte. Meine Gedanken fuhren schon wieder Achterbahn und er war jedesmal so kurz davor, mich aus dem verdammten Wagon zu werfen.

«Wieso hab ich was?» Er löste unsere Hände voneinander, um mit seinen Fingern über meinen Arm zu fahren. Hauchzart zeichnete er die Adern und Venen darauf nach und schmunzelte, als ich eine Gänsehaut bekam.

«Wieso durfte ich … bei dir?»

«Warum du mich ficken durftest?» Natürlich nahm er kein Blatt vor den Mund. Ihm schien es leichter zu fallen, darüber zu reden wie mir.

«Ja. Wieso? Wenn du doch noch nie … wenn niemand je …»

Er lachte leise und rollte sich auf mich. Seine Arme verschränkte er auf meiner Brust und sah zu mir auf. «Einmal war jemand an meinem Arsch. Aber nicht so wie du.»

Das gefiel mir nicht. Ganz und gar nicht.

«Nicht so wie ich?»

Er schüttelte den Kopf. «Oaky hat mir den Arsch geleckt. Früher, als wir noch zusammen waren. Aber mehr nicht. Niemand, Can. Nicht mal angefasst. Nicht so, dass es zählt.»

«Was meinst du damit?», wollte ich wissen, doch er schüttelte den Kopf und wandte den Blick ab.

«Nur du. Reicht dir das?»

Ich hätte gern mehr über ihn erfahren, aber ich fragte mich, ob ich dazu schon bereit war. Oder ob er mich mit allem, was er hatte, irgendwann niederreißen würde.

«Es reicht», sagte ich und schenkte ihm ein Lächeln.

«In Vegas wird es anders, oder? Ich habe nicht mehr viele Termine und dann …»

Eigentlich wollte ich dieses Gespräch nicht führen. Noch nicht und nicht auf Tour. Aber wenn er darüber reden wollte, dann war wohl doch der Zeitpunkt gekommen.

«Was ist dann, Riv? Soll ich dann gehen? Oder erlaubst du mir, dir zu zeigen, wie es sein könnte, wenn du liebst?»

Er vergrub sein Gesicht an meinem Hals und ich schloss meine Arme um seinen Rücken. Ich musste es nicht mehr lernen, denn bei mir war es bereits zu spät.

Es hatte mit mögen angefangen, doch die Nacht, in der wir *unseren* Song geschrieben haben, da war es vorbei. Erst hatte er meinen Kopf gekickt und ab da mein Herz. Mit allem, was ich nicht wollte und mehr, als er zu geben hatte.

«Würdest du dann bleiben? Wenn ich es dir erlauben würde?»

«Scheiße, Riv. Ich würde auch so bleiben, aber dann würde es nicht so weh tun.»

Wenn ich dabei zusehen musste, wie er etwas mit jemand anderem hatte, würde es verdammt schmerzhaft werden. Und genau das wollte ich nicht.

«*MusicIn* zahlt dir Geld. Für die Zeit, die du hier warst», meinte er und ich nickte. Es fühlte sich falsch an, aber ich hatte bereits eine Idee.

«Ich könnte es ablehnen», bot ich an. «Oder aber wir behalten es und sehen es als eine Art Startkapital.

Für … keine Ahnung. Für uns.»

Hatte ich tatsächlich für uns gesagt? Hatte ich sie nicht mehr alle? Jetzt würde er mit Sicherheit gehen.

«Nimm das Geld. Auch wenn es sich komisch anfühlt, es ist ihr Geld. Und jeden Dollar, den die weniger haben, ist ein Gewinn.»

«Bist du sicher? Ich kann es auch verweigern und …»

«Nimm das verfluchte Geld, Canyon. Du hast es dir trotz allem verdient. Schließlich wärst du sonst nicht durch die Welt gereist und hättest mich ertragen. Zumindest nicht anfangs. Jetzt kannst du es als eine Art Gewinn sehen. Du wolltest weg aus Vegas, das ist deine Chance.»

Nein, es wäre mein Untergang ohne ihn. Ich wollte raus aus Vegas, aber das war vor River.

Vor dem, was wir beide hier hatten. Welchen Namen auch immer das hier trug.

«Ich glaube, ich bleibe doch noch ein bisschen», sagte ich und strich ihm die dunklen Haare aus der Stirn.

«Musst du nicht», wisperte er und klang dabei unendlich verletzlich. «Nicht wegen mir.»

Ich fuhr mit den Fingern sein Gesicht entlang, bis ich meine Hand an seine Wange legen und ihn küssen konnte. «Ich weiß, aber ich will. Für die kleine Chance, dass du mir erlaubst, es dir zu zeigen.»

Anstatt zu antworten, küsste er mich zurück. Seine Zunge stieß sacht gegen meine Unterlippe und automatisch öffnete ich den Mund für ihn.

Ich setzte mich auf und er kletterte rittlings auf meinen Schoß.

«Zeig es mir», sagte er an meinen Lippen und zog mir das Shirt über den Kopf. «Aber erwarte nicht, dass ich es kann. Liebe ist ein Fremdwort für mich, Can. Ein Fremdwort in einer Sprache, die ich vielleicht nie sprechen werde.»

Das war okay, wenn er es denn nur versuchte.

«Wenn du es nicht kannst», setzte ich an, doch er unterbrach mich.

«Dann musst du trotzdem bleiben. Weil ich es will, auf meine Weise.»

Auf seine Weise, dachte ich. Wenn das hier seine Weise war, dann kam ich damit klar. Er musste es mir nicht sagen oder andere Worte dafür finden. Das hatte er längst und möglicherweise wusste er es nicht einmal.

«Vielleicht fühlst du es bereits, aber weißt es nicht», sagte ich und schob meine Hände über seine warme Haut bis auf seinen Rücken.

«Ja, vielleicht. Wenn meine Farben dir reichen, dann ja. Aber ich will wissen, ob ich mehr kann. Wenn du es mir beibringst. Aber vorher, musst du etwas wissen.»

Er küsste mich noch einmal, bevor er sich etwas zurückzog. Die Arme noch immer um meinen Nacken liegend.

«Ich bin kaputt, Canyon. Aber das weißt du ja schon. Ich habe eine Skala, dafür, wie sehr es wehtut. *Türkis für eins. Violett für zwei. Grau für drei. Gelb für vier. Grün für fünf. Blau für sechs. Orange für sieben. Rot für acht. Beige für neun. Braun für zehn.* Merk sie dir, damit du mich retten kannst, wenn ich bei *Braun* bin. Ab *Orange wird* es kritisch und von Rot an sollten wir Hilfe suchen.»

Eine Skala … scheiße, River. Das ist scheiße.

Warum musste jemand wie er eine Skala haben? Wieso musste jemand wie er so sehr leiden. Das war nicht fair und ich hasste die Welt dafür, dass sie so ungerecht war.

«Ich werde es nicht vergessen», versprach ich. «Und ab jetzt kümmere ich mich um dich. Damit du es schaffst, auch wenn du über Orange kommst.»

«Ich will nicht mehr bis Orange kommen, Can. Ich will bei dir bleiben.»

«Bin ich so blau, wie auf deiner Skala?», fragte ich und er schüttelte den Kopf.

«Nein», flüsterte er. «Du bist *Blue*, Canyon Ando. Mein *Blue*. Die beste Farbe von allen. Mit dir habe ich *Lyrics* geschrieben. Das eine Set, das alles ist.»

Ich nickte bloß, weil es keine Worte mehr brauchte und legte meine Lippen wieder auf seine.

Mein Shirt landete irgendwo auf dem Boden, als er aufstand und sich die Hose herunter schob.

Ich sah dabei zu und musste lachen, als er anfing zu strippen und mich zu sich hochzog.

«Zeig mir, was du kannst, Baby», sagte er und schlug mir auf den Hintern.

Ganz langsam schob ich mir die Hose herunter und wurde noch härter, als er sich auf das Bett warf und anfing, seinen Schwanz zu massieren.

Dabei sah ich gern zu.

Als er sich jetzt eine der großen Servietten nahm und sich damit die Augen verband, drohte mein Herz mir aus der Brust zu springen.

«Was tust du da?», fragte ich rau und stieg zu ihm ins Bett.

«Dir vertrauen», sagte er bloß und legte sich mit verbundenen Augen zurück in die Kissen.

Und da lag er. So perfekt und wunderschön, wie ein Mensch nur sein konnte.

Langsam beugte ich mich über ihn und hörte, wie er zitternd Luft holte, als ich mit der Zunge über seine Nippel fuhr und anschließend daran saugte.

Ich griff nach seinen Handgelenken und legte diese über seinen Kopf.

«Halt still», befahl ich und leckte mit meiner Zunge seinen Hals entlang. Er zuckte zusammen, doch ich küsste ihn, um zu zeigen, dass ich noch da war.

Ganz langsam küsste ich mich seinen Körper entlang, über seine Rippen, seinen Bauch, bis zu seinen Hüftknochen.

Genau da, wo die Haut ganz zart und dünn war, legte ich meine Lippen auf und fing an zu saugen.

Er stöhnte leise auf, als ich ihn markierte und einen lila Fleck hinterließ.

«Fuck, mach das nochmal.» Er schob mir sein Becken entgegen und erschauderte, als ich erneut über seine Haut fuhr und nach einer Stelle suchte, wo ich einen weiteren lila Fleck hinterlassen konnte.

Sein harter Schwanz streckte sich mir entgegen und bettelte förmlich darum, von mir in den Mund genommen zu werden. Und heute, da er mir zeigte, dass er mir vertraute, da tat ich es. Da nahm ich ihn zwischen meine Lippen und genoss das Gefühl, wie er schwer und heiß auf meiner Zunge lag.

River keuchte heiser, als ich meine Hand um seinen Schaft legte und an ihm saugte. Mit der Hand begann ich ihn zu wichsen, während ich seinen Schwanz weiterhin im Mund hatte und seine Eichel mit der Zunge umspielte.

«Hör auf, sonst ist es zu spät», sagte er rau und ich tat es. Es sollte noch nicht zu Ende sein.

Ich strich mit meinen Fingern über seine Eier, doch als ich seinen Eingang berührte, versteifte er sich.

«Nichts, was du nicht willst», versprach ich und küsste ihn. Meine Hand schob ich wieder höher, weil ich nie etwas tun würde, das ihm Unbehagen bereitete.

Ich nahm meine Hand nicht von seinem Körper, als ich mich bückte und ein Kondom und Gleitgel aus meiner Hosentasche holte. Mitgenommen, in der Hoffnung, es irgendwann noch einmal mit ihm zu brauchen.

Er atmete scharf ein, als ich ihm das Kondom überstreifte und Gleitgel darauf verteilte. Ich fasste mich selbst an, bevor ich ein Bein über ihn legte und mich langsam auf ihm niederließ.

«Fuck, das ist gut», rief er keuchend, als ich immer tiefer auf ihm niedersank und seinen Schwanz in mir aufnahm.

Und es war gut. So verflucht gut, dass ich mehr wollte.

Ihn tiefer in mir, härter und rauer.

«Nimm das ab und fick mich.» Ich griff nach der Augenbinde und zog sie herunter. Ein schiefes Lächeln legte sich auf seine Lippen, als er mich küsste und nickte.

Mit beiden Händen umfasste er meinen Arsch, stieß ein paar Mal zu, bevor er sich aus mir zurückzog und mich auf die Knie drehte.

Und dann war er da. Ohne Vorwarnung schob er sich tief in mich und umfasste meine Hüfte.

Und dann fickte er mich. So wie noch nie zuvor. Hart und schnell schlug seine Haut gegen meine. Ich spürte seine Eier, die immer wieder gegen meinen Hintern klatschten und den leichten Schmerz, den jeder Stoß auslöste und den ich genau so wollte.

«Pink und Lila», keuchte er und nahm mich noch härter. Er wollte rot oder grün und ich auch. Für ihn.

Als ich aufstöhnte, klammerten seine Hände sich noch tiefer in meine Haut.

«Gib mir mehr von deinem Blau», bat er und ich tat es. Stöhnte nur für ihn, damit er meine Lust in Farben sehen konnte und wusste, wie sehr ich es wollte.

Und ich wollte es. Am besten noch stundenlang und genauso. Bis ich mich nicht mehr bewegen konnte und meine Farben verblassten.

«Fuck, Baby. Grün.» Und dann kam er und sein pulsierender Schwanz in meinem Arsch und seine raue Hand brachten mich dazu, ihm in Blau zu folgen.

Weil Farben vermischen so viel mehr Spaß machte und mit jedem Mal intensiver wurde.

«Ich mache aus jedem Mal mit dir ein Set», sagte er außer Atem, küsste meinen Rücken und zog sich aus mir zurück.

«Damit du es hören kannst, wie ich es sehe. Von jedem einzelnen Mal, Can.»

Und ich wollte es hören. So wie er es sah und es zusammen mit ihm noch einmal erleben. Und noch einmal und wieder.

Bis wir eine neue Melodie erfanden und dann irgendwann eine weitere.

Vielleicht sah ich sie dann irgendwann auch, die Farben, von denen er immer sprach und die zu ihm gehörten.

Die ihn zu dem Menschen machten, der er war.

29.
River

**An echo of anguish reverberates within,
As darkness consumes me, beneath its grim din.**

Ein bisschen verloren stand ich vor dem Gebäude, in dem meine Wohnung lag und fragte mich, ob es jetzt immer so sein würde.

Reporter standen dort und riefen mir Fragen zu, die ich doch nicht verstand.

«Du musst weiterlaufen», mahnte Luis und schob mich zur Eingangstür.

«Was wollen die hier?», fragte ich, obwohl ich es eigentlich längst wusste. Der verfluchte Film ging durch die Decke und mein neues Album würde heute Nacht erscheinen. Das letzte Album unter *MusicIn* und das Ende ihrer Macht über mich.

«Dich sehen», sagte er und schob mich weiter. Ich hatte den Ruhm immer gewollt, aber jetzt, wo die Aufmerksamkeit da war, vermisste ich meine Ruhe.

«Ich will das nicht, Luis.»

Er lachte leise und nickte. Sein Griff verstärkte sich und wir liefen schneller an den Reportern vorbei, die nicht aufhörten zu rufen.

«Woher haben die deine Adresse?», zischte Canyon hinter mir und genau das fragte ich mich auch. Wenn sie wussten, wo

ich wohnte, dann würde es nicht mehr lange dauern, bis Fans hier herumlungerten. Und das wollte ich noch weniger.

Luis öffnete die Tür, doch erst, als wir vor meiner Wohnungstür standen, konnte ich durchatmen.

«Wartet hier.» Luis schob mich zurück, wo Asher uns nicht aus den Augen ließ, während er meine Wohnung durchsuchte.

«Alles klar», sagte er nach ein paar Minuten, kam zurück und nahm mir meinen Koffer ab.

Ich trat mir die Schuhe von den Füßen und zog mir das Shirt über den Kopf. Es war heiß in Vegas und ich drehte die Klimaanlage kühler.

«Wenn das jetzt immer so ist, ziehe ich um», meinte ich und holte ein paar Flaschen Wasser aus dem Kühlschrank.

«Wohin?», wollte Canyon wissen, der sich ebenfalls Schuhe und Socken ausgezogen hatte und sich nun ohne Shirt auf das Sofa fallen ließ.

Kurz blieb mein Blick an seinen Tattoos und den leichten Muskeln hängen, bevor mir wieder einfiel, dass er mich etwas gefragt hatte.

«Keine Ahnung. Weg, da wo es ruhiger ist.»

«Kanada», meinte er und grinste.

«Ich habe gesagt ruhiger, nicht völlig tot.» Obwohl die Vorstellung von einem Haus in Kanada gar nicht so schlimm war. Irgendwo am Wasser, in der Natur. Niemand, der mir etwas Böses wollte oder mich am Boden sehen. Diese Wohnung könnte …

Ich warf Luis und Asher das Wasser zu und lief zu Canyon. Seine Augen weiteten sich, als ich mich halb über ihn kniete und sein Kinn umfasste.

«Kanada, ja?», knurrte ich und er nickte. Ich beugte mich weiter vor, bis meine Lippen sein Ohr streiften und ich die

Gänsehaut in seinem Nacken sehen konnte. «Ich will einen Pool, einen Whirlpool und eine Sauna. In einem Holzhaus mit Veranda, irgendwo am Wasser im Wald. Ich will Kanada in Farben sehen.»

«In grün?»

«Vögel sind nicht grün», flüsterte ich und schmunzelte. «Sie sind gelb und orange.»

«Dann ist Kanada ab jetzt *Lyrics*. Wie unser Lied. Denk an *Lyrics*, Riv. Das könnte unser Ziel sein. Du und ich, deine Farben und *Lyrics*.»

«*Lyrics*, ja?», fragte ich und genoss das Kribbeln, welches sich bei der Vorstellung daran in meinem Magen ausbreitete.

«Ich hab zweihundertausend Dollar von *MusicIn*», meinte er und ich musste lachen.

«Das wird dann ein sehr kleines Haus.»

«Stört mich nicht», sagte er und küsste mich kurz.

«Du», raunte ich und sah ihn an. Seine dunklen Augen, die Sommersprossen, seine scheiß perfekten Lippen. «Du machst mich fertig und gleichzeitig machst du alles besser. Keine Ahnung, wie ich das finde.»

Es war seltsam mit ihm. Auf der einen Seite war es oft zu viel. Ich kannte das nicht, diese Nähe zu einem Menschen. Und erst recht nicht, dass es okay für mich war. Aber bei ihm suchte ich sie. Als müsste ich aufholen, was ich mein ganzes Leben lang verpasst hatte. Er tat mir gut und mit ihm fühlte sich alles möglich an. Wie Kanada.

Mit ihm konnte ich wieder jung sein, spontane Entscheidungen treffen und von einer Minute auf die andere an Kanada glauben.

«Überleg es dir in Kanada», sagte er und lachend stöhnte ich auf.

«Ich hasse dich. Geh weg, na los. Ich kann dein perfektes Gesicht gerade nicht mehr sehen.»

Er zeigte mir den Mittelfinger, bevor er mir einen Kuss aufs Haar gab und aufstand. Ich ließ mich auf das Sofa fallen, und er ging nach draußen.

«Asher?», rief ich und deutete zur Tür. «Geh mit. Ich muss mit Luis reden. Und pass auf seinen tätowierten Arsch auf, den brauche ich noch.»

Asher verzog das Gesicht, doch Luis lachte. Er kam zu mir und setzte sich, sobald sein Kollege auch draußen war.

«Was ist los?»

Ich drehte mich auf den Rücken und verschränkte einen Arm hinter dem Kopf. «Ich muss zu Mom, heute oder morgen. Sie braucht Lebensmittel und … ich muss nachsehen, ob sie noch lebt.»

Während ich unterwegs gewesen war, hatte Stacy nach ihr gesehen und ab und zu eine Nachbarin. Aber trotzdem musste ich mich selbst davon überzeugen, dass sie noch lebte.

«Brauchen wir einen Wagen?», wollte er wissen, doch ich schüttelte den Kopf. Ich würde dort nicht mit einem Wagen auftauchen und den Kerl raushängen lassen, der sich jetzt einen leisten konnte. Nicht dort.

Das war mein Zuhause, der Ort, an dem ich aufgewachsen war. Dort würde ich immer River Lost sein, der Junge mit einer Bitch als Mom, die sich nicht für ihn interessierte.

Nichts würde daran je etwas ändern und ich meine Herkunft nicht verleugnen, indem ich dort plötzlich mit einem Fahrer auftauchte.

Nein, ich würde zu Fuß gehen und die schweren Tüten durch die pralle Sonne schleppen, wie sonst auch immer.

Ich würde mir dabei den Nacken verbrennen, keine Pause machen, obwohl meine Arme zitterten, und weitergehen.

Immer weiter, bis ich vor meinem alten Haus stehen und die gleiche Angst wie immer empfinden würde, sobald ich dort war.

«Würdest du mich allein gehen lassen? Ich kann da nicht mit einem Bodyguard aufkreuzen. Die Leute würden denken, dass ich mich jetzt für etwas besseres halte.» Und dass ich jetzt Angst vor ihnen bekam. Vor den Menschen, die mir als Kind zu oft geholfen hatten.

«Das ist keine gute Idee, River.»

War es wahrscheinlich nicht, aber was sollte ich denn tun?

«Aber ich kann als dein Freund mitkommen. Nicht als dein Bodyguard.»

Als mein Freund …

«Ich bin miserabel in Freundschaften, Lu. Du wirst mich hassen, noch bevor du mich mögen kannst.»

Er warf mir einen kurzen Blick zu und klopfte mir aufs Bein. «Ich mag dich schon und ich wäre lieber dein Freund, als gegen dich ankämpfen zu müssen. Das würde vieles leichter machen. Auch das mit deiner Mom.»

Ich sah nach draußen zu Canyon und fragte mich, ob ich ihm davon erzählen sollte.

«Lüge ich ihn an, wenn ich ihm nicht sage, wohin ich gehe?»

Luis folgte meinem Blick und seufzte. «Die Frage ist eher, warum du es verheimlichen willst.»

«Weil …»

Weil er nicht noch mehr Schlechtes von mir sehen soll, dachte ich und presste die Lippen zusammen.

Luis stieß mich mit dem Ellenbogen an, sodass ich wieder zu ihm sah. «Nicht böse gemeint, aber gibt es echt etwas, das

er noch nicht gesehen hat? Und er ist immer noch da und wäre es auch ohne die Kohle. Geheimnisse sind scheiße, River. Und sie bringen nur Probleme. Oder willst du, dass er welche vor dir hat?»

Nein, wollte ich nicht.

«Aber was ist, wenn es irgendwann zu viel wird? Irgendwann ist das Maß an Scheiße voll und dann …»

«Läuft es über?», fragte er und sah mich an. Als ich nickte, seufzte er. «Wenn ihr das nicht packt, was hat es dann für einen Sinn? Schnappt euch Schaufeln und fangt an zu schippen. Die Scheiße gibt es trotzdem, River. Egal ob ihr hier oder in Kanada seid. Obwohl ich Kanada bevorzugen würde.»

Grinsend zuckte er die Schultern und stand auf.

«Deswegen das Freundschaftsding?», fragte ich und musste lachen. «Weil ihr unbedingt mit nach Kanada wollt?»

Jetzt lachte auch er. «Ich mag diesen Job, River. Und Kanada ist so viel besser als Vegas.»

Ich sah ihm nach, als er in die Küche ging und sein Telefon aus der Tasche zog. Und hasste ihn dafür, dass er zum Fick nochmal recht hatte.

Und dass er mir gerade gesagt hatte, dass er mich mochte und anscheinend gern für mich arbeitete.

Hieß das, er würde bleiben? Auch dann noch? Könnte es mit ihm und Asher so sein, wie bei Kit und Brooks mit Alex und Rick?

So einfach und leicht?

«Lu!», rief ich und zeigte mit dem Finger auf ihn. «Wirst du bleiben? Egal wie beschissen es ist?»

Er nahm das Telefon von seinem Ohr und zeigte darauf. «Alex ist da dran und hat mich gerade das gleiche gefragt.»

«Was ist deine Antwort?»

Er hob das Telefon wieder zu seinem Ohr und sagte: «Alex? Ich bleibe hier. Ach ja, wir ziehen vielleicht nach Kanada.» Er zwinkerte mir zu und lachend ließ ich mich zurück in die weichen Polster sinken.

Kanada. Zum Fick nochmal.

Wir hatten den Wagen nicht genommen und obwohl Schweiß mir den Rücken herunter rann und mein Tanktop durchnässte, war ich froh darüber.

Das hier war ich und daran würde sich nichts ändern. Kein Album, kein beschissener Film und auch kein Modeljob. Ich könnte so viel Geld verdienen, wie ich wollte. Das hier würde immer das bleiben, was mich ausmachte.

«Deswegen hasse ich Vegas», murrte Canyon neben mir und wischte sich den Schweiß aus dem Nacken.

Er war tatsächlich mitgekommen. Nicht einmal darüber nachgedacht hatte der Kerl.

Er trug wie ich eine kurze und tiefsitzende Jogginghose und ein weißes T-Shirt. Was ich als eine gute Entscheidung empfand, denn ich konnte seine Tattoos dadurch schimmern sehen und das war heiß. Wir alle trugen eine Cap und eine Sonnenbrille, während die Sonne uns Nacken und Schultern verbrannte.

Luis und Asher hatten sich ebenfalls kurze Jogginghosen und T-Shirts angezogen und schwitzen noch mehr als wir. Ich kannte diese Hitze und auch Canyon hatte sich in den letzten Monaten etwas daran gewöhnt. Aber die beiden waren nicht von hier.

Ich zündete mir einen Joint an, als wir durch die fast leeren Straßen liefen. Den Strip und die bunten Lichter hatten wir

längst hinter uns gelassen. Hier gab es nur Staub und graue Straßen, über denen die Hitze waberte.

Ein paar Leute drückten sich an die Häuserwände, in der Hoffnung, dort ein bisschen Schatten zu finden.

Ich sah Frauen, die auf Arbeit warteten und hofften, sich so vielleicht das nächste Essen kaufen zu können.

Ein paar Menschen lagen auf dem Gehweg und es interessierte niemanden.

«Ich hasse diese Stadt so sehr», murmelte Canyon und schob sich die Hände in die Taschen.

Wir bogen um die nächste Ecke, an der auch Mom öfter stand und wo wir mehr als nur einmal angesprochen wurden und dann sah ich sie.

Ja, dachte ich und blieb stehen. *Ja, ich hasse diese Stadt auch.*

Mom lehnte an einer Wand und ich sah schon von weitem, wie high sie war.

Wo zum Teufel war dieser Hektor jetzt, mit dem doch alles so verfickt anders sein sollte?

«Wartet hier», sagte ich und nahm die Sonnenbrille ab.

«Warum? Wo willst du …» Jetzt sah er sie auch und stockte. Ich ging zu ihr, stieg über Müll und alte Spritzen, über benutzte Kondome und Kotze.

Vegas hatte sie wieder, das sah ich sofort. Sie trug keinen Schmuck, bis auf das Plastikstück, was von ihrem scheiß Ring noch übrig geblieben war.

«Mom», sagte ich und als sie mich erkannte, lächelte sie.

«River, mein Baby.»

«Was machst du hier? Und wo ist Hektor?»

Sie hob den Arm und ich erstarrte. Grob griff ich nach ihrem Handgelenk und zog sie zu mir heran.

«Was ist das?», fragte ich leise und deutete auf die Einstichstellen in ihrer Armbeuge. Sie hatte schon vieles genommen, aber gespritzt hatte sie noch nie. «Was ist das, Mom?!»

Sie zuckte zusammen und sah aus verschleierten Augen zu mir auf. Mit einer Hand versuchte sie noch, die Stellen vor mir zu verbergen, doch ich wischte sie einfach zur Seite.

«Du warst nicht da und …»

«Nein! Das kannst du vergessen! Gib mir nicht die Schuld dafür! Ich habe damit nichts zu tun!» Ich hob die Hand und griff um ihr Kinn, damit sie mich endlich richtig ansah.

«Woher hast du den Kram?»

Sie versuchte, sich von mir loszumachen, aber ich verstärkte meinen Griff nur noch. «Woher?»

Als sie jetzt anfing zu heulen, verdrehte ich die Augen. Irgendwann, da waren Tränen nur noch ein Mittel, damit ich sie in Ruhe ließ oder Mitleid mit ihr hatte. Aber die Zeiten waren längst vorbei. Für Mitleid war es zu spät. Ich kannte das schon. Diese Nummer, die sie hier abzog.

«Da war ein Mann», begann sie und schluchzte. «Er hat es mir gegeben.»

Da war immer ein Mann. Immer ein Freier. Immer ein Zuhälter.

«Wo ist Hektor?»

Sie schüttelte schwerfällig den Kopf, was die Wut in mir nur noch mehr steigerte.

«Wo ist er?!», brüllte ich und stieß sie zurück.

«Riv, hör auf.» Canyon tauchte neben mir auf und griff nach meinem Arm.

Aber ich wollte nicht aufhören. Ich konnte es nicht. Wie lange sollte ich noch dabei zusehen, wie meine eigene Mom sich immer mehr kaputt machte?

«Geh nach Hause», befahl ich und machte mich von Canyon los. «Scheiße, geh nach Hause, Mom. Jetzt.»

«Aber ich brauche das Geld», wimmerte sie und schluchzte noch lauter.

Als würde es nicht reichen, seine Mom beim Arbeiten zu sehen, musste ich jetzt auch noch mit ihr diskutieren.

«Ich habe dir Geld dagelassen! Genug für Essen und alles!»

«Ich … es war nicht genug», sagte sie leise und wischte sich über das Gesicht.

«Nicht genug?»

Wie konnte es nicht gereicht haben? Es war so viel, dass sie damit locker außreichend Lebensmittel, Kleidung und sogar noch Drogen hätte kaufen können.

Ein Wagen fuhr an uns vorbei, Mom wich zurück und fing an zu winken.

«Mom!»

«Geh weg, Baby. Ich muss arbeiten.»

Sie wankte auf den Wagen zu, doch ich rannte ihr hinterher. Sie würde nicht in dieses verdammte Auto einsteigen. Nicht heute.

«Verpiss dich!», schrie ich und schlug gegen die Scheibe. «Hier gibt es nichts für dich zu holen!»

Ich wollte noch einmal auf den Wagen einschlagen, aber Luis sah es kommen, legte mir einen Arm um den Bauch und zog mich zurück.

«Lass mich los!»

«Erst, wenn du dich beruhigt hast. So nicht.» Er zog mich noch weiter nach hinten und der Wagen fuhr davon.

Jetzt war es Mom, die anfing zu schreien.

Und obwohl wir hier so einen Aufstand machten, sah niemand hin. Es war nichts besonderes. Nicht hier.

Gewalt war da, wo Drogen waren. Und hier gab es eine Menge davon. Und wer Drogen wollte, musste irgendwann anfangen, auf der Straße zu arbeiten und zog damit noch mehr Gewalt an.

Es war ein fucking Kreislauf, der immer so weiter ging.

Im Kreis. Runde um Runde um Runde.

Bis man es von hier weg schaffte, oder starb.

Meistens war letzteres der Fall.

«Was hast du getan?!», schrie Mom hysterisch und ging auf mich los. Sie schlug mir ins Gesicht und kratzte mir mit ihren langen Nägeln die Haut auf.

«Ich brauchte diesen Kunden!»

«Was du brauchst, ist ein Entzug.»

Sie weinte jetzt lauter, so laut, dass es jeder um uns herum mitbekam. Auch wenn sie nicht hin sahen, hörten sie es doch. Aber sich in fremden Scheiß einzumischen, konnte tödlich sein, weshalb es niemand freiwillig tat.

Ich machte mich von Luis los und fuhr mir über das Gesicht.

«Geh nach Hause, ich komme nach. Ich … ich geh für dich einkaufen, dann komme ich.»

Sie wischte sich über die Augen, sodass ihr Make-up noch mehr verschmierte und nickte schließlich.

«Ich will nicht allein sein, Baby.»

Ja, dachte ich. *Will ich auch nicht.*

«Ich muss aber für dich einkaufen gehen. Ruf doch diesen Hektor an», meinte ich bloß und wandte mich ab.

«River! Bitte! Ich kann nicht allein sein!»

Ach, auf einmal konnte sie nicht mehr allein sein? Jetzt?

«Soll ich mitgehen?», fragte Canyon mich leise und ich starrte ihn an. Warum zur Hölle sollte er das wollen?

Ich sah wieder zu Mom und dann zurück zu ihm. «Lass mal. Sie kommt schon klar.»

«Ich kann, stört mich nicht. Wirklich. Ich kann auf sie aufpassen, bis du da bist. Oder ich gehe einkaufen.» Er sah aus, als würde er das tatsächlich ernst meinen. Aber er konnte nicht für sie einkaufen gehen, denn sie brauchte mehr als Lebensmittel.

«Can, ich … Es tut mir leid. Das alles hier.»

Er griff kurz nach meiner Hand und ich erwiderte den Druck. Dann ließ er los und ging zu Mom.

«Mrs. Lost? Erinnern Sie sich an mich? Ich bin´s Canyon. Der Freund von River. Darf ich Sie nach Hause bringen?»

Mom sah zu mir und ich nickte. Canyon war wahrscheinlich der vernünftigste Mann, der je ihr Haus betreten würde.

«Er ist okay, Mom.»

«Danke, Baby.»

Asher blieb bei ihnen, was mir zumindest in dem Punkt ein bisschen Sicherheit gab.

«Na schön», murmelte ich, drehte mich um und lief los. Luis blieb neben mir und reichte mir ein Taschentuch, sobald wir die Seitenstraße verlassen hatten.

«Du blutest», sagte er, als ich ihn verständnislos ansah.

«Danke.»

«Wo gehen wir jetzt hin?»

Ich bog in eine heruntergekommene Straße ein und zündete mir eine Kippe an.

Bevor ich in den Supermarkt konnte, musste ich ihr erst neuen Stoff besorgen.

«Wir besuchen Daniel. Ich … Fuck. Ich gehe einkaufen, Lu.»

Er zog fragend die Augenbrauen zusammen und als er verstand, wurde sein Blick finster.

«Das ist nicht dein Ernst, oder?», fragte er und doch, es war mein voller Ernst. Mom würde die Drogen eh nehmen. So brauchte sie dafür aber nicht ihren Körper verkaufen.

Ich schwieg, lief einfach weiter die überhitzte Straße entlang und rauchte. Luis neben mir, dem Schweiß unter der Cap an den Schläfen entlang rann, weil es so verflucht heiß draußen war.

Hier waren die Vorgärten verdorrt. Einige mit schief hängenden, teilweise kaputten Zäunen umgeben, die es doch nicht schafften, den Müll zu verbergen.

Manche schoben die Vorhänge zur Seite, als wir an ihren Häusern vorbeigingen. Wahrscheinlich fürchteten sie sich vor Luis. Er war groß, muskulös und kam definitiv nicht von hier. Auch wenn er sich angepasst hatte, wir wussten immer, wer einer von uns war und wer nicht.

Irgendwann lernte man so etwas und bekam ein Auge dafür.

«Da vorn ist es», sagte ich leise und nickte zu einem kleinen sandfarbenen Haus, von dem die Farbe abblätterte und das Geländer nur noch auf einer Seite stand.

Ich stieg die kaputte Treppe rauf und hämmerte an die Tür. «Dan, mach auf. Ich bin´s, Lost!»

Es dauerte eine Weile, bis hinter der Tür Geräusche erklangen und die kleine Gardine daneben zur Seite geschoben wurde.

Erst als er mich sah, öffnete er die Tür.

«Lost, lange nicht gesehen. Deine Mom war in letzter Zeit öfter hier als du.» Er lachte und reichte mir seine Hand, in die ich einschlug.

«War unterwegs. Hast du was hier?»

Er sah zu Luis und dann wieder zu mir. «Wen schleppst du hier an?»

«Einen Freund, er ist okay.»

Daniel knurrte. «Ich will es dir raten. Was brauchst du? Für dich, oder sie?»

«Beide», meinte ich nur, er nickte und verschwand wieder im Haus. Ich setzte mich auf die Treppe und zündete mir eine weitere Kippe an.

«Das gefällt dir nicht, oder?», fragte ich, ohne aufzusehen. Wie sollte es auch, selbst ich hasste es. Aber so war es einfacher.

«Es steht mir nicht zu, darüber zu urteilen.»

«Als mein Bodyguard nicht, aber als mein Freund, da schon.»

Als mein Freund durfte er mir sagen, was er scheiße fand und sich mit mir streiten. Tat ich mit Oakley auch. Dafür hatte man doch Freunde, oder?

«Nein, es gefällt mir nicht. Ich hasse es, dir dabei zuzusehen, wie du dich kaputt machst. Und nichts dagegen tun zu können, das ist beschissen», sagte er und fuhr sich über den Mund, als hätte er etwas falsches gesagt.

Hatte er nicht. Ich wusste, dass es mies war. Natürlich wusste ich das, aber was sollte ich tun? Ich konnte nicht anders. Es ging einfach nicht.

«Bereust du es schon? Diesen Job angenommen zu haben?», wollte ich wissen und zu meiner Erleichterung schüttelte er den Kopf.

«Denkst du echt, ein paar Drogen, deine Mom und ein Musiker, der sich selbst zerstört, sind das Schlimmste, was mir hier passieren kann? Glaub mir, es gibt Schlimmeres.

Börsenmenschen und Politiker zum Beispiel, die sind meine persönliche Hölle.»

Konnte ich nachvollziehen. Den ganzen Tag mit jemandem verbringen zu müssen, der nur über Politik oder Finanzen sprach, wäre auch meine persönliche Hölle.

Die Tür ging auf und Daniel kam heraus. Ich ging zu ihm und stellte mich so in die Tür, dass niemand von draußen sehen konnte, was er in der Hand hielt. Auch wenn es alle wussten, mussten sie es dennoch nicht sehen.

«Reicht das?», fragte er und ich nickte. Aus meiner Tasche zog ich ein paar Scheine, reichte sie ihm und steckte den Kram ein.

«Alles klar, bis dann, Mann.» Er wollte schon die Tür schließen, da stellte ich meinen Fuß dazwischen.

«Warte, eins noch. Mom hat sich was gespritzt, sagt, sie hat es von irgendeinem Kerl. Weißt du was darüber?»

Ich musste den Typen finden, der ihr den Scheiß verkauft hat. Am besten, bevor sie ihn noch einmal fand.

«Da war so ein Typ, letzte Woche irgendwann. Sie hat an der Ecke zum Diner gestanden und kam wahrscheinlich gerade von der Arbeit. Er hat sie aus seinem Wagen heraus angequatscht und sie ist mitgefahren. Ein paar Tage später stand sie vor meiner Tür und wollte mehr davon. Ich habe ihr gesagt, dass ich den Scheiß nicht habe und sie weggeschickt. Sorry, Lost. Aber mit Crystal und Hero will ich nichts zu tun haben.»

Wer zur Hölle wollte das schon?

«Weißt du, wo dieser Hektor ist?» Sie waren doch verheiratet, sollte er sich da nicht um sie kümmern?

«Hab ihn zuletzt mit deiner Mom zusammen gesehen. Man erzählt sich, er wohnt bei ihr. Ob das stimmt? Frag mich nicht. Er ist ein Wichser.»

Das glaubte ich ihm, auch ohne Hektor wirklich zu kennen. Dass Daniel ihn kannte, überraschte mich nicht. Wir Außenseiter waren eine Gemeinschaft, wie ein eigenes kleines Dorf. Jeder kannte jeden, wusste, wer Stoff hatte und wer nicht. Wer mit wem zusammen war und wem man besser aus dem Weg ging.

«Alles klar, wir sehen uns.» Noch einmal schlugen wir ein, bevor ich die Treppe herunter ging und mit Luis direkt zum nächsten Supermarkt.

Keinen, wie es sie sonst zu Hauf gab. Das hier war ein kleiner Laden, der seltsam roch und wo das Obst und Gemüse schon bessere Zeiten gesehen hatte. Aber hier gab es alles, was ich brauchte und es war nicht allzu weit von unserem Haus entfernt.

Für den Einkauf brauchte ich nicht lange, Mary-Anne, die Besitzerin, kannte mich, seit ich ein Kind gewesen war, und nach einer viertel Stunde verließen wir den Laden mit zwei vollen Tüten.

Luis trug eine der beiden, weil er darauf bestanden hatte. Es werfe ein mieses Bild auf ihn, wenn ich zwei Tüten trug und er keine.

Mir war das Bild egal, welches ich abgab. Ich wollte nur aus der Hitze raus und nach Hause.

Mit Canyon. Nur wir beide, das hatten wir zu lange nicht mehr.

Wir kamen endlich bei Mom an und ich brauchte nur einmal hinzusehen, um zu wissen, dass sie auf Entzug war.

Ihre Bewegungen waren fahrig, sie schwitzte selbst für hier zu stark und ihre Hände zitterten.

«Baby, ich brauche dein Telefon», sagte Mom, während sie unentwegt auf ihrem tippte, und mit einem genervten Seufzen sah ich zu ihr.

«Ich kann dir mein Telefon nicht geben und auch keiner von den anderen hier.» Damit irgendwelche Dealer oder Freier dann meine Nummer hatten? Auf keinen Fall.

«Aber hier, das suchst du doch, oder?», fragte ich und warf die Pillen und die anderen Drogen auf den kleinen Tisch.

Erleichtert nickte sie und ich musste wegsehen, als sie etwas davon nahm.

Es juckte mir in den Fingern, selbst auch etwas zu nehmen. Nur ein bisschen, um den Scheiß hier zu ertragen.

Aber Canyon war hier und die beiden anderen. Aber allen voran Canyon.

«Hallo?», rief sie plötzlich in den Hörer und verschwand in ihrem Schlafzimmer.

«Ich will hier weg», meinte ich zu Canyon und stützte mich erschöpft auf die Arbeitsplatte. Das hier glich einem Marathonlauf und ich wollte bloß ankommen und mich ausruhen dürfen.

«Dann lass uns gehen», sagte er leise hinter mir und legte seine Arme von hinten um meinen Bauch.

Ausgelaugt lehnte ich mich in die Berührung hinein und schloss für einen Moment die Augen.

Es könnte mir unangenehm vor Asher und Luis sein, aber die beiden mussten hier sein. Wenn wir uns in ihrer Gegenwart nicht einmal berühren konnten, hätte das mit uns nie eine Chance.

Dass er mir zeigen konnte, wie man liebte.

«Ich mache mir Sorgen um sie», gestand ich und schüttelte den Kopf. Wie konnte ich mir Sorgen um die Frau machen, die mir schon so viel Leid gebracht hatte?

«Willst du hierbleiben?», fragte er, doch ich konnte nicht. Selbst wenn ich es gewollt hätte. In meinem alten Zimmer schlafen, wo so viel passiert war, das würde ich nicht überstehen.

«Ich will nach Hause, Can. Ich bin so müde.»

Er küsste meinen verschwitzten und sonnenverbrannten Nacken und schenkte mir damit einen kurzen Moment der Ruhe.

Nur einen, in diesem ganzen Konstrukt aus Leid.

«Zu Hause kannst du schlafen. Komm, wir räumen den Rest weg und dann gehen wir.»

«Sollen wir einen Wagen bestellen?», fragte Luis, aber ich verneinte.

Ich würde gehen, wie ich gekommen war. Wie jeder hier kam und ging. Keine Sonderstellung, nur weil ich jetzt berühmt war.

«Mom!», rief ich, als ich alles eingeräumt hatte. «Sag deinem Zuhälter, du rufst ihn zurück. Wir müssen los!»

Sie kam aus dem Schlafzimmer und direkt auf mich zu. «Er hat gesagt, wenn ich ihn anrufe, sobald ihr hier seid, würde er mir mehr geben.»

Mehr geben? Anrufen?

«Wer?», knurrte Luis und stand sofort neben mir.

«Der Mann, der mir das hier» - sie zeigte mir ihren Arm - «gegeben hat. Er hat gesagt, er bringt mir mehr, wenn ich ihn anrufe.»

«Wer ist der Mann?», fragte ich und wich einen Schritt zurück.

Sie hatte mich verraten? Schon wieder?

«Erst der Film und jetzt das? Reicht es dir nicht irgendwann? Ich bin dein Sohn, ist dir das eigentlich klar? Ich gebe dir Geld und kaufe für dich ein. Trotz allem, bin ich immer noch hier. Und du fällst mir in den Rücken und verrätst mich? Schon wieder?»

Sie schüttelte den Kopf, lief in die Küche, um aus dem Fenster zu sehen und ging dann zu Canyon. Ich sah noch, wie sie ihm etwas in die Hand drückte und dann flog die Haustür auf.

Jemand stürmte herein, wir wurden zu Boden gerissen und bevor ich realisierte, was hier geschah, hörte ich Canyon schreien.

« … Sie haben das Recht zu schweigen … gegen sie verwendet … verstanden?»

Nein!

«Can!», schrie ich und wollte aufstehen, doch jemand drückte mich zu Boden und nun sah ich auch, dass es ein Cop war.

Hier waren mehrere Cops und Luis diskutierte gerade mit einem von ihnen darüber, dass er mein Personenschützer war.

Aber ich konnte nur zu Canyon sehen, der mit Handschellen aus dem Haus geführt wurde.

«Canyon! Ich hol dich da raus!», brüllte ich und versuchte, mich gegen den Cop auf meinem Rücken zu wehren.

Die einzige, die nicht auf dem Boden lag, war Mom.

«Was hast du getan?», fragte ich fassungslos. Wie hatte sie nur Canyon verraten können?

«Sie bleiben hier», sagte jemand und riss mich auf die Füße. Er schwafelte etwas von einen Anwalt für Canyon rufen und ließ mich los.

Ich rannte zur Tür und suchte Canyon.

Helles Licht blitzte auf und blendete mich. Reporter standen da, mit ihren Kameras in den Händen, und filmten die ganze Szenerie.

Wie Canyon in einen Wagen gesetzt wurde und ich nur hilflos daneben stehen konnte. Und irgendwo zwischen ihnen erkannte ich Garry und Tom.

Sie hatten gesagt, sie würden weit gehen. So weit, hatte ich allerdings nicht erwartet. Nicht, dass sie Canyon verhaften lassen, nachdem Mom ihm Drogen in die Hand gedrückt hatte. Nicht, dass sie ihm sein Leben und seine Zukunft nehmen würden.

«River!», rief Mom hinter mir und ich konnte nicht anders, als hinzusehen. «Baby, es tut mir leid. Ich hatte keine Wahl. Er … er hat gesagt, sonst bekomme ich nie wieder etwas und … ich wusste es nicht. Was er vorhatte. Er ist doch vielleicht dein Dad, da dachte ich … er hat dich auch berühmt gemacht. Ich musste es tun.»

Ich riss den Kopf herum und sah zurück zu Garry und Tom. Einer von denen sollte vielleicht mein Dad sein? Einer der Männer, die sich auf meinen nackten Anblick einen gewichst hatten, während ich vollkommen hilflos und zugedröhnt gewesen war?

Nein, auf keinen Fall.

«Musstest du nicht», sagte ich und blieb stehen. «Du hättest zu mir kommen können, zu deinem Sohn. Aber du hast mich verraten, für ein paar billige Drogen.»

«Baby …»

«Nein!», schrie ich jetzt und es war mir egal, ob die ganze Welt es zu sehen bekommen würde. «Wie konntest du das tun? Canyon hat nichts falsches getan und du verrätst den einzigen

Menschen, den ich … den ich je sehen konnte?» Denn ich hatte ihn gesehen. In meinen Farben und fuck, dass durfte ich nicht verlieren.

Canyon wurde in den Wagen gesetzt und als sie mit ihm davon fuhren, da wusste ich, ich wollte nur noch ihn.

Er sollte mir zeigen, wie man liebte. Er sollte mich in Farben sehen und ganze Sets mit mir in blau schreiben.

Ich wollte mit ihm nach Kanada. Nur mit ihm und für lange Zeit.

«Wo bringen Sie ihn hin?», fragte ich einen anderen Cop, der zu seinem Wagen ging.

«Ins Clark County Detention Center», sagte er nur und stieg ein. Sie brachten ihn in U-Haft.

Verdammte Scheiße.

Sobald ich Canyon nicht mehr sehen konnte, rannte ich zurück ins Haus und zog mein Telefon aus der Tasche. Draußen konnte ich nicht telefonieren, weil da immer noch alles voll von Reportern war.

«Wir gehen hinten raus», sagte ich zu Luis und Asher, während ich meine Cap und meine Sonnenbrille suchte.

Es klingelte und endlich nahm Colson ab.

«Was ist passiert?», fragte er sofort.

«Canyon, er … er wurde verhaftet. Du musst den Anwalt anrufen und …»

«Ganz ruhig. Erzähl mir, was genau passiert ist.»

Wie denn? Ich verstand es doch selbst nicht. Was, wenn sie ihn da behielten? Wenn er ins Gefängnis musste und ich ihn verlor? Wir hatten uns doch noch nicht einmal richtig gefunden, da durfte er nicht jetzt schon wieder gehen.

«Ich … Col, bitte. Er darf nicht in den Knast, er hat nichts gemacht. Mom war das und … ich kann ihn nicht verlieren!», rief ich und konnte die Panik nicht länger zurückhalten.

Sie schnürte mir die Brust zu und raubte mir den Atem. Sie nahm mir alles und noch mehr.

Selbst meine Farben.

Da waren keine Auren mehr. Jeder wirkte nur noch grau und trist.

«River, beruhige dich. Du musst mir erzählen, was passiert ist», bat er, doch ich hörte ihn kaum. Canyon war weg.

Sie hatten Canyon mitgenommen.

«Garry und Tom waren da», sagte ich leise und sah zurück zur Tür. «Mom hat sie angerufen und Can Drogen in die Hand gedrückt. Dann kamen die Cops und haben ihn mitgenommen. Er hat nichts gemacht, Col.»

«Ich weiß», sagte er leise. «Ich rufe einen Anwalt an, der wird sich darum kümmern. Geh nach Hause, River und bau keinen Mist. Ich melde mich wieder bei dir.»

Er legte auf und ich lief zum Fenster. Irgendwo hinter mir heulte Mom, doch es interessierte mich nicht mehr.

«Baby, du musst mich verstehen», sagte sie und wagte es doch tatsächlich, nach meiner Schulter zu greifen.

«Was?!», schrie ich und riss mich von ihr los. «Was muss ich verstehen, Mom?»

Wie konnte sie mir so etwas antun? Nach allem, was ich für sie getan hatte. Mein ganzes Leben hatte ich mich um sie gekümmert und wozu? Dass sie mir den einzigen Menschen nahm, den ich lieben können wollte? Den ich vielleicht sogar schon liebte, ohne es zu wissen? Weil ich nicht wusste, wie sich Liebe anfühlte.

«Drogen und Geld, mehr interessiert dich nicht. Für verfickte Drogen und Geld! Aber was ist mit mir? Warum war ich nie genug? Wieso musstest du immer mehr haben wollen?!»

Sie war schon wieder high, oder immer noch. Ihr ganzes Leben lang.

«Er hat mir ein besseres Leben versprochen. Er hat dir ein besseres Leben versprochen. Sie haben dich berühmt gemacht, Baby. Dir ging es so gut da.»

«Gut?», fragte ich und lachte zitternd auf. «Soll ich dir sagen, wie es mir da ging? Willst du wissen, was sie getan haben?!»

Ich ging auf sie zu und drängte sie zurück an die Wand. Eine Hand stützte ich neben ihrem Kopf ab, während ich sie durch die Tränen hindurch anstarrte.

«Sie haben mich unter Drogen gesetzt», sagte ich leise und schluckte den Würgereiz herunter. «Und dann musste ich mich ausziehen.»

Ich hörte Luis neben mir knurren und Mom schluchzte auf.

«Nein. Er hat gesagt, er kümmert sich um dich. Weil er nie dagewesen ist und …»

«Er ist nicht mein Dad! Fuck, Mom. Du weißt doch gar nicht, was du da sagst. Du warst fünfzehn, als du geschwängert wurdest.»

Sie schien tatsächlich darüber nachzudenken und allein das gab mir die Bestätigung, dass ich recht hatte.

«Aber er könnte es sein. Er hat sich doch um dich gekümmert und dich entdeckt, obwohl du nichts hattest.»

Nein, ich hatte nichts gehabt. Bis auf meine Stimme und meine Gitarre, die ich irgendwann verkaufen musste, weil wir nichts mehr zu Essen hatten und Mom zu krank war, um arbeiten zu gehen.

«Gekümmert», schnaubte ich und schüttelte den Kopf. «Er hat sich einen runtergeholt, während ich nackt und völlig zugedröhnt dabei zusehen musste. Er hat mich geschlagen und abhängig gemacht. Garry war schlimmer als manche deiner dreckigen Typen.»

«Sie haben dir nie etwas getan. Das haben sie mir versprochen», rief sie und zog die Nase hoch.

Mir brach mit jedem weiteren Wort von ihr ein Stück mehr meiner Seele. Dass sie es immer noch leugnete und ihrem Wahn nachhing, dass all das richtig gewesen wäre. Ich verstand es nicht. Nichts davon.

«Dein Job hat mich kaputt gemacht», sagte ich heiser und konnte die Tränen nicht länger zurückhalten. «Jedes Mal, wenn einer deiner Typen mich lieber angesehen hat als dich. Jedes Mal, wenn du danach so zugedröhnt warst, dass sie zu mir kommen mussten. Du sagst, sie hätten mir nichts getan?! Ist es nichts, wenn Erwachsene ein Kind anfassen?! Wenn sie mir Albträume einpflanzen und mir drohen, dich zu töten, sollte ich etwas sagen? Ist das nichts, Mom?!»

Ich schlug neben ihrem Kopf gegen die Wand und sie zuckte zusammen. Für einen kurzen Moment gab mir das so etwas wie Befriedigung. Aber nur für einen kurzen Moment, dann war ich zurück in dieser toxischen Beziehung und konnte nicht raus.

Luis kam, legte seine riesige Hand um mich und zog mich von ihr weg.

Ich klammerte mich an seinen Arm, als wäre er der einzige, der mich davor bewahren konnte, hier den Verstand zu verlieren.

Das durfte ich nicht, denn da war Canyon, der darauf zählte, dass ich alles tat, um ihn da rauszuholen.

«Baby», flüsterte sie und kam auf mich zu. Diesmal erlaubte ich es ihr, weil Luis noch da war und mich hielt. Darauf aufpasste, dass ich nicht fiel.

«Es tut mir so leid, River. Ich … ich habe das nicht gewollt.»

«Nein», sagte ich leise. «Habe ich auch nicht.»

Und dann nahm sie mich in den Arm, während Luis noch immer hinter mir stand.

«Ich hasse dich», gestand ich und schaffte es nicht, sie ebenfalls in den Arm zu nehmen. «Aber ich hasse dich auch nicht.»

«Ich liebe dich, Baby. Es tut mir leid.»

Ich sah zu Luis hoch und schüttelte den Kopf. «Ich … bring mich hier weg.»

Er nickte und kurz darauf war Asher da, der Mom zurückschob.

Sie brachten mich zur Hintertür und raus aus diesem Haus. Weg von Mom, die mich immer nur zerstören würde.

Ich zeigte ihnen den Weg, verborgen hinter fremden Gärten und hohen Zäunen.

Zu Fuß, so wie ich hergekommen war.

Kaputt, so wie jeder hier.

Verloren, so wie ich es immer sein werde.

Schlagzeile:

Russel Hogan
Las Vegas Times

Escort von River Lost verhaftet

Sein neues Album steht in den Startlöchern und schon folgt der nächste Skandal.
Der junge Mann, der ihn seit Tourbeginn begleitet und sich als Escort herausstellte, wurde heute im Haus von Lost´s Mutter verhaftet.
Offenbar soll er Drogen verkauft haben. Was an den Vorwürfen dran ist, wird sich noch herausstellen.
Eines ist aber sicher, auch dieser Skandal wirft wieder einige Fragen zu dem jungen Musiker auf. Allen voran, ob er etwas damit zu tun gehabt hat, oder dieses Mal bloß zur falschen Zeit am falschen Ort war.

(21.425 Kommentare)

@gina_lost Ich kann sein Album kaum erwarten. Wenn ich so etwas lesen muss, bete ich nur, dass es nicht sein letztes sein wird.

@stanley8383 Als ob der nur ausversehen da war, wenn sein Callboy mit Drogen um sich wirft. Wem will er das denn erzählen? So ein Dreckskerl.

@my_life4riv Warum gerät River immer an die falschen Leute? Kann er nicht einmal einen vernünftigen kennenlernen?

@lost.is.my282 River! Ich zähle die Stunden bis Mitternacht. Ich brauche neue Musik!

Weitere Kommentare laden …

30.
Canyon

The pain of the soul, an endless dance,
A fiery waltz in a cold expanse.

Sie hatten mich in einen Verhörraum geschleppt, wo ich jetzt seit Stunden saß und darauf wartete, dass ich endlich telefonieren durfte.

Ich sagte kein Wort, auch wenn sie es immer wieder versuchten. Wahrscheinlich würde es nicht mehr lange dauern, bis Mom oder Dad davon erfuhren und dann hier auftauchten.

Rivers Mom hatte mir die Drogen in die Hand gedrückt, nachdem sie jemanden angerufen hatte. Um mich dran zu bekommen.

Als ich dann Garry und diesen Tom draußen gesehen hatte, wusste ich, dass sie es gewesen waren.

Warum? Wahrscheinlich aus demselben Grund, weshalb sie auch dem Film zugestimmt hatten.

Um River zu schaden.

Er wollte den Vertrag nicht verlängern, also musste er weg.

Jetzt hatte ich Angst, dass sie ihm etwas antun würden. Und ich war nicht da, um ihm zu helfen.

Sie hielten mich hin, doch ich hatte jahrelanges Training hinter mir.

Ihr Plan war es gewesen, schlechte Schlagzeilen für River zu bekommen. Dabei konnten sie nicht wissen, dass sie mir damit den einzigen Grund geben würden, unter dem ganzen hier einzubrechen.

River hatte wahrscheinlich schon Colson angerufen und dieser einen guten Anwalt, der dann bald hier aufschlagen würde.

Ich vertraute darauf, weil ich River vertraute. Er würde mich nicht hängen lassen.

Selbst wenn da nichts zwischen uns gelaufen wäre und wir nicht … wenn da nicht die Farben und Kanada wäre, Kanada, dieser kleine Traum, selbst dann würde er mich hier rausholen. Für Blake und Oakley.

Aber jetzt, da würde er es für mich tun.

Mich in den Knast zu schicken würde *MusicIn* wahrscheinlich nicht reichen. Sie würden mehr wollen.

Mehr Schmerz.

Mehr Leid.

Mehr Schlagzeilen.

Ich hatte es schon vermutet, nach dem, was River mir erzählt hatte, aber jetzt wusste ich es mit Sicherheit. Die zwei waren größenwahnsinnig und es würde ihnen nie reichen. Niemals, weil es dabei kein genug gab.

Es musste immer mehr sein und davor hatte ich eine scheiß Angst. Dass sie River hiermit zu Grunde richten würden. Und dass er ausrastete und dadurch einen Fehler beging.

Einen, vor dem ich ihn nun nicht mehr bewahren konnte.

«Ando!», rief plötzlich ein Polizist und hielt mir das Telefon hin. «Sie können Telefonieren. Zwei Minuten.»

Er verließ den Verhörraum wieder und sofort griff ich nach dem Telefon. Mit zitternden Fingern wählte ich Rivers Nummer, weil er der einzige war, den ich in diesem Moment anrufen wollte.

«Hallo?», erklang seine müde Stimme und mir wurde das Herz schwer.

«Riv», sagte ich leise und ließ meinen Kopf in die Hand sinken. «Ich bin´s.»

«Canyon? Scheiße, geht´s dir gut?»

Nein, dachte ich, aber seine Stimme machte es etwas besser.

«Jetzt schon», gestand ich und erlaubte mir für diesen einen Moment, schwach zu sein. An diesem Ort, der mir alles nehmen konnte.

«Colson hat einen Anwalt angerufen, er ist unterwegs zu dir. Ich wollte auch kommen, aber sie lassen mich nicht.»

Natürlich nicht.

«Riv, hör mir zu. Du musst stark sein, okay? Für uns beide. Versprich mir, dass du stark bleibst. Für uns und für *Lyrics*.»

Er atmete tief ein und ich hatte mir nie so sehr gewünscht, ihn in den Arm nehmen zu können.

«Für *Lyrics*», sagte er, und ich hoffte, er vergaß es nicht.

«Die Zeit ist um», erklang die Stimme des Polizisten wieder.

«Riv, ich muss auflegen. Ich will es dir immer noch zeigen, okay? Egal was passiert, ich …»

«Vielleicht musst du das nicht mehr», flüsterte er. «Ich glaube … ich weiß es schon.»

«Ich auch», sagte ich und schluckte die Angst herunter, er könnte sich nicht mehr daran erinnern, wenn ich hier wieder rauskam. «Pass auf dich auf. Bitte, Riv. Mach keinen Mist.»

«Werde ich nicht», versprach er, und diesmal glaubte ich ihm. «Ich hol dich da raus, Can.»

«Ich weiß. Bis dann, *Color.*»

«Bis dann, *Blue*», sagte er noch und ich legte auf, weil ich es sonst niemals schaffen würde.

Blue.

Sein *Blue,* nur für ihn.

31.
River

In silence, it cries out for release,
Enveloped in an ominous, relentless crease.

«Du solltest etwas trinken oder essen», sagte Luis vom Sofa aus, auf dem er seit Stunden saß und mir dabei zusah, wie ich in meinem Wohnzimmer auf und ab lief.

«Ich will nicht», murmelte ich und widerstand dem Drang, mir Pillen einzuwerfen, um runterzufahren. Aber ich hatte es ihm versprochen. Keinen Mist zu bauen. Und ich wollte mich daran halten. Nur dieses eine verfluchte Mal.

Also stürmte ich nach draußen, zündete mir einen Joint an und hoffte, er würde reichen.

Noch einmal zog ich mein Telefon aus der Tasche und wählte Oakleys Nummer. Ich hatte ihn noch auf dem Weg nach Hause angerufen und er hatte versprochen, dass Blake uns helfen würde. Blakes Dad belegte eine hohe Position bei der Polizei und auch wenn die zwei sich nicht nahe standen, ging es doch um Canyon.

«Hey, Baby», sagte Oakley leise und sah mich an. Er hatte auf Facetime umgestellt, wahrscheinlich weil er sichergehen wollte, dass ich nicht irgendwo in einer Ecke lag und starb.

«Ich halt' das nicht aus, Oaky. Diese Ungewissheit und ...»

Blake kam dazu und setzte sich neben Oakley. Auch ihm ging es sichtlich mies, schließlich war Canyon sein bester Freund. «Er ist erst einmal nur zum Verhör da. Länger als vierundzwanzig Stunden dürfen sie ihn nicht ohne einen triftigen Grund oder Beweise festhalten.»

Aber sie hatten beides. Beweise, weil er die Drogen in der Hand gehalten hatte und einen Grund.

«Er hat nichts getan. Mom hat ihm das Zeug in die Hand gedrückt», wiederholte ich, obwohl sie es längst wussten.

«Hast du mit Garry gesprochen? Oder nochmal mit deiner Mom?», fragte Oakley, doch ich schüttelte den Kopf.

«Mom hat mir geschrieben. Aber wie soll ich ihr das verzeihen? Für Drogen, Oaky.»

Er fuhr sich über das Gesicht und seufzte. «Weißt du, als ich süchtig und auf Entzug war, da hätte ich für Alkohol sogar meine Oma verkauft. Ich wollte ihn so sehr, dass es mir egal war, was um mich herum geschah. Ich brauchte ihn, weil ich das Gefühl hatte, ohne sterben zu müssen. Deswegen will ich nie wieder rückfällig werden. Auf Entzug verrät man selbst die Menschen, die einem alles bedeuten.»

Das kannte ich. Zu gut. Ich wusste, wie es sich anfühlte und was man für Drogen alles tat. Ich war selbst süchtig und ich hasste es. Nicht immer, aber an einigen Tagen schon. So wie jetzt, wo es mir beschissen ging und ich nur daran denken konnte, dass eine, vielleicht zwei kleine Pillen alles etwas erträglicher machen könnten.

«Du hast keine Oma, Oaky.»

Er lachte und nickte schließlich. «Aber hätte ich eine, dann hätte ich sie verkauft.»

Ich zog noch einmal an dem Joint und sah auf die Stadt. Nicht auf den Teil, wo der Strip lag. Sondern auf den, der von

der Dunkelheit beinahe ganz verborgen lag und wo ich herkam.

«Ich sollte zu Garry fahren, bevor ich morgen zum Verhör muss.» Ich hatte eine Vorladung bekommen, genau wie Asher, Luis und Mom wahrscheinlich auch.

«Nein», widersprach Blake. «Halt dich fern von dem Kerl. Sag, wie es wirklich gewesen ist und halt dich fern.»

«Und zeig ihn an», sagte Oakley. «Für das, was er getan hat, was sie getan haben, musst du sie anzeigen.»

Und all das noch einmal durchmachen? Wahrscheinlich vor der ganzen Welt, weil so ein Prozess niemals geheim blieb?

«Ich kann nicht. Niemand würde mir glauben und

dann … Reicht es nicht, dass der Film mich so zeigt? Genügt eine öffentliche Demütigung nicht?»

Er nickte und schwieg. Weil wir uns nicht voreinander rechtfertigen mussten und weil er auf meiner Seite war. Immer schon und auch jetzt.

Er hatte es gesagt und würde das Thema nun nie wieder ansprechen. Nicht, wenn ich ihn nicht darum bat.

«Blake, hast du was erreicht?», wollte ich wissen, um abzulenken.

Er verzog das Gesicht und nickte. «Ich habe mit Dad gesprochen. Er hasst mich immer noch, aber er will telefonieren. Frag mich nicht, was das heißt. Vielleicht auch nur, um dann mich einzubuchten.»

«Danke. Ich … Fuck. Oaky …»

Oakley sah zu Blake, dieser nickte mir noch einmal zu und stand auf. Durch die Kamera sah ich, wie er hinter Oakley aus dem Zimmer ging und die Tür schloss.

«Ich hab Schiss», sagte ich leise und presste mir eine Hand auf den Mund, um nicht noch schwächer zu werden.

Ich hasste es, auch wenn es Oakley war. Trotzdem wollte ich das nicht.

Canyon hatte das mit mir gemacht. Dass ich mich jetzt so fühlte. Mit seinem Blau und seinen Versprechen. Mit seiner Art und dem sicheren Gefühl, welches er mir immer gab.

«Was ist, wenn er in den Knast kommt? Was mache ich dann? Wir wollten doch nach Kanada und …»

«Erzähl mir von Kanada, Rivy», bat er leise und ohne Druck.

Ich lachte auf und wischte mir über die Augen, wo sich die verräterischen Tränen nicht länger zurückhalten ließen.

«Er hasst Vegas und würde gern nach Kanada. Kannst du dir das vorstellen, Oaky? Kanada. Da gibt es nichts.» Ich dachte an unser Gespräch darüber und wie aufgeregt es in meinem Magen bei der Vorstellung gekribbelt hatte, mit ihm dorthin zu gehen. «Ich will mit ihm nach Kanada. Mit einem kleinen Haus am Wasser, an einem Fluss, im Wald. Mit einem Pool und einem Whirlpool und einer Sauna. Mit Elchen und Karibus und Schnee im Winter.»

Oakley legte sich ins Bett und fing an zu lachen. «Weißt du, wer auch immer nach Kanada wollte? Blake.»

«Wenn Can zurück ist, dann … »

«Wollen wir alle zusammen nach Kanada, Riv?», fragte er und ich konnte bloß nicken. Wenn ich nur mit Canyon dorthin konnte, würde ich sogar damit leben können, wenn Kit *fucking* Bellamy und Brooks mitkamen.

«Ich kann nicht mehr, Oaky.»

Er nickte und hob seine Hand. Ich tat es ihm gleich, sodass es fast so war, als würden wir uns durch den Bildschirm berühren. «Bitte pass auf dich auf und ruf mich an, wenn irgendetwas ist.»

Würde ich. Wen sonst sollte ich anrufen? Ich hatte doch nur noch ihn.

Er legte auf, damit ich es nicht tun musste und ließ mich mit diesem erdrückenden Gefühl der Leere zurück.

Ich stand auf und zog mir Schuhe an. Luis sah von dem Buch auf, welches er gerade las und setzte sich auf. «Wo gehen wir hin?»

«Ich muss nochmal zu Mom.»

«River, bist du sicher?», fragte er, lief aber gleichzeitig zu meinem begehbaren Kleiderschrank, in dem ich ein Klappbett für Asher aufgebaut hatte.

«Wenn ich nicht zu Mom gehe, dann zu Garry. Und ich glaube, Colson und Blake werden dann ziemlich sauer.» Was nicht hieß, dass ich, nachdem ich bei Mom gewesen war, nicht doch zu ihnen gehen würde.

Auch wenn jede Begegnung mit Garry mir den Kopf fickte, musste ich diese Sache doch klären.

Warum hatte er nicht mich einsperren lassen? Wieso ausgerechnet Can?

«Na schön, aber ich halte das für keine gute Idee», sagte Luis und sammelte seinen Kram ein.

«Ich ersticke hier drin, Lu. Ich bekomme keine Luft, ohne ihn. Er sitzt da im Knast und ich … ich verrecke.»

«Niemand verreckt hier», knurrte Asher, als er zu uns kam. «Ich will nach Kanada, vorher verreckt hier niemand.»

«Ash will nach Kanada», murmelte ich kopfschüttelnd. «Der einzige Grund, warum er noch da ist.»

«Nicht ganz», widersprach er und zog sich seine Schuhe an. «Ich mag euch zwei.»

«Aber Kanada mag er auch», warf Luis ein und brachte mich damit tatsächlich zum Schmunzeln.

Jeder hier wusste, dass es nur eine Spinnerei von uns war. Aber es half mir, wenigstens die Illusion zu haben, mit Canyon irgendwo hingehen zu können.

Nachts durch diese Gegend zu laufen war etwas völlig anderes als tagsüber.

Sobald es dunkel wurde, kamen diejenigen raus, die sich am Tag versteckten.

Jetzt bekam man an jeder Ecke Drogen oder Sex. Hier interessierte es kaum jemanden, nicht einmal die Cops. Warum sollte man sich um den *Abschaum* kümmern, wenn doch die wichtigen Leute da waren, wo das Neonlicht einem die Augen verätzte?

In den Tunneln herrschen eigene Regeln und hier war es ähnlich. Jeder wusste, wo sein Platz war. Niemand tanzte aus der Reihe, weil es keinen Sinn machte.

Hier war man auf sich gestellt und das wussten alle.

«Wahrscheinlich arbeitet sie», meinte ich und schlug den Weg zu den Plätzen ein, von denen ich wusste, dass Mom öfter dort war.

Aber ich fand nicht Mom, sondern diesen Hektor.

«Hektor!», rief ich und lief schneller. «Warte!»

Er wollte sich gerade aus dem Staub machen und seufzte genervt, als er mich erkannte.

«Was willst du, kleiner Scheißer?», fuhr er mich an, woraufhin Luis sich mit verschränkten Armen neben mich stellte.

Hektor fing an zu lachen. «Ach ja, hab schon fast vergessen, dass du ein *Star* bist.»

«Halt´s Maul», zischte ich. «Wo ist meine Mom?»

«Woher soll ich das wissen?»

«Ihr habt doch geheiratet. Solltest du da nicht wissen, wo deine *Frau* ist?»

Er schnaubte. «Geheiratet? Das war nicht echt. Scheiße, als würde ich so eine heiraten.»

Ich stürmte nach vorn, doch Luis hielt mich zurück. «Ganz ruhig.»

Hektor lachte bloß abfällig, sah mich noch einmal an und wandte sich ab.

«Wir sind noch nicht fertig!», schrie ich, was ihn noch mehr zum Lachen brachte.

«Willst du unbedingt noch mehr Aufmerksamkeit auf uns lenken?», fragte Asher und sah mich wütend an.

Aber es war mir egal. Dieser Hektor hätte es nicht anders verdient.

«Lass mich los.» Ich riss mich von Luis los und schob meine Hände in die Taschen.

Da wir Mom nirgends fanden, liefen wir zu ihrem Haus. Ich schloss die Haustür auf, doch alles war dunkel.

«Mom?», rief ich und lief zu ihrem Schlafzimmer. Sie musste arbeiten sein, denn ihre Stiefel und die kleine Tasche waren nicht hier. Vielleicht hatte sie gerade einen Kunden, dann würde sie bald wieder zurück sein.

«Sie ist nicht da», sagte ich zu den beiden und zündete mir eine Kippe an. Mein Blick fiel auf die Pillen, die auf dem Tisch lagen und meine Hand zuckte kaum merklich dorthin.

Aber ich hatte es Can versprochen, deshalb wandte ich mich schnell ab und rannte fast aus dem Haus.

Sie direkt vor mir zu haben, war zu viel. Meine eigenen hatte ich in meinem Kleiderschrank versteckt. So weit weg, dass ich

sie nicht die ganze Zeit sah. Auch wenn ich wusste, dass sie da waren.

Hätte ich gewusst, wo Garry wohnte, wäre ich direkt zu ihm gefahren.

So musste ich bis morgen warten, wenn ich ihn in seinem Büro überfallen konnte.

Er sollte es mir erklären. Wollte er noch einen Skandal? Konnte er haben, ich gab ihm diesen. Aber ohne Canyon da mit reinzuziehen.

Obwohl Blake und Colson beide gesagt hatten, ich solle ihn nicht anrufen, wählte ich nun dennoch seine Nummer.

Er nahm nicht ab, deswegen wählte ich noch einmal und dann ein weiteres Mal.

«Fuck!» Dieser Wichser.

«Willst du zurück?», fragte Asher, aber ich schüttelte den Kopf.

«Nein, wir suchen Mom. Sie muss irgendwo stehen, ihre Sachen sind nicht da.»

Die beiden sagten nichts dazu, folgten mir aber durch die dunklen Straßen von Vegas. Vorbei an Dealern und Süchtigen, an Prostituierten und denen, die keinen Platz zum Schlafen hatten.

Menschen lagen zugedröhnt auf dem Gehweg und nun waren wir diejenigen, die über sie drüber steigen mussten.

Auch wenn ich Asher und Luis bat, nachzusehen, ob sie noch atmeten oder einen Arzt brauchten.

Ich hatte noch nie einfach weitergehen können. Es waren immer noch Menschen, die dort lagen. Wenn sie nur ausnüchtern mussten, wie es meistens der Fall war, ging ich weiter. Aber ich hatte auch schon Krankenwagen gerufen und

gehofft, dass dieser Mensch, den ich doch nicht kannte und dem ich mich dennoch auf eine Art so nah fühlte, überlebte.

Wir liefen an der schmalen Straße vorbei, an der Mom auch heute schon gestanden hatte.

Nun standen noch weitere Frauen dort, aber sie sah ich nicht.

«Hey, habt ihr Skyler gesehen?», fragte ich, weil sie sich manchmal so nannte, wenn sie arbeitete.

«Sie war heute irgendwo da drüben», lallte eine der beiden. «Hat so einen Kerl mit 'ner schicken Karre bedient.»

«Danke», murmelte ich und lief an ihnen vorbei. Sie sprachen Lu und Ash an und jagten uns zum Teufel, als beide ablehnten.

Und dann sah ich sie. Dort, wo das Licht der flackernden Straßenlaterne nur spärlich leuchtete und wo niemand sonst hinsah.

Außer, man arbeitete.

«Mom!»

Doch sie arbeitete nicht.

«Mom!», rief ich noch einmal und rannte los.

Ich wusste auf den ersten Blick, sie würde nie wieder arbeiten.

«Mom, nein! Bitte!»

Verzweifelt ging ich neben ihr in die Knie und dann schrie ich.

Der Schmerz fraß sich durch meine Venen, pumpte durch meinen Körper und brannte auf meiner Seele.

Es tat weh.

Es tat so unglaublich weh.

Luis verhinderte, dass ich ihr zu nah kam. Hielt mich zurück.

Hielt mich fest, während ich nur auf meine Mom starren konnte.

Sie lehnte an der Wand, die Stiefel, die ich zu Hause gesucht hatte, an ihren Füßen.

Ihre Augen waren geschlossen, doch ich wusste, sie schlief nicht.

Sie schlief nicht und sie würde nie wieder aufwachen.

Neben ihr eine Spritze, mit dem Zeug, für das sie mich und Canyon verraten hatte.

Meine Mom war tot und ich noch hier.

Wir hatten zusammen bei Ratten gepennt, in den Tunneln überlebt und wären beide fast verhungert. Sie hatte ihre Freier und mich überlebt, doch die Drogen, die nicht.

«Mom!», schrie ich noch immer und beweinte die Frau, die doch nie meine Mommy gewesen war.

Asher telefonierte.

Ich schrie.

Luis hielt mich fest.

Ich schrie weiter.

Bis blaue Lichter von den dreckigen Wänden und dem Asphalt der Straße reflektiert wurden und die Cops auftauchten.

«Ich will zu ihr», flehte ich, doch sie ließen mich nicht.

Die Cops sprachen von Überdosis, doch Luis von Mord. Er redete von Garry und dem Vorfall heute, früher am Tag. Er sprach von einem Video und meiner Mom.

Ich hörte nichts mehr. Wollte nur noch einmal ihre Hand halten.

Doch sie ließen mich nicht.

Und dann schrie ich wieder.

Und niemand hörte es.

Niemand hört mich, während ich schreie und meine Farben verblassen.

Schlagzeile:

Russel Hogan
Las Vegas Times

River Lost: Mutter tot aufgefunden

Eigentlich sollte heute ein freudiger Tag für den Sänger werden. Aber leider wird der Release seines neuen Albums von einer traurigen Nachricht überschattet.
Die Mutter des jungen Künstlers wurde heute am frühen Morgen tot in einer Seitenstraße aufgefunden.
Ersten Erkenntnissen zufolge sei diese an einer Überdosis gestorben.
Was genau passiert ist und wie der sowieso schon labile Künstler damit umgeht, bleibt abzuwarten.
Gestern erst wurde sein Begleiter wegen illegalen Drogenbesitzes verhaftet.
Wie sich das nun auf ihn und sein neues Album auswirkt, steht noch nicht fest. Es ist das letzte Album, welches er mit seinem Label *MusicIn* veröffentlicht. Ab Ende des Jahres wird der Vertrag zwischen den beiden Parteien nicht verlängert. Wie es dann mit River Lost und seiner Karriere weitergeht, ist noch unklar.

(156737 Kommentare)

@dead_or_music Was? Das kann doch nicht sein! Der arme 😣

@limcoln493 Wie lange dauert es jetzt, bis er sich eine Überdosis reinhaut?

@betsy_girl18 O River! Bitte halt durch. Du darfst jetzt nicht aufgeben!

@green.olli193 Tja, dann kommt morgen wohl die Nachricht, dass er hin ist. Niemand wird den vermissen.

@lost_is_dumb Endlich. Hoffentlich war´s dann jetzt für den.

Weitere Kommentare laden ...

32.
Canyon

**Like shattered glass, my soul feels torn,
Tears flowing freely, a heart forlorn.**

Ich schreckte auf, als ein Schlüssel im Türschloss schabte und blinzelte gegen das Licht an, welches mich nun blendete.

«Ando! Besuch für dich!»

Besuch? Jetzt? Es war wahrscheinlich gerade mal früher Morgen.

«Wird´s bald! Dein Anwalt wartet», fuhr der Polizist mich an und klimperte bereits mit den Handschellen.

Ich hielt meine Hände nach vorn, wartete, bis er mir die Handschellen umgelegt hatte und ließ mich von ihm in den Verhörraum führen.

«Nehmen Sie ihm die ab», forderte der Mann, der dort in einem Anzug saß und auf mich wartete.

Er war groß und schlank, ich schätzte ihn auf Mitte fünfzig, und er wirkte knallhart. Ich hoffte, dass er mein Anwalt war und nicht der Staatsanwalt, denn dann wäre ich am Arsch.

Der Polizist nahm mir die Handschellen ab und verschwand. Sobald die Tür ins Schloss fiel, reichte er mir die Hand.

«John Smith, ich bin Ihr Anwalt. Mr. Lost hat mich beauftragt, Sie in dieser Sache zu vertreten.»

River. Ich wusste es.

Danke, dachte ich und liebte ihn noch mehr.

«Canyon Ando», erwiderte ich und setzte mich ihm gegenüber.

Er holte eine Akte aus seiner braunen Ledertasche und klappte diese auf. «Erzählen Sie mir, was passiert ist. Wie sind Sie in diese Lage geraten?»

In diese Lage … Welch beschissene Bezeichnung dafür.

«Wie geht´s River? Ist er okay?» Ich musste wissen, dass es ihm gut ging. Dass er weiterhin stark für uns war.

«Mr. Ando, wir haben nicht viel Zeit. Also erzählen Sie mir, was genau passiert ist.»

Und dann erzählte ich. Von meinem Job als Escort, von *MusicIn* und dass sie mich überfallen und meinen Pass gestohlen hatten. Von dem Film und den Skandalen, die sie wollten.

Ich erzählte ihm von Rivers Mom, dass sie erst telefoniert und mir dann die Drogen in die Hand gedrückt hatte. Von Garry und Tom, die vor dem Haus gestanden hatten und den Drogen, von denen Rivers Mom gesprochen hatte.

Ich erzählte von meiner Vergangenheit, den Camps und dass meine Eltern die Macht hatten, mich für sehr lange Zeit wegzusperren.

Sie kannten Richter und Staatsanwälte und wussten, mit wem sie reden mussten.

«Das sind eine Menge Infos, Mr. Ando. Und schwere Anschuldigungen. Wir brauchen Beweise, wenn wir Sie hier rausholen wollen.»

«Fragen Sie Rivers Mom, vielleicht sagt sie für mich aus.» Nur ein Mal musste sie auf der Seite ihres Sohnes sein.

Er räusperte sich und strich seine eh schon glatte Krawatte noch glatter.

«Das wird schwierig», sagte er und sah mich an. «Mrs. Lost wurde heute Nacht tot aufgefunden.»

Und dann, ganz plötzlich, stand die Zeit still.

Ich hörte meinen eigenen Puls, wie er laut in meinen Ohren hämmerte.

Spürte mein Herz, das schnell gegen meine Rippen schlug. Mit so viel Kraft, als wollte es diese brechen.

River tauchte in meinen Gedanken auf, wie er uns vergaß und sich selbst zerstörte.

Wie er zusammenbrach und litt, während ich hier eingesperrt war und nicht für ihn da sein konnte.

Er würde mir entgleiten, da war ich sicher.

Wenn ich nicht schnell hier herauskam, dann würde er mir entgleiten und ich würde ihn nicht zurückbekommen.

«Was ist passiert?», fragte ich zwischen zusammengebissenen Zähnen und umklammerte die Tischkante fester.

«Fragliche Überdosis. Es ist noch unklar, ob sie sich die Drogen selbst verabreicht hat und wo sie diese her hat.»

«Von Garry. Er hat sie ihr auch schon beim ersten Mal gegeben. Sie hat in diesem Film über River ein Interview gemacht wegen der Drogen. Und sie hat gesagt, Garry wäre noch einmal dort gewesen. Wenn Riv damit nicht klarkommt, dann haben die den Skandal, auf den sie so lange gewartet haben.»

Und ich würde River verlieren.

Ich hörte die Uhr schon ticken.

Tick.

Tack.

Mit jeder Sekunde würde ich ihn mehr verlieren.

«Den gibt es schon, glauben Sie mir. Jetzt müssen wir aber erst einmal ihre Aussage durchgehen. Sie sagen nichts, was wir nicht abgesprochen haben. Keine Alleingänge, haben Sie das verstanden?»

Ich nickte, denn ich hatte nicht vor, irgendetwas allein zu tun. Nicht in diesem Umfeld, wo ich keine Chancen hatte.

«Okay, dann machen Sie Ihre Aussage. Die vierundzwanzig Stunden sind bald um. Länger dürfen die Sie hier nicht festhalten.»

Außer es besteht der Verdacht, die Anschuldigungen sind wahr. Dann käme ich in U-Haft und müsste zur Kautionsanhörung. Und dann auf meinen Verhandlungstermin warten, der mich mit Drogenbesitz- und Verkauf, was mir angehängt wurde, für eine lange Zeit in den Knast bringen würde.

Dabei wollte ich nicht in den Knast, sondern zu River.

Ich musste zu ihm, um für ihn da zu sein.

Bevor es auch für ihn zu spät ist, dachte ich.

33.
River

Scars of the past ache with every beat,
An endless struggle, feeling incomplete.

Ich saß auf dem Revier und wippte unruhig mit dem Bein. Colson neben mir, der mich immer wieder besorgt musterte.

Vor mir Miller, der meine Aussage aufnahm. Ich hatte ihm von der Verhaftung erzählt, von den Drogen und Garry. Und während ich sprach, sah ich immer wieder Mom.

Wie sie da lag, mit geschlossenen Augen, als wäre sie bloß kurz eingeschlafen.

Aber sie wacht nie wieder auf.

«Okay, das wäre es erst einmal. Wenn wir noch Fragen haben, melden wir uns bei dir.»

Sie hatten, wie auch schon bei Canyons Verhaftung, auch Luis und Asher verhört.

«Nein», wisperte ich und presste mir beide Handballen auf die Augen. «Ich … Fuck. Ich will Anzeige erstatten. Gegen Garry Fox und … Tom Duvall.»

Miller hustete und ich spürte, wie Colson neben mir erstarrte.

«Weswegen?», fragte Miller und schaltete mit einem Klicken das Aufnahmegerät wieder ein.

«River?», fragte Colson. «Was haben sie getan?»

Er fragte nicht warum, sondern was. Weil er immer wusste, dass da etwas nicht stimmte. Ich hatte nie etwas sagen können, aus Angst vor dem, was sie mir dann antun würden.

Aber jetzt hatten sie mir schon alles genommen. Es gab nichts mehr, was sie noch hätten tun können.

«Ich will Anzeige erstatten», wiederholte ich, ohne die Hände von meinen Augen zu nehmen. «Gegen Garry Fox und Tom Duvall. Wegen … Ahrg, shit.»

Ich dachte an Oakleys Worte zurück und an Canyon, der nur wegen denen jetzt da drin saß. Ich dachte an Mom und dass die beiden sie wahrscheinlich umgebracht hatten.

«Wegen Nötigung und ich weiß nicht, wie das heißt.»

«River», sagte Miller und ich zwang mich, ihn anzusehen. «Was ist passiert?»

Er kannte mich mein ganzes Leben und hatte immer versucht, mir zu helfen. Mich immer wieder gefragt, ob die Männer von Mom auch zu mir gekommen waren, doch ich hatte nie etwas gesagt.

Aber ich wollte nicht länger schweigen. Nicht mehr.

«Garry hat Dinge getan. Mich unter Drogen gesetzt und dann gezwungen mich auszuziehen … er hat sich ausgezogen und … sich dann selbst angefasst. Er … er hat mich geschlagen und mir gedroht, wenn ich nicht mitgemacht habe. Er hat mich fotografiert und …»

«Er hat dich fotografiert?», fragte Miller und ich nickte.

«Ja.»

«Wie alt warst du da, River?»

Zu jung. Viel zu jung, um so etwas aushalten zu können.

«Es fing an mit sechzehn und ging bis … bis vor zwei Jahren.»

Miller nickte, obwohl ich etwas in seinen Augen sah. Mitleid und Schmerz, vielleicht auch Schuldgefühle, obwohl er mich nicht hätte retten können.

«Hat er dich auch angefasst?», fragte er nun und ich schluckte. Kurz sah ich zu Col, in der Hoffnung, er könnte all das hier beenden.

«Zwei mal», krächzte ich. «Aber ich war so high, dass ich es kaum mitbekommen habe.»

«Hat er dich vergewaltigt?»

«Er nicht», sagte ich leise und schämte mich dafür, dass ich es nicht hatte verhindern können.

«Hey, Riv. Es ist nicht deine Schuld, hörst du? Nichts davon.» Colson drückte meinen Arm und zum ersten Mal griff ich nach seiner Hand. Weil ich es anders nicht ertrug.

«Okay, bleiben wir erst einmal bei Garry Fox und Tom Duvall. Gibt es die Bilder noch?»

«Irgendwo bestimmt. Er … er hat sie mir einmal gezeigt. Als er sich selbst … da hatte er sie auf seinem Laptop.»

Miller nickte und stellte weitere Fragen. Ich antwortete, so gut ich konnte. Vieles war verschwommen und ich hoffte, dass es so blieb. Ich wollte mich nicht genauer daran erinnern. Das, was ich sah, wenn ich meine Augen schloss, reichte mir bereits.

Als er mit der Befragung zu Garry fertig war, stellte er weitere Fragen. Zu den Männern, die bei Mom gewesen waren. Die bei mir gewesen waren, nachdem Mom nicht mehr konnte.

Er stellte noch mehr Fragen zu Garry und Tom, zu *MusicIn* und wie Canyon da rein passte.

Ich erzählte ihm alles und fühlte mich mit jedem Wort schlechter. Nicht, weil ich etwas gesagt hatte. Aber weil die Erinnerungen hoch kamen. Mit jedem Wort und jedem Satz ein bisschen mehr.

«Es ist gut, dass du die beiden angezeigt hast. Wir kümmern uns jetzt darum, River.»

«Kann ich gehen? Ich muss hier raus.» Bevor ich erstickte.

«Bleib bitte erreichbar, falls wir noch Fragen haben. Aber ja, du darfst gehen.»

Ich sprang auf und rannte aus dem Raum und anschließend aus dem Gebäude, wo ich mich an der nächsten Ecke übergab.

Irgendwann kam Colson und legte mir eine Hand auf die Schulter. Aber es reichte nicht.

«Kannst du … kannst du mich festhalten? Nur einen Moment?», krächzte ich und sofort schloss er die Arme um mich.

Ich weinte an seiner Brust, während ich versuchte, all das zu vergessen.

Und dann wurde ich schwach. Ich hatte mir welche von den Pillen eingesteckt. Nicht so viele wie sonst, aber genug, um runterfahren zu können.

Um mich nicht direkt weghängen zu wollen, sobald ich zu Hause war.

Es tut mir leid, Can, dachte ich und schluckte die Pillen.

Colson sagte nichts dazu, sondern hielt mich noch fester.

«Ich bleibe heute Nacht bei dir», versprach er und strich mir übers Haar. «Ich bleibe, solange du willst.»

«Oakley.»

Er nickte bloß. «Er ist unterwegs.»

Oakley würde herkommen. Wenn er da war, dann würde ich es irgendwie überleben. Bis Canyon zurück war und ich ihn nie wieder gehen lassen würde.

Ich wollte über meine Mom sprechen und sie beweinen. Aber das konnte ich nur bei ihm. Also verdrängte ich den Schmerz und die Trauer und fühlte nur diesen.

Wut mischte sich darunter und machte es erträglicher. Wut war ein bekanntes Gefühl und leichter zu ertragen als die Übelkeit und der Schmerz.

34.
Canyon

The pain of the soul, an endless dance,
A fiery waltz in a cold expanse.

Ich saß noch immer mit meinem Anwalt in dem kleinen Raum, als die Tür aufging und ein Polizist hereinkam.

«Sie können gehen», meinte er und verwirrt blickte ich zu meinem Anwalt.

«Und dann?»

«Wir melden uns, sollten wir noch Fragen haben. Aber fürs Erste können Sie gehen.»

«Was ist mit den Tatvorwürfen?», fragte Smith und stand auf.

Der Polizist sah über seine Schulter und dann zurück zu mir. «Es gibt neue Erkenntnisse, die Sie entlasten.»

Neue Erkenntnisse?

«Was für welche?», fragte ich, doch der Anwalt griff nach meinem Arm und schob mich zur Tür.

«Wenn Sie gehen können, dann gehen Sie. Stellen Sie keine Fragen zu Dingen, deren Antworten Sie momentan eh nicht bekommen.»

Wir verließen den Raum und ich stockte. Da stand meine Mom und sah mich an.

Ihr kühler Blick lag auf mir und sie musterte mich. Mit zittrigen Beinen ging ich auf sie zu und sah erst jetzt, dass sie ein blaues Büchlein in der Hand hielt. Meinen Pass.

«Der gehört dir, oder?», fragte sie und ich konnte nur nicken.

«Pass lieber gut drauf auf, wer weiß, wer ihn dir sonst wegnimmt.» Sie reichte ihn mir und fassungslos nahm ich das Dokument entgegen.

«Ich habe gedacht, du bist tot. Und jetzt stehst du hier vor mir und bist so erwachsen geworden», sagte sie und ließ ihren Blick über mich schweifen. Es lag keinerlei Wärme darin, aber immerhin so etwas wie Interesse.

«Warum kann ich gehen? Du könntest machen, dass ich nie wieder rauskomme.»

Sie zog einen Mundwinkel hoch, doch ich würde ihr dieses falsche Lächeln nie glauben.

«Du warst doch schon deine ganze Jugend eingesperrt. Ich glaube, du hast deine Strafe abgesessen.»

Sie würde mich gehen lassen? Einfach so?

«Ich …», setzte ich an, doch fand keine Worte dafür.

«Las Vegas ist eine gefährliche Stadt, Canyon. Du solltest nicht hier sein.» Nein, sollte ich nicht.

«Ich werde jetzt gehen, Mom. Danke, dafür», sagte ich und hielt meinen Pass hoch. Meine neugewonnene Freiheit.

Sie nickte und ich spürte ihren Blick in meinem Rücken, als ich ging. Mehr würde es nicht geben, egal wie lange ich blieb.

«Canyon», rief sie mich zurück und ich blieb stehen. «Das hier war das letzte und einzige Mal. Mach´s gut.»

Ich könnte betteln und sie anflehen, sich noch einmal mit mir zu treffen. Aber wenn ich ehrlich war, wollte ich nicht.

Sie war für mich so weit weg, dass ich nicht einmal wusste, wie ich zu ihr stand.

«Danke», antwortete ich trotzdem und lief weiter.

Weg von hier und raus aus dem Gefängnis.

«Soll ich Sie mitnehmen?», fragte Smith und dankbar nickte ich.

Je schneller ich bei River war, desto kleiner war die Möglichkeit, dass er Mist baute.

Ich stimmte zu und gemeinsam verließen wir das Revier. Smith fuhr einen roten Ferrari, was ich für meinen Teil vollkommen übertrieben fand. Aber er hatte mir geholfen und nun brachte er mich zu River.

Ich wollte ihn nur noch in den Arm nehmen und halten. Nie wieder loslassen und für immer so bleiben.

Vor Rivers Wohnung standen so viele Reporter, dass wir uns einen anderen Eingang suchen mussten. So konnte ich nicht ins Gebäude gehen, ohne von denen überrannt zu werden.

Ich hörte sie rufen. Etwas über *MusicIn* und seine Mom. Über Garry und den Film.

«Es gibt einen Hintereingang», sagte ich, als wir um das Gebäude herum fuhren. «Bei dem kleinen Supermarkt.»

Dort gab es eine versteckte Tür, die einen ins Treppenhaus brachte.

«Warum konnte ich gehen?», fragte ich, als Smith den Wagen anhielt.

«Ich weiß genau so viel wie Sie. Aber ich vermute, dass die anderen ihre Aussagen gemacht haben. Sobald ich im Büro bin, werde ich mich um alles weitere kümmern.»

«Wo ist ihr Büro?»

Er drehte sich zu mir um und lächelte. «Eigentlich in New York, weshalb ich erst so spät da war. Aber die nächsten Tage werde ich hier bleiben. Bis sich alles geklärt hat.»

Das beruhigte mich. Ihn in unserer Nähe zu wissen, war gut. «Vertreten Sie auch River?»

«Wenn er einen Anwalt braucht, selbstverständlich.»

«Okay. Ich … ich muss gehen. Danke für … alles.»

Er nickte mir zu und ich stieg aus. Schnellen Schrittes eilte ich zu dem versteckten Eingang und schlüpfte durch die Tür.

Im Gebäude fing ich an zu rennen.

Ich rannte die Treppen hoch. Stufe um Stufe, immer höher. Ich wollte nur noch River sehen und ihn in den Arm nehmen. Für ihn da sein und ihm versprechen, nie wieder zu gehen.

Völlig außer Atem hämmerte ich gegen die Tür. Als nicht geöffnet wurde, noch ein weiteres Mal. Und wieder.

«River! Riv, mach auf!»

Endlich riss jemand die Tür auf und Asher und Luis standen vor mir. Ohne auf sie einzugehen, quetschte ich mich an den beiden vorbei.

Colson kam mir entgegen und starrte mich an. «Canyon?»

«Wo ist er?», fragte ich, doch da sah ich ihn schon. Er lag im Bett und hatte seine Kopfhörer auf den Ohren.

«Er ist gerade erst eingeschlafen. Vielleicht …»

Doch ich ließ ihn nicht ausreden, streifte mir nur die Schuhe ab und legte mich dazu.

Ganz vorsichtig, um ihn nicht zu erschrecken, strich ich über Rivers Arm, doch er zuckte trotzdem zusammen.

«Was … Can?» Fassungslos starrte er mich an, riss sich die Kopfhörer herunter und dann wusste ich nicht, wer wen zuerst umarmte.

Wichtig war nur, dass wir es taten.

«Du bist hier», sagte er leise und vergrub sein Gesicht an meinem Hals.

«Ich bin hier», versprach ich und hielt ihn noch fester.

Colson und die anderen gingen nach draußen und schlossen die Tür hinter sich, sodass wir allein waren.

«Meine Mom ist tot, Can.»

«Ich weiß», flüsterte ich und küsste sein Haar. «Es tut mir so leid.»

Seine Tränen benetzten meinen Hals, während ich seine bebenden Schultern hielt. Bei mir durfte er weinen und zerbrechen. Ich würde ihn halten und mit ihm weinen. Seine Tränen wegküssen und bleiben.

«Sie haben Mom umgebracht. Garry oder seine Leute, mit einer Überdosis.»

Ich wusste nicht, was ich dazu sagen sollte. Im Augenblick hatte ich noch nicht einmal richtig realisiert, was hier überhaupt passierte.

Aber eines wusste ich. Ich wollte, dass sie dafür bezahlten. Jeder einzelne von ihnen sollte dafür zur Rechenschaft gezogen werden.

Schon auf dem Weg hierher hatte es kein anderes Thema als Rivers Film und sein neues Album im Radio gegeben.

Scheiße, sein neues Album war heute erschienen.

Jetzt hatte *MusicIn* ihre Schlagzeilen. Den Skandal, den sie so sehr wollten.

Genau richtig zum Release seines neuen Albums.

Wie passend, wenn man bedachte, dass sein Gesicht jetzt in allen Zeitungen zu finden sein würde.

Das Album würde durch die Decke gehen, der Film noch mehr gesehen und River konnte sich über nichts davon freuen.

Es würde ein Trauertag sein und das Album wahrscheinlich für immer von ihm gehasst.

«Danke, dass du noch hier bist», flüsterte ich und legte meine Lippen an seine Schläfe. «Ich hatte so Angst davor, dass nicht.»

«Ich habe Pillen genommen, Can. Irgendwann … keine Ahnung. Ich habe sie angezeigt. Garry und Tom, da habe ich es nicht mehr ausgehalten.»

Ich legte meine Hände um sein Gesicht und küsste ihn. «Du brauchst dich nicht rechtfertigen. Nicht vor mir, Riv.»

Musste er nicht. Ich wusste, dass er Probleme hatte. Rechtfertigungen und irgendwann gesuchte und vorgeschobene Ausreden würden es nicht besser machen. Dann lieber keinen Grund, als einer, der vielleicht irgendwann eine Lüge war, nur weil er das Gefühl hatte, sich rechtfertigen zu müssen.

«Du hast sie angezeigt? Wegen …»

Er nickte und wischte sich mit dem Arm über die Augen. «Sie alle. Ich konnte nicht mehr und Oaky hat gesagt … ich habe sie angezeigt und jetzt … jetzt fühle ich mich scheiße.»

Weil man sich danach nicht besser fühlen konnte. Zumindest erst einmal nicht. Irgendwann, da vielleicht. Aber anfangs? Wie denn, wenn man all das noch einmal erzählen musste. Aber später, wenn der Schmerz etwas nachgelassen hatte, dann würde es besser werden und ganz vielleicht, würde er sich damit dann sogar besser fühlen.

«Das hast du gut gemacht. Sie haben es nicht anders verdient.»

«Muss ich alles nochmal erzählen? Damit du …»

«Nein», sagte ich sofort und küsste ihn noch einmal. «Nicht jetzt, Riv. Wenn du willst, irgendwann. Oder auch nicht. Aber nicht jetzt.»

Er nickte und vergrub sein Gesicht wieder an meinem Hals.

«Meine Mom ist tot. Ich werde sie nie wieder sehen. Wir haben uns doch gestritten, beim letzten Mal.»

Im Streit auseinander gegangen zu sein und dann nie wieder die Möglichkeit zu haben, sich nicht aussprechen zu können, war die schlimmste Art, einen Menschen zu verlieren.

«Versprich mir, dass wir niemals im Streit auseinander gehen», flehte er und ich nickte.

«Versprochen, *Color*. Niemals.»

«Weißt du, was das Schlimmste ist?» Er wischte sich über das Gesicht und sah mich an. Der Schmerz in seinen Augen brach mir das Herz.

«Sie fehlt mir und gleichzeitig …» - er sah zur Terrassentür und dann wieder zu mir - «und gleichzeitig ist es, als wäre ich endlich frei. Was bin ich für ein Mensch, der so etwas denkt? Nachdem seine Mom …»

«Ein Mensch, der viel erleben musste. Ein Mensch, der so unglaublich stark ist, dass er noch immer hier neben mir liegt. Du darfst das fühlen, River. Es ist okay, so etwas zu fühlen. Du hast so viel durchgemacht, es reicht. Schäm dich nicht für deine Gefühle.»

«Es tut so weh, Can. Wann hört das auf?», fragte er und ich hätte gern eine Antwort für ihn. Ein Datum, eine Zeitspanne, irgendetwas. Aber das gab es nicht.

Es tat weh, solange es weh tat. Da gab es weder richtig noch falsch. Kein zu kurz oder zu lang.

Schmerz war nicht messbar, er war einfach da. Brutal und erbarmungslos rammte er sich ins Herz und blieb.

Manchmal für immer und manchmal auch nicht.

«Ich weiß es nicht», sagte ich leise und küsste sein Haar. «Aber ich werde hier sein. Solange es weh tut und noch länger.»

«Noch länger», krächzte er. «Nicht wieder gehen. Nie mehr.»

«Nie mehr», versprach ich und meinte es auch so. Bei ihm wollte ich bleiben, auch wenn ich immer rastlos gewesen war.

Bei River nicht. Mit ihm würde ich niemals rastlos sein.

Und wenn, dann nur zusammen.

35. River

In silence, it cries out for release,
Enveloped in an ominous, relentless crease.

Zwei Wochen später …

Ich spürte Canyons Hand in meiner. So real und so nah, so echt. Er gab mir den Halt, den ich gerade so sehr brauchte.

Auf der anderen Seite war Oakley und auch er hielt meine Hand. Neben ihm Blake, Kit und Brooks. Colson, Luis und Asher. Alex und Rick.

Sie alle waren gekommen und beweinten mit mir meine Mom.

Die letzten zwei Wochen waren hart gewesen. Wir hatten warten müssen, bis die Gerichtsmedizin sie freigegeben hatte. Zu viele Untersuchungen, zu viele offene Fragen.

Wurde sie ermordet, oder war es die Sucht, die sie umgebracht hatte. Geklärt war es noch nicht, die Verhandlung würde erst noch stattfinden.

Ich hatte genug davon. Aussagen um Aussagen, Fragen, Unklarheiten, die Beerdigung.

Was passierte mit dem Haus? Was mit mir? Was würde aus uns allen werden?

All das wusste ich nicht. Eigentlich wusste ich gar nichts mehr, als der Pfarrer die letzten Worte sagte und auf die Urne sah, in der Moms Asche lag.

Ich hatte Mom beweint. Die ganzen letzten Tage lang. Aber jetzt, wo sie ein letztes Mal vor mir war, da kamen keine Tränen mehr.

Als hätte ich alle davon verbraucht.

Das hier war nicht meine Mom. Es waren ihre Überreste, verbrannt und in ein Gefäß gesteckt.

Sie würde mich nicht mehr hören, nicht mehr sehen. Egal, wie laut ich schrie, Mom würde es nicht mitbekommen.

So wie früher. Da hatte sie es auch nicht gehört.

Auch dann nicht, wenn ich hundert Mal ihren Namen gerufen und um Hilfe gefleht hatte.

«Es wird sich nichts ändern, oder?», fragte ich niemand bestimmten. Es war einfach eine Tatsache, nicht mehr und auch nicht weniger.

«Es kann sich alles ändern», sagte Oakley und drückte meine Hand. «Du musst es nur zulassen.»

«Ich weiß nicht wie», gestand ich leise und dachte an die letzten Wochen zurück.

Mein neues und letztes Album war erschienen, an dem Tag, an dem meine Mom gestorben war.

Durch die Schlagzeilen ging es durch die Decke und katapultierte mich auf Platz eins der Charts. Meine Verkäufe und Streams explodierten und machten mich über Nacht noch bekannter.

Jetzt war ich nicht mehr der kleine Bruder von Oakley und Kit. Nein, jetzt war ich genauso berühmt wie sie.

Das, was ich immer gewollt hatte und jetzt hasste.

«Lass uns für sie singen», sagte Brooks leise und ich nickte. Ich hatte ihn gebeten, seine Gitarre mitzubringen, weil niemand eine Melodie so einfangen konnte, wie Brooks.

«Ein letzter Song», flüsterte ich, «für dich, Mom.»

Und dann sang ich, während Brooks spielte. Irgendwann setzten Kit und Oakley mit ein und dann sangen wir gemeinsam.

Für Mom, für mich, für uns. Um das hier irgendwie zu begreifen und zu verstehen. Aber vor allem sang ich, weil ich keine Worte fand, um mich von ihr zu verabschieden.

Ich war nicht gut im Reden, aber in meinen Farben, da schon. Und Brooks traf sie. Genau die richtigen, die zu ihr gepasst hätten. Und zu dem, was ich immer empfunden hatte.

In the silence of the night, so dark and bleak,
A shadow of sorrow hangs heavy in the air.
The memory of you, it hurts so deep,
As if you were just a dream, fading into thin air.

Oh mom, you're gone, and I'm all alone,
The pain of loss leaves me silent and prone.
The emptiness inside me, it cries out for you,
But you're gone, and I remain here, feeling so green.

The days go by, but the loneliness persists,
Your laughter, your words, no longer exist.
I long for you in this endless time,
But you're not here, and life feels like a crime.

Oh mother, you're gone, and I'm all alone,
The pain of loss leaves me silent and prone.

The emptiness inside me, it cries out for you,
But you're gone, and I remain here, feeling so brown.

Memories fade, but the pain remains,
A cold reminder of life's transient strains.
I seek solace, but find only despair,
In this endless night of sorrow and care.

Oh mother, you're gone, and I'm all alone,
The pain of loss leaves me silent and prone.
The emptiness inside me, it cries out for you,
But you're gone, and I remain here, feeling so black.

Verstohlen wischte ich mir über die Wange und nickte Brooks zu. Er nickte zurück, denn mehr Worte brauchten wir nicht.

Er war kein großer Redner und ich konnte nicht.

«Das war schön», flüsterte Oakley und legte für einen Moment seinen Kopf an meine Schulter.

Ich drückte seine Hand und zog gleichzeitig Canyon näher zu mir heran.

«Ihr zwei seid meine Welt», sagte ich leise und schloss die Augen. «Oaky, du bist mein Seil, an das ich mich klammere, wenn nichts mehr geht. Und Can …» Ich öffnete die Augen und sah zu ihm. «Du bist *Lyrics*. Mein Blau, meine Melodie. Das einzige Set, das ich noch spielen will.»

«Das wird mir hier zu sentimental», meinte Kit und zwinkerte mir zu. «Obwohl du jetzt wohl für immer mein nerviger Freund sein wirst.»

Ich musste trotz allem tatsächlich Schmunzeln und war ihm

insgeheim dankbar, dass er mich nicht in dem Schmerz ertrinken ließ.

«Kit *fucking* Bellamy», murmelte ich und versteifte mich, als er mich in den Arm nahm.

«Du bist stärker als die», sagte er leise. «Warst du schon immer. Du bist stärker als wir alle, dafür bewundere ich dich.»

«Igitt, geh weg», sagte ich und schob ihn von mir. Für einen kurzen Moment sahen wir uns an und er wusste, dass mir seine Worte nicht egal waren.

Er gab mir einen Kuss auf die Stirn, nahm eine der Rosen und legte diese für Mom in das Grab.

Alex und Rick taten es ihm nach und dann Luis und Asher. Colson folgte ihnen und dann Brooks und Blake.

Oakley zog mich noch einmal an sich, bevor auch er sich von Mom verabschiedete und den anderen folgte.

Zurück blieben nur Canyon und ich.

«Ich weiß nicht, was ich sagen soll», gestand ich und senkte den Blick. «Es fühlt sich nicht an wie Mom.»

Er löste seine Hand aus meiner und zog mich in seine Arme. «Ist nicht schlimm. Du musst nichts sagen, Riv.»

Nein, vielleicht nicht. Möglicherweise reichte auch der Song, den ich für sie geschrieben hatte.

Weil Musik manchmal mehr sagte, als Worte es je könnten.

«Wie schnell fährt ein Piratenschiff?», fragte ich Canyon später, als wir zusammen in meinem Bett lagen. Luis und Asher hatten wir weggeschickt. Nur diese eine Nacht wollte ich allein sein.

Er zog mich in seine Arme und küsste mein Haar. «Ich weiß es nicht, Riv.»

«Ich auch nicht», murmelte ich und sah an die Decke. Canyon hatte Sterne gekauft. Irgendwelche Sterne, für ein paar Dollar, die im Dunkeln leuchteten und diese mit Klebestreifen an die Decke geklebt.

Weil ich so gern die Sterne sah und er nicht wollte, dass ich die ganze Nacht auf der Terrasse saß.

Ich liebte sie, auch wenn immer wieder welche herunterfielen, weil der billige Kleber nicht halten wollte. Vielleicht liebte ich sie besonders deswegen. Weil er sie für mich gekauft hatte, damit es mir besser ging.

«Wären wir Piraten, dann hätten wir mit Sicherheit einen Schatz gefunden», sagte ich und er lachte.

«Den größten von allen und alle würden Jagd auf uns machen.»

«Aber wir wären schlauer und würden ihnen davon segeln.» So wie wir es bald tun würden, wenn wir nach Kanada gingen.

«Fühlt es sich wie weglaufen für dich an?», fragte er und strich mit seinen Fingern über meine Rippen.

Ich dachte über seine Frage nach und zuckte schließlich die Schultern.

«Ein bisschen», gestand ich. «Aber mehr wie ein Neuanfang.»

Ein Neuanfang mit ihm. Wir beide in Kanada, in einem Haus, welches ein Bekannter von Oakley verkaufte.

Es war größer als geplant, aber immer noch klein genug, um sich darin nicht verloren zu fühlen.

Es hatte einen Pool, eine Sauna und einen Whirlpool, genauso, wie wir es haben wollten. Und es lag am Fluss, mitten im Wald. Einsam und ruhig.

Diese Wohnung würde ich behalten, falls wir nochmal herkommen und die Stadt sehen wollten.

Moms Haus behielt ich auch, weil es meine Vergangenheit war und ich mich nicht davon trennen konnte. Zumindest jetzt noch nicht.

«River ich … ich muss dir etwas sagen.» Er stützte sich auf den Arm und strich mir die Haare aus der Stirn.

«Was?», fragte ich und bekam Schiss, dass er doch noch gehen würde.

«Ich liebe dich. Und ich habe es dir noch nie so gesagt, weil ich dir erst zeigen wollte, wie es geht. Aber bevor wir gehen und nach heute … ich will, dass du es weißt. Dass ich dich liebe und mein Leben für dich geben würde. Dass ich mit dir nach Kanada will und dort bleiben. Ich will an deiner Seite sein, egal welchen Weg du einschlägst. Ich will dabei sein und … ich liebe dich, River Lost.»

Seine Finger verharrten, als er auf meine Antwort wartete. Auf eine Reaktion oder darauf, dass ich weglief.

Aber das hatte ich nicht vor. Nicht mehr und nicht bei ihm.

«Du hast es mir gezeigt. Wie lieben geht und wie es sich anfühlen kann. Jetzt, wo ich es weiß, will ich nicht, dass es jemals wieder aufhört. Du bist mein Blau, Can. Du bist alles, was ich habe. Und alles, was ich will.»

Das war meine Art, ihm zu sagen, dass ich ihn liebte. Und er verstand es und liebte mich zurück.

«Du bist auch alles, was ich will», versprach er und küsste mich. Sanft und vorsichtig, nicht mehr. Weil heute schon zu viel passiert war und dieses Versprechen reichte.

Zusammen zu bleiben, solange wir Zeit hatten. Am besten für immer.

«Zeigst du mir, wie sehr du mich liebst?», fragte er und sah mich an. Bittend und hoffend, und ich wusste nicht worauf.

«Wie?»

«Sing für mich. Ohne Gitarre und alles. Nur du, hier in diesem Bett, wo nur wir beide sind.»

Für ihn singen? So etwas tat ich nicht. Das war Kits Ding oder Oakleys, aber meines?

«Ich weiß nicht ...»

«Bitte. Erzähl mir etwas, aber so. So, wie du es deiner Mom erzählt hast.»

Da gab es so viel, was ich zu sagen hatte und wo die Worte es doch nie bis zu meinen Lippen schafften. Viel zu viel, was ich ihm gern sagen würde.

Also sang ich. Leise, fast flüsternd. Nur für ihn.

Und er hörte zu, während ich in seinem Arm lag und sang. Worte um Worte, Zeile um Zeile.

Tränen rannen mir über die Wangen, aber ich wischte sie nicht weg. Es war okay. Jetzt gerade, da durfte ich weinen. Bei ihm.

Bei Canyon, dem Mann, den ich so sehr liebte, wie niemanden je zuvor.

In the darkness of the night, I lost my way,
Adrift in a sea of pain and tears.
But in the deepest valley of despair, I found a ray,
A spark of hope that began to appear.

For from the ashes rises new life,
Like a phoenix rising from the flames.
Though death may be the end, a new beginning calls,
A chance to start anew, a newfound resolve.

Enshrouded in the shadows of the past,
I bear the weight of loss and pain.
Yet amidst the chaos, a seed of hope grows,
Driving me to emerge from the darkness again.

For from the ashes rises new life,
Like a phoenix rising from the flames.
Though death may be the end, a new beginning calls,
A chance to start anew, a newfound resolve.

And as time passes and wounds heal,
I feel the power of renewal awaken within me.
Though memories may remain, I am ready,
For what lies ahead, I am strong, I am steady.

For from the ashes rises new life,
Like a phoenix rising from the flames.
Though death may be the end, a new beginning calls,
A chance to start anew, a newfound resolve.

Epilog Canyon

Yet in the darkness, a glimmer of light,
A beacon of hope, dispelling the night.

3 Monate später …

River verfluchte mich, als er mit einer dicken Jacke nach draußen trat.

«Du wusstest, dass es in Kanada kalt ist», sagte ich bloß und reichte ihm den heißen Kakao in meiner Hand.

«So kalt nicht», murmelte er und zündete sich eine Zigarette an.

«Im Sommer wird es besser», sagte ich und zog ihn auf meinen Schoß.

«Und bis dahin friere ich nicht nur, sondern habe auch nasse Füße.»

«Ich wärme dich, damit du nicht erfrierst.» Ich küsste ihn und sah das kleine Lächeln, was in seinem Mundwinkel hing und was ich so sehr liebte.

Ich konnte immer noch nicht glauben, dass wir tatsächlich hier waren.

In Kanada. In diesem Haus, mit der Holzveranda, auf der wir gerade saßen, und dem Fluss mit eisblauem Wasser vor unserer Tür. Um uns herum hohe Bäume, Tannen, und Natur.

Unser Haus lag einsam, so wie er es sich gewünscht hatte. Mit einem Nebengebäude, in dem wir aus einem Haus zwei Wohnungen für Asher und Luis gemacht hatten.

Aber nicht zu einsam, denn es gab in der Nähe noch zwei weitere.

Noch weniger konnte ich fassen, dass Kit eines davon gekauft hatte. Als Ferienhaus, wie er sagte. Weil ein verfluchtes Haus in Malibu ja nicht genug nach Ferien schrie.

Das andere hatte Oakley gekauft und Blake, der Kanada so sehr mochte wie ich, versprochen, so oft herzukommen, wie es ging.

Hierher ziehen konnten sie noch nicht, weil sie die Bands hatten und ihre Alben aufnehmen mussten.

«Es war die richtige Entscheidung herzukommen», sagte River leise und lehnte sich bei mir an. «Hier ist es so friedlich, fast schon unwirklich. Als hätten wir auf Pause gedrückt.»

Ja, als hätten wir auf Pause gedrückt. In gewisser Weise hatten wir das. River hatte Colson gesagt, dass er eine Auszeit brauchte. Sein Album war Wochenlang auf Platz eins gewesen und jetzt wollte ihn jeder. Der Film wurde nicht gestoppt, aber der Anwalt hatte eine Entschädigung erzielt.

Die Verhandlung gegen Garry und Tom lief noch, aber wenn der Richter nicht völlig falsch in seinem Beruf war, würden sie für eine lange Zeit in den Knast gehen. Man hatte Bilder und Videos gefunden, auch von River, als er noch jünger gewesen war.

Außerdem mussten sie sich wegen des Verkaufes von Drogen mit Todesfolge verantworten.

Und obwohl all das lief, war River immer noch gefragt. Er würde die Serie drehen und auch den Film und er würde für den Designer auf der Modenschau laufen.

Er arbeitete an einem neuen Album und dachte darüber nach, bei Oakleys Label zu unterschreiben.

Colson hatte ihn gefragt, ob er sich nicht für eines davon entscheiden wolle, aber River hatte den Kopf geschüttelt und gesagt, dass er selbst nicht wisse, was er will.

Aber er war jung, warum sich dann nicht ausprobieren? Warum nicht genau das tun, was ihm Spaß machte?

Tat ich auch. Ich hatte einen Modeljob für eine Fotostrecke angenommen und weitere Anfragen. Was ich daraus machte, wusste ich noch nicht. Was ich aber wusste war, dass ich nicht mehr als Escort arbeiten konnte. Wie sollte ich einem fremden Menschen vorspielen, mir würde es mit ihm gefallen, wenn ich doch nur an River dachte?

Er war alles, was ich wollte und alles, was ich brauchte.

«Komm mit», sagte ich leise und stand auf. Er sah zu mir und als ich nach seiner Hand griff und ihn ins Haus zog, legte sich ein Lächeln auf seine Lippen.

Ich führte ihn ins Schlafzimmer mit den bodentiefen Fenstern, von denen wir direkt in den Wald sehen konnten. Vor dem Bett blieb ich stehen und schob ihm die Jacke von den Schultern, unter der er kein Shirt trug.

«Ich habe dich einmal gehasst», begann ich und küsste ihn. Mit den Fingern schob ich seine Hose herunter und er erschauderte, als ich meine Hände auf seine Rippen legte.

«Aber jetzt will ich dich nur noch lieben. Jeden Tag ein bisschen mehr von dir erfahren und immer neue Dinge über dich lernen.»

«Was hast du heute über mich gelernt?», fragte er und fing ebenfalls an, mich auszuziehen.

«Dass du keinen Kakao magst», sagte ich und grinste, als er lachen musste.

«Ich hasse Kakao.»

Wusste ich jetzt und würde ich mir merken. Fürs nächste Mal.

Ich legte meine Hände um sein Gesicht und ließ mich auf das Bett sinken. Ihn zog ich mit mir und hörte nicht auf, meine Lippen auf seine zu pressen.

«Scheiben wir ein neues Set zusammen?», fragte ich und stöhnte auf, als er seinen Schwanz an meinen drückte.

Ich reichte ihm Gleitgel und ein Kondom und sah dabei zu, wie er es sich überzog. Selbst das war bei River unfassbar heiß. Alles an ihm machte mich an und ich bekam nicht genug davon.

Nicht genug von ihm.

Er griff unter meine Oberschenkel und zog mich an sich. Ich keuchte, als er meinen Eingang massierte und dabei die Augen schloss.

Und dann war er da, drang in mich ein und zeigte mir, warum ich nie wieder jemand anderen wollte.

Er war alles. Wenn wir es taten, dann gab er mehr, als ich je erwartet hätte.

Er zeigte mir seine verletzliche Seite und seine Lust. Seinen Schmerz, der nie ganz vergehen würde und seine Angst, die immer noch da war.

Aber er gab mir auch sich. Seine Liebe und sein Vertrauen.

Er schob sich tiefer in mich und diesmal glaubte ich, seine Farben zu sehen.

Rot, gelb, orange, lila und pink.

«Du leuchtest», sagte er heiser und grinste. «Du leuchtest so krass, Babe. Das ist der Wahnsinn.»

Ja, dachte ich. *Es ist der Wahnsinn.*

Und dann kam er und ich brauchte nichts weiter, als ihn in mir pulsieren zu spüren, um ihm zu folgen.

Er verschränkte seine Finger mit meinen, als er sich auf mich sinken ließ und seine Lippen auf meine legte.

Schlagzeile:

Russel Hogan
Las Vegas Times

River Lost zurück als DJ auf Ibiza

Nach der Trennung des Labels *MusicIn* von River Lost, hatte der Künstler sich eine dreimonatige Auszeit genommen, um, wie er sagt, den Verlust seiner Mutter und den Gerichtsprozess mit Garry Fox und Tom Duvall zu verarbeiten.

Nun ist er zurück und das direkt auf Ibiza. Gestern Abend hat River Lost dort als DJ aufgelegt und tausende Feierwütige mit seiner Musik in Extase versetzt.

Die Verhandlungen gegen Fox und Duvall haben heute ihr Ende gefunden, die er wegen sexueller Nötigung und Kinderpornografie angezeigt hatte. Beide wurden zu einer lebenslangen Freiheitsstrafe verurteilt und haben schlechte Chancen, dass ihr Berufungsantrag durchgeht.

Der Künstler selbst und auch sein Manager äußern sich nicht dazu.

River Lost soll Las Vegas verlassen und zusammen mit seinem Partner Canyon Ando nach Kanada gezogen sein.

Bald beginnen die Dreharbeiten zu einer Netflix Serie, in der Lost den Hauptdarsteller spielen wird. Ob er jetzt Schauspieler, Sänger, Model oder DJ sein will, sagt er nicht.

Seine Fans dagegen wollen, dass er alles macht, denn sie stehen noch immer hinter ihm.

Epilog River

**Perhaps in the stillness of the night,
The pain of the soul will ease, taking flight.**

Die Menge pulsierte, als ich immer mehr Beats auf sie abfeuerte.

Ich legte meine rechte Hand an den Kopfhörer, drückte mit der linken noch mehr Tasten und sprang in die Luft.

Selbst hier oben konnte ich ihren Schweiß riechen und ihre Haut im bunten Licht glänzen sehen.

Canyon stand hinter mir, schob eine Hand in die vorderen Taschen meiner Jeans und hielt mir den Joint hin.

Ich zog daran, drehte mich um und küsste ihn.

«Zeigst du es ihnen wieder?», fragte er nah an meinem freien Ohr und ich nickte.

Ich würde es ihnen zeigen. Das, was wir letzte Nacht getan hatten und wie viel es mir bedeutete.

Meine Hand ging zurück zu den Tasten, ich drosselte die Schnelligkeit und wurde langsamer. Sah ihnen zu, wie sie sich zu meinen Beats und meinen Klängen bewegten und dann … nichts.

Die Musik stoppte, die Menge auch.

Ich hielt meine Hand über den Regler und wartete.

Ihre Auren flackerten, so angespannt waren sie.

Noch ein Kuss für Can. Einmal an dem Joint ziehen. Ein Blick zu Oaky, Blake, Brooks und Kit neben mir. Und dann ließ ich los.

Ich sah nicht nur die Farben, nein. Jetzt spürte ich die Klänge in meiner Brust und Canyons Hand auf meinen Rippen.

Ich fühlte die Musik und da wusste ich es.

«Das hier», rief ich und sah ihn an. «Das hier ist das, was ich machen will.»

Ein Lächeln legte sich auf seine Lippen und er zog mich noch näher an sich. Ich spürte seine Wärme an meinem Rücken und den Bass, der auch durch seinen Körper vibrierte.

Ich fühlte mich wie ein verfickter Puppenspieler und alle hier waren meine Marionetten.

Ich fühlte mich wie Gott und hier oben genoss ich es. Durfte es genießen, weil das hier sicher war.

Hier war ich der DJ, den sie anhimmelten und der ich immer hatte sein wollen.

Und ganz manchmal, da sang ich auch. So wie jetzt, weil sich mit Canyon an meiner Seite und hier oben alles so perfekt anfühlte.

Weil ich kurz Mom und all die Artikel vergessen konnte.

Weil ich wusste, dass Oakley und Blake mit nach Hause kommen würden und sogar Kit und Brooks bald zu uns nach Kanada nachkamen.

Weil wir eine Familie waren und ich endlich glücklich.

«Ich liebe dich, *Blue*», sagte ich über die Musik hinweg und er stockte. Seine Hand fand meinen Nacken und er zog mich zu sich heran.

«Das hast du noch nie so gesagt», meinte er und küsste meinen Kieferknochen. «Ich liebe dich auch, Riv. Shit, ich liebe dich auch.»

Wir liebten uns. Er hatte es geschafft, mir zu zeigen, wie es geht. Und ich fühlte es. Bunt und leuchtend. Beängstigend und sicher.

Und dann sang ich für ihn und in dem Moment wünschte ich, nie mehr damit aufhören zu müssen.

A sea of colors, pulsating and bright,
Like fireworks in the dark of night.
Red like the flame burning in me,
Blue like the calm you bring to see.

Pulsating colors surround us here,
In this moment, so crystal clear.
Love shines in every hue,
A universe of connection, just us two.

Yellow like the sun lighting the day,
Green like the nature around us at play.
Orange like the warmth of our hearts,
Purple like the passion that sets us apart.

Pulsating colors surround us here,
In this moment, so crystal clear.
Love shines in every hue,
A universe of connection, just us two.

Let's dance in the light of this colorful array,
Merge with the beauty of this night's display.
Through every shade, through every tone,
Our love shines bright, always known.

Pulsating colors surround us here,
In this moment, so crystal clear.
Love shines in every hue,
A universe of connection, just us two.

Ende

Nachwort

The pain of the soul, an endless dance,
A fiery waltz in a cold expanse.

Diese Geschichte enthält zum Teil Own Voice Elemente, denn wie River habe auch ich Synästhesie. Und wie River habe auch ich manchmal das Gefühl, mir würde der Kopf platzen, weil da drin so viel los ist.

Es ist etwas Schönes und Anstrengendes gleichermaßen. Ich hoffe, ich konnte euch mit Rivers Geschichte Synästhesie ein bisschen näherbringen. Wie es ist, mit den Farben im Kopf zu leben und auch, wie manche Menschen damit umgehen.

Musik und Menschen in Farben zu sehen sehe ich als ein besonderes Geschenk, was manchmal zur Last wird. Besonders, wenn es stressig ist oder gerade nicht alles so läuft, wie es soll.

Rivers Geschichte ist durch das Own Voice etwas ganz besonderes für mich und hat mich mit der ganzen Wendung und seinem Schicksal wahrscheinlich mit am meisten von all meinen Büchern berührt.

Die zwei werden immer einen besonderen Platz in meinem Herzen haben und ich hoffe, auch in eurem.

Danksagung

**But in tranquility lies redemption,
For the tormented soul, a soothing exemption.**

Wie ihr wisst, erzähle ich Leben, Schicksale und Beziehungen. Ich höre denen zu, die so viel zu sagen haben und es allein gerade nicht schaffen. Und dafür danke auch euch, dass ihr mit mir hinhört und meine Charaktere begleitet. Die Reihe um die Rockstars endet hier und das macht mich wirklich traurig. Aber es werden nicht meine letzten Musiker gewesen sein, denn ich habe noch viele Ideen und Songs im Kopf, die erzählt werden wollen. Nur nicht von dieser ganz besonderen Gruppe, sondern von anderen mit ihren eigenen Geschichten. Ich danke River und Canyon, dass sie mich an ihren Geschichten haben teilhaben lassen. Und auch Oakley, Blake, Brooks und Kit. Alex und Rick, Luis, Asher und Colson. Und ich danke meinen Testleserinnen Yvonne und Desi. Dass sie diese Geschichten so lieben wie ich und mir geholfen haben, sie noch besser zu machen. Und ich danke Sara, dass sie meine Geschichten korrigiert und lektoriert und bei jeder Story an meiner Seite ist. Sie sieht auch die kleinsten Ungereimtheiten, hilft mir, final das Beste aus den Storys herauszuholen und ihnen den letzten Schliff zu geben.

Und ich danke meiner Bloggercrew Alexandra, Andrea, Cindy, Conny, Desi, Jacko, Janine, Jenny, Karla, Katrin, Laura, Sonja, Svenja, Val, Nastassja und Björn. Und natürlich meinen Patreons, die mich so lieb unterstützen.

Natürlich danke ich auch meinem Girl Acelya, die der Geschichte dieses wunderschöne Gewand verpasst hat. Jedes

Cover dieser Reihe ist wunderschön geworden und ich liebe dieses ganz besonders, weil Rivers Farben einfängt.

Über die Autorin

Autorin für Bücher mit Herz 🖤
Emotional, ergreifend, echt 🖤

Mia Rosé ist Autorin für Liebesromane.
Ihre Passion sind schwere Themen und Protagonisten mit einer prägenden Geschichte.
Nicht sie schreibt die Storys, sondern ihre Charaktere erzählen sie ihr.
Sie bringt euch zum Lachen, weinen und mitfiebern.
Sie beschert euch eine Gänsehaut und lässt euer Herz stillstehen, nur um es danach zum Rasen zu bringen.
Neben dem Schreiben hat sie ihr Herz an die Musik und das Zeichnen verloren.
Aber Mia Rosé schreibt nicht gern über sich, deshalb lest einfach ihre Bücher und erlebt sie selbst, die Achterbahn der Gefühle.

Weitere Bücher der Autorin:

The Hope of Christmas – Wenn Weihnachten zum Wunder wird

Drowning in my Soul – Memories Reihe Band 1

Drowning in my Secrets – Memories Reihe Band 2

Chicago Lights Band 1 – Colder than your Touch

Chicago Lights Band 2 – Higher than your Hopes

Chicago Lights Band 3 – Deeper than your Thoughts

Chicago Darkness Rougher than my Nightmares

Chicago Darkness Harder than my Revenge

Chicago Lights & Darkness Sammelband

Bridge The Song of my Past

Rhythm – The Song of my Future

Heat Waves – Mit dir verloren

Ace & Ryker Puggy Christmas

Be my Horizon – Rette mich. Jetzt

Break the Rules

Kurzgeschichte Moonlight

Wenn du immer auf dem neuesten Stand sein möchtest und keine neuen Bücher mehr verpassen willst, abonniere meinen Newsletter auf meiner Homepage www.mia-rose-autor.de

Content Notes

*Tod/Trauer
*Verlust der Eltern
*Konsum von Alkohol, Drogen und Nikotin
*Traumata/PTBS
*Albträume
*körperliche und sexuelle Gewalt
*Blut
*derbe Sprache/Fluchen
*sich übergeben
* Mobbing

Sollte euch etwas fehlen, schreibt mir gerne eine Nachricht über das Kontaktformular auf meiner Homepage www.mia-rose-autor ich ergänze es dann.